성 김대건 안드레아 신부의 체포와 순교

성 김대건 안드레아 신부님 탄생 200주년 희년 기념 자료집 제3집

성 김대건 안드레아 신부의 체포와 순교

펴낸 날   1996년 9월 15일 초 판 1쇄 발행
             2021년 7월 29일 개정판 1쇄 발행
엮은 이   한국교회사연구소
펴낸 이   정순택
펴낸 곳   한국교회사연구소
             서울시 중구 삼일대로 330 평화빌딩
             대표전화 02-756-1691
             팩시밀리 02-2269-2692
             홈페이지 www.history.re.kr

인쇄·제본   분도인쇄소
등록번호   1981년 11월 16일 제10-132호
교회인가   2021년 7월 15일
ISBN   979-11-85700-33-5 (94230)
                979-11-85700-27-4 (세트)

정가   20,000원

ⓒ한국교회사연구소, 2021

성 김대건 안드레아 신부님 탄생 200주년 희년 기념 자료집 **제3집**

성 김대건 안드레아 신부의 체포와 순교

▲한국교회사연구소

절두산 순교성지 김대건 신부상

김대건 신부 활동도

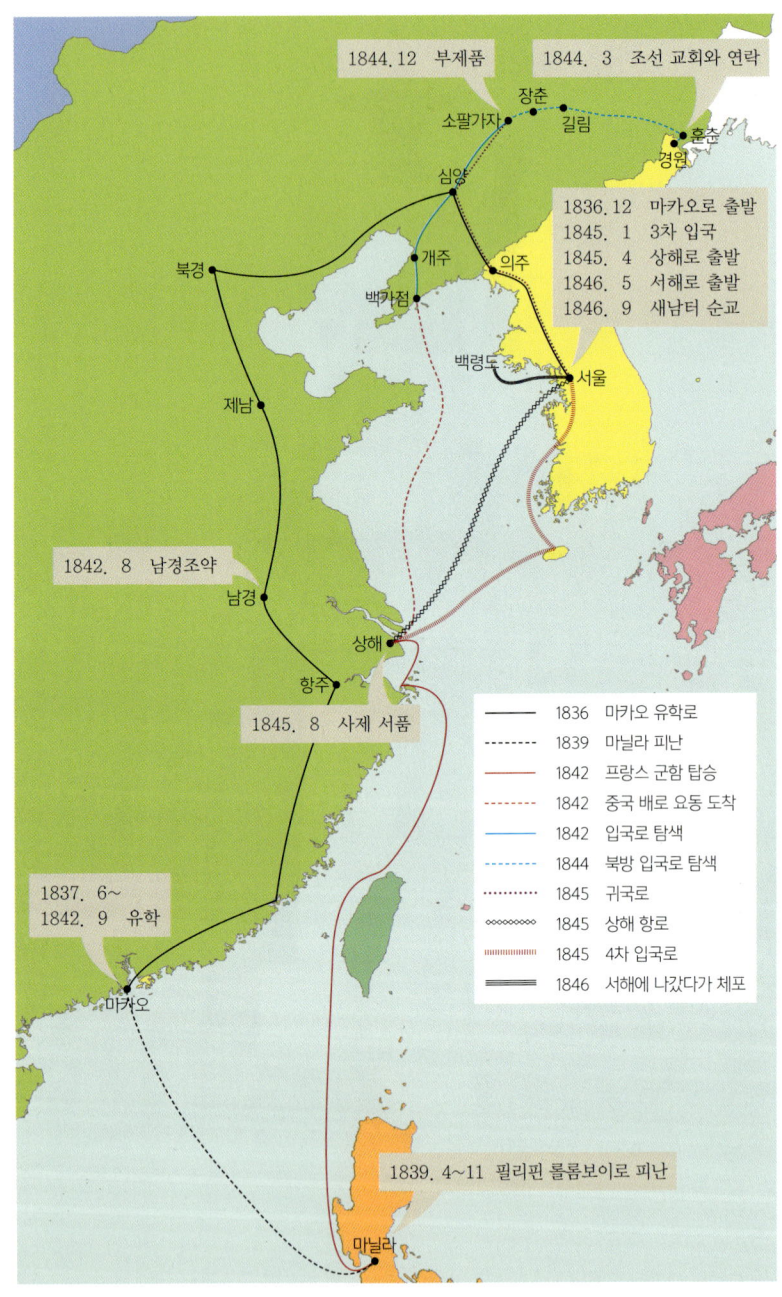

김대건 신부 국내 활동도

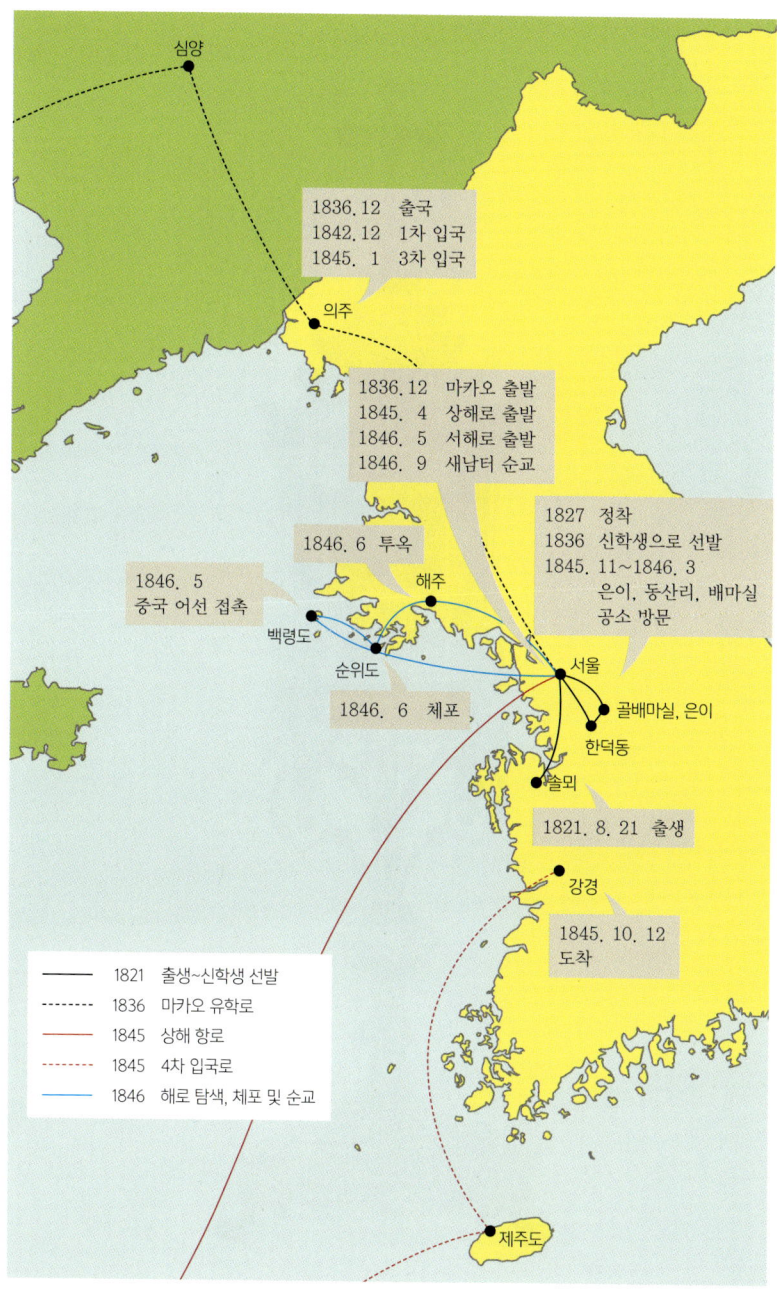

김대건 안드레아 신부의 척추뼈가 안치된 유해 성광

개정판 간행사

성 김대건 안드레아 신부를 다시 생각하며

한국교회사연구소는 1996년 "성 김대건 신부 순교 150주년"을 기념하면서 세 권의 '전기 자료집'을 간행했습니다. 제1집은 『성 김대건 안드레아 신부의 서한』이고, 제2집은 『성 김대건 신부의 활동과 업적』, 그리고 제3집은 『성 김대건 신부의 체포와 순교』였습니다. 25년이 흐른 지금 "성 김대건 안드레아 신부님 탄생 200주년 희년(禧年)"을 기념하면서 그동안의 연구 성과를 반영한 개정판을 차례대로 간행하고자 합니다. 연초에 가장 먼저 제1집 『성 김대건 안드레아 신부의 서한』 개정판을 출간하였고, 제2집 『성 김대건 안드레아 신부의 활동과 업적』에 이어 제3집을 개정하여 출간합니다.

올해 희년을 맞이하여 많은 분들이 서한 개정판을 찾아주셨고, 지금도 발췌와 필사를 하면서 김대건 신부님의 용덕과 신덕의 영성을 본받는 신자들이 많아졌습니다. 제2집은 제목을 "성 김대건 신부의 활동과 업적"이라고 붙였지만, 실제로는 "김대건의 생애와 관련된 선교사들의 기록"이라고 하는 것이 더 옳을 것입니다. 제1집 서한문을 통해서 김대건 신부님이 우리에게 전해주는 메시지를 묵상해 본다면, 제2집에서 김대건 신부님 주변의 선교사들 증언을 통해서 다시 한번 젊은 김대건 사제를 바라보게 합니다. 마지막 자료집인 『성 김대건 안드레아 신부의 체포와 순교』는 김대건이 등산진에서 체포된 이후 그의 심문 기록, 순교에 관한 기록, 이장 기록 등의 자료들을 한데 모은 것입니다. 이번 자료집 역시 기존의 원문을 다시 한번 판독하면서 많은 오류를 잡아내고, 번역도 새롭게 손보았습니다. 관찬 기록에서 새롭게 발굴한 자료들도 추가하였습니다.

이번 제3집을 마무리하면서 올해 희년에 개정판을 낼 수 있었던 것은 모두 선배 연구자들의 노력 덕분임을 다시 한번 강조하고 싶습니다. 당시에는 훨씬 더 어려운 조건에서 자료를 입수하고, 판독하며 번역하였을 텐데, 그것이 기초가 되어 현재의 연구자들이 더 좋은 환경에서 연구할 수 있게 되었습니다. 이번에도 초판의 노력을 더 빛나게 해 주고, 좀 더 완성된 자료집을 만들기 위해 수고를 아끼지 않은 한국교회사연구소의 모든 직원에게 감사를 드리고 싶습니다.

무엇보다 김대건 신부님의 희년을 맞아 자료집의 개정판을 낼 수 있게 되어 기쁩니다. 제3집 개정판을 위해 도움을 주시고 지켜봐 주신 여러분께 감사드립니다. 평소 순교자 현양에 관심이 많으시고 틈틈이 교회사 연구자들을 격려해 주시는 서울대교구장이신 염수정 추기경님께서는 자료집의 핵심인 서한집 개정판의 축사를 써주셨습니다. 그리고 계속해서 더 좋은 자료집을 간행하라고 독려해 주셨습니다. 다시 한번 희년을 지내면서 많은 신부님들과 수녀님들 그리고 교우 여러분들의 기도와 도움에 감사드리며, 제3집 『성 김대건 안드레아 신부의 체포와 순교』 개정판을 통해 좀 더 새로운 연구들이 많이 나오기를 기대합니다.

한국교회사연구소 소장

조한건 프란치스코 신부

개정판 축사

'성 김대건 안드레아 신부님 탄생 200주년'을 기념하며

+ 주님의 평화와 은총을 빕니다.

2021년은 한국의 첫 사제이며 성직자들의 수호성인이신 성 김대건 안드레아(1821~1846년) 신부님이 탄생하신 지 200주년이 되는 뜻깊은 해입니다. 한국 천주교회는 이를 기념하기 위하여 '성 김대건 안드레아 신부님 탄생 200주년 희년'(2020년 11월 29일~2021년 11월 27일)을 선포하였습니다.
프란치스코 교황님께서는 이 소식에 매우 기뻐하시며 이번 희년을 통하여 한국 교회의 영신 생활과 사명을 위한 풍성한 영적 열매가 맺어지기를 희망하셨습니다.

또한 2021년은 김대건 신부님과 같은 나이로 우리나라 두 번째 사제이신 최양업 토마스(1821~1861년) 신부님의 탄생 200주년이기도 합니다. 우리는 김대건 신부님은 '피의 증거자', 최양업 신부님은 '땀의 증거자'라고 기억합니다.
김대건 신부님은 지상에서 25년의 짧은 생을 사셨지만 죽음의 두려움을 떨쳐 버리시고 하느님을 향한 놀라운 신앙을 고백하셨으며, 형제적 애덕과 희생 그리고 사랑의 삶으로 예수 그리스도를 증언함으로써 영광된 순교의 월계관을 받으셨습니다. 최양업 신부님은 당시 조선팔도 가운데 남부 5개 도에 흩어져 있는 127개 교우촌 18,000명의 교우들을 위해 11년 6개월 동안 연중 7천 리 길을 걸으며 보살피시다가 마흔의 나이에 병사하신 진정한 목자이십니다. 이에 한국 교회는 2021년 한 해 동안 성 김대건 신부님의 탄생 200주년을 기뻐하는 동시에 가경자 최양업 신부님의 시복을 위해서도 열성을 다해 기도하는 한 해로 선포하였습니다.

전 세계는 지금 코로나19 팬데믹으로 교회는 물론 인류 전체가 크나큰 고통을 겪고 있습니다. 이런 때일수록 우리는 성 김대건 안드레아 신부님과 가경자 최양업 토마스 신부님의 모범을 본받아 실천으로 위기를 극복하고, 영적 쇄신을 통해 새로운 교회 공동체로 거듭나야 합니다. 김대건 신부님을 비롯한 우리 신앙 선조들은 하느님을 아버지로 모시며 모든 이를 형제자매로 받아들이셨고, 차별이 엄격하던 신분 사회에서 인간의 존엄을 지키고 평등과 박애, 이웃 사랑을 실천함으로써 하느님 나라를 보여주셨습니다.

김대건 신부님이 '2021년 유네스코 세계 기념 인물'로 선정된 이유도 '성 김대건 안드레아 신부'로 대표되는 한국 순교 성인들의 신앙이 이 시대에 절실한 인간 존엄성의 회복과 이웃 사랑의 실천을 의미하는 것이기 때문일 것입니다.

올해 희년의 주제는 "당신이 천주교인이오?"입니다. 이는 김대건 신부님께서 옥중 취조 때 받으셨던 물음으로, 김대건 신부님은 "그렇소. 나는 천주교인이오."라고 조금의 주저함도 없이 대답하셨습니다. 이 응답은 모든 그리스도인의 신앙 고백이기도 합니다. 김대건 신부님의 서한에는 이처럼 용감하게 신앙을 증거하고, 사제로서, 선교사로서 불꽃처럼 살다가 하느님의 부르심을 받으신 그분의 정신과 숨결이 생생하게 살아 있습니다. 옥중 서한에는 신앙으로 조국을 구하려는 용덕(勇德)이 잘 나타나 있으며, 마지막 서한에는 신자들에게 보내는 사랑의 마음이 잘 담겨져 있습니다.

한국교회사연구소가 이번 '성 김대건 안드레아 신부님 탄생 200주년 희년'을 기념하여 개정 출간하기로 한 데 대하여 무한한 격려와 감사를 드립니다. 김대건 신부님 서한의 개정 출간은 한국 교회의 모든 성직자·수도자들과 신자들의 영적 쇄신을 위해 꼭 필요한 일이었습니다.

　서한집 간행에 노고를 아끼지 않으신 한국교회사연구소 조한건(프란치스코) 신부님과 직원 모두에게 주님 은총이 함께하기를 기도합니다.

　성 김대건 안드레아와 한국의 모든 순교자들이여,
　저희를 위하여 빌어 주소서.

천주교 서울대교구장
염수정 안드레아 추기경

초판 간행사

현양 운동에 촉진제가 되었으면

성 김대건 안드레아 사제의 순교 150주년을 기념하기 위하여 우리는 무엇보다도 이 성인의 '전기 자료집'을 편찬·간행하기로 하였다. 이는 150주년을 맞이하기까지 아직 그분의 생애와 활동과 순교에 관한 역사적인 기록을 총체적으로 정리하지 못하고 있다고 판단한 때문이다.

물론 그간 서한집이나 전기 등의 간행이 전혀 없었던 것은 아니다. 그러나 거기에는 미비한 점들이 적지 않았고, 더군다나 마카오 대표부의 자료처럼 중요한 자료들이 누락되어 있었다. 그러므로 너무 늦은 감이 없지 않으나, 그간 발표된 또는 미발표된 자료들이 종합적으로 시급히 정리되어야 하고, 이를 위해서는 순교 150주년이 더없이 좋은 기회로 생각되었다. 이 작업은 일반 신자들을 위해서도 절대로 필요하다. 왜냐하면 신자들의 순교 신심이나 현양도 신심 자료에 의해 뒷받침되지 않는 한 지탱되고 지속되기 어려울 것이기 때문이다.

이 자료집은 세 책으로 간행된다. 첫째 권은 김대건 신부의 서한집이고, 둘째 권은 그의 활동과 업적, 그리고 셋째 권은 그의 문초 기록과 시복 시성에 관한 자료들로 구성된다.

이 자료들의 소장처로 말하면, 구문(歐文) 자료들은 거의 모두가 파리 외방 전교회의 고문서고에 보관되어 있다. 그중 1,261권이 바로 김대건 신부의 서한집이다. 이 귀중한 서한집은 지난 1984년 한국 천주교회 창설 200주년 때 한국 교회에 기증되었다. 이래 잠시 한국천주교중앙협의회에서 보관하여 오다가 지금은 절두산 순교 기념관에서 보관하고 있다. 이 서한집에는 원본도 있고 사본도 있을 것으로 생각된다. 왜냐하면 1845년 마카오 대표부에서 원본 3통을 파리의 전교회 본부로 보냈다는 기록이 있고, 또 그중 한 통이 현재 파리 본부의 순교자 기념관에 전시되어 있기 때문이다.

  마카오 대표부 자료는 파리 본부의 303, 304, 308, 322~324권에 수록되어 있다. 이 중에서 김대건 신부와 가장 관련이 깊은 페레올 주교, 모방 신부와 메스트르 신부의 서한들은 577권, 579권, 1,260권에 수록되어 있다. 그리고 HB 5권의 시복 자료들은 예부성성 자료의 복사본들이고, 한국에서의 재판 기록은 본 연구소에 소장되어 있다. 문초 자료는 관변 측 기록에서 추린 것이다.

  이 자리를 빌려 귀중한 자료들을 우리에게 기증하여 주었을 뿐만 아니라 편집 도중에도 청하는 자료를 수시로 보내 보완할 수 있게 해준 파리 외방전교회에 깊이 감사한다.

  이 자료집이 나오기까지 편찬에 협조를 아끼지 않으신 정진석 주교님을 위시해서 배세영(M. Pélisse) 신부님과 최승룡 신부님에게 진심으로 감사한다. 그리고 제작비 지원에 기꺼이 참여해 주신 전국의 성직자들에게 감사의 말을 전하며, 그 밖에 직접 간접으로 도움을 주신 모든 분들에게도 감사한다.

  아울러 축사를 보내 주신 김수환 추기경님에게 특별한 감사를 드린다. 그리고 변우찬 신부님을 비롯해서 그간 교정과 편집을 하느라 수고를 많이 해준 연구소의 모든 이들에게 고마움을 표한다. 끝으로 이 자료집이 널리 읽히고 이용되어 연구자들에게는 새로운 자극제가 되고, 신자들에게는 순교 신심과 현양 운동에 새로운 촉진제가 되었으면 하는 마음 간절하다.

최석우

한국교회사연구소 초대 소장
최석우 안드레아 신부

초판 축사

관심과 정성이 어우러진 자료집

올해는 한국의 첫 사제이며, 성직자들의 수호성인이신 성 김대건(안드레아) 신부가 순교하신 지 150주년이 되는 해입니다. 이런 뜻깊은 해에 여러 신부님들의 관심과 정성이 어우러져 김대건 신부님에 관한 모든 자료들이 모아지고, 이것이 세 권의 자료집으로 묶여지게 된 것에 대해 축하를 드립니다.

성 김대건 신부님은 한국 교회의 입장에서 첫 번째 사제이며 순교자라는 특별한 위치를 지닌 분입니다. 동시에 조선인으로서는 가장 먼저 동료인 최양업 신부님과 함께 국제 도시 마카오에서 신학은 물론, 서양의 언어와 학문을 배운 분이었습니다. 또한 만주 벌판을 여행한 뒤 '민족 문화를 갖지 않은 만주인들의 말은 백 년 뒤에 사라져 갈 것'이라고 한 것처럼 역사적이고 학문적인 안목을 지닌 분이기도 했습니다.

이제 우리는 이 자료집들을 통해 성 김대건 신부님이 겪은 고난과 애환은 물론 조선 교회와 교우들을 사랑하는 마음, 언제나 하느님의 가르침에 충실하던 신앙심 등에 대해 아주 자세히 알 수 있게 되었습니다.

그분이 하느님의 자비와 성모님의 도우심을 굳게 믿으며 조선 입국로를 탐색하는 동안, 추위와 굶주림을 이겨내는 모습은 가슴이 뭉클해지는 감동으로 전해 옵니다. 또 부친은 참수당하고 모친은 의탁할 곳 없는 비참한 몸으로 떠돌아다닌다는 소식을 들은 후에도, 오직 목자 없는 양 떼와 같은 조선 교회를 생각하면서 교우들을 만나기 위해 수백 리, 수천 리를 여행하던 모습은 "내 어머니와 내 형제들은 하느님의 말씀을 듣고 행하는 이런 사람들입니다"(루카 8,21)라고 하면서 하느님의 말씀을 전하신 예수 그리스도의 모범과도 같은 것이었습니다.

그리던 조선으로 처음 귀국할 때에는 또 어떤 모습이었습니까? 발소리마저 없애려고 엄동설한의 눈길을 맨발로 걷기까지 하였습니다. 한양에 도착해서는 병에 걸려 허약한 몸인데도 불구하고 장차 신부님들을 영접할 수 있도록 준비하였고, 순교자들에 관한 자료도 정리하였습니다. 또 상해로 건너가 사제로 서품된 후, 페레올 주교와 다블뤼 신부를 모시고 두 번째로 귀국할 때의 모습은 지혜와 용기 있는 사람만이 가질 수 있는 그런 것이었습니다.

동시에 김대건 신부님은 사랑 가득한 사제로서의 인간적인 모습도 보여주고 있습니다. 아주 짧은 기간을 조선에서 활동하는 동안 그분이 조선 교우들을 위해 스승 신부님들에게 청한 것은 성경책과 영신 수련을 위한 묵상 책, 십자고상, 상본, 그리고 천연두로 죽어 가는 어린아이들을 치료할 수 있는 처방전이었습니다. 옥중에서 처형을 앞두고 페레올 주교님과 최양업 신부님께 가엾은 모친을 거듭 부탁하는 내용은 또 우리에게 너무나 인간적인 모습으로 다가옵니다.

이처럼 김대건 신부님은 충실한 신앙인으로, 열정적인 사제로, 용기 있는 의인으로 일생을 살았습니다. 그러므로 그분에 관한 모든 내용을 담은 이 자료집들이, 우리 신앙의 후손들 모두에게 철저한 신앙과 헌신을 배울 수 있는 계기를 마련해 주게 되기를 바랍니다. 다시 한번 이 전기 자료집의 간행을 축하드리며, 이를 후원해 주신 모든 분들에게, 그리고 그 간행을 위해 노고를 아끼지 않으신 최석우(안드레아) 신부님과 한국교회사연구소의 모든 식구들에게 주님의 은총이 함께하기를 기원합니다.

김수환

천주교 서울대교구장

김수환 스테파노 추기경

차 례

개정판 간행사
성 김대건 안드레아 신부를 다시 생각하며 _ 조한건 신부 • 9

개정판 축사
'성 김대건 안드레아 신부님 탄생 200주년'을 기념하며 _ 염수정 추기경 • 11

초판 간행사
현양 운동에 촉진제가 되었으면 _ 최석우 신부 • 14

초판 축사
관심과 정성이 어우러진 자료집 _ 김수환 추기경 • 16

해 제 • 23
일러두기 • 30
김대건 신부 연보 • 32

제1장 조선의 관변(官邊) 기록

가. 체포 경위와 해주에서의 문초

1. 『해서문첩록』 병오(1846년) 5월 • 41
2. 『우포청등록』 병오 5월 • 45
3. 『승정원일기』 병오 5월 20일 • 47
4. 『비변사등록』 병오 5월 20일 • 49
5. 『우포청등록』 병오 5월 20일 • 49
6. 『일성록』 병오 5월 20일 • 49
7. 『헌종실록』 병오 5월 20일 • 53

8. 『승정원일기』 병오 5월 21일 · 53
   9. 『비변사등록』 병오 5월 21일 · 55
   10. 『우포청등록』 병오 5월 21일 · 57
   11. 『일성록』 병오 5월 21일 · 59
   12. 『우포청등록』 병오 5월 21일 · 61
   13. 『해서문첩록』 병오 5월 · 63

나. 포도청 압송과 편지 색출
   1. 『우포청등록』 병오 5월 25일 · 101
   2. 『승정원일기』 병오 5월 26일 · 103
   3. 『일성록』 병오 5월 26일 · 103
   4. 『해서문첩록』 병오 5월 · 119
   5. 『일성록』 병오 5월 27일 · 121
   6. 『승정원일기』 병오 5월 28일 · 123
   7. 『우포청등록』 병오 5월 28일 · 123
   8. 『일성록』 병오 5월 28일 · 123
   9. 『해서문첩록』 병오 5월 · 125
   10. 『우포청등록』 병오 5월 29일 · 129
   11. 『일성록』 병오 5월 29일 · 131
   12. 『승정원일기』 병오 5월 30일 · 135
   13. 『비변사등록』 병오 5월 30일 · 139
   14. 『일성록』 병오 5월 30일 · 143
   15. 『우포청등록』 병오 윤5월 초1일 · 145

다. 포도청에서의 1·2차 문초
   1. 『일성록』 병오 5월 30일 · 149
   2. 『일성록』 병오 윤5월 3일 · 161

라. 편지 추가 색출과 포도청에서의 3차 문초
   1. 『승정원일기』 병오 윤5월 4일 · 169

2. 『비변사등록』 병오 윤5월 4일 · 169
  3. 『일성록』 병오 윤5월 4일 · 171
  4. 『우포청등록』 병오 윤5월 5일 · 173
  5. 『승정원일기』 병오 윤5월 6일 · 173
  6. 『일성록』 병오 윤5월 6일 · 175
  7. 『해서문첩록』 병오 윤5월 · 177
  8. 『우포청등록』 병오 윤5월 · 181
  9. 『일성록』 병오 윤5월 7일 · 185

마. 포도청에서의 4~6차 문초

  1. 『일성록』 병오 윤5월 8일 · 193
  2. 『일성록』 병오 윤5월 22일 · 197
  3. 『일성록』 병오 윤5월 23일 · 201
  4. 『일성록』 병오 윤5월 26일 · 207
  5. 『우포청등록』 병오 6월 일 · 211
  6. 『우포청등록』 병오 6월 초6일 · 213

바. 어전 회의와 군문 효수 판결

  1. 『승정원일기』 병오 7월 15일 · 215
  2. 『헌종실록』 병오 7월 15일 · 215
  3. 『승정원일기』 병오 7월 25일 · 217
  4. 『비변사등록』 병오 7월 25일 · 223
  5. 『우포청등록』 병오 7월 25일 · 223
  6. 『일성록』 병오 7월 25일 · 225
  7. 『헌종실록』 병오 7월 25일 · 229
  8. 『승정원 일기』 병오 7월 26일 · 231
  9. 『일성록』 병오 7월 26일 · 231

제2장 페레올 주교의 서한과 가경자 문헌

가. 페레올 주교의 서한과 약전

   1. 페레올 주교가 리브와 신부에게 보낸 서한   235

   2. 페레올 주교가 바랑 지도 신부에게 보낸 서한   239

   3. 페레올 주교가 리브와 신부에게 보낸 서한   263

   4. 페레올 주교가 리브와 신부에게 보낸 서한   269

나. 순교 행적과 가경자 문헌

   1. 김대건 신부의 순교 행적   271

   2. 1857년의 가경자 문헌   277

   3. 맺음말   291

제3장 시복 재판의 증언 기록

가. 증언자 일람

   1. 증언자 이름과 나이   306

   2. 증언자 분류   307

나. 증언 내용

   1. 고향과 소년 시절, 신학생 발탁과 유학   309

   2. 입국 시도와 성공 그리고 상해 항해   313

   3. 성사 집전   319

   4. 연평도 탐색 및 체포, 신문   323

   5. 순교와 기적   335

   6. 시신 발견과 이장   341

부록

가. 김제준 관련 기록
   1. 『일성록』 기해 8월 7일 · 349
   2. 『추안급국안』 헌종 기해 · 355

나. 김대건 신부 유해 이장 및 조사 관계 기록
   1. 가경자 김 안드레아 신부의 유해 발굴 및 미리내산에서 용산 신학교로
      1901년에 이장한 기록 보고서 · 358
   2. 김대건 신부 유해 이장 과정 및 보존도 · 368
   3. 김대건 신부 두개골 계측(計測) 보고서 · 371
   4. 김대건 신부 얼굴 복원 및 흉상 제작 · 378

다. 이민식(李敏植, 빈첸시오)과 미리내
   1. 이민식의 생애와 김대건 신부 · 382
   2. 김대건 신부와 미리내 경당 · 383

라. 라파엘(le Raphael)호와 복원 내용
   1. 김대건 신부와 라파엘호 · 385
   2. 라파엘호의 복원 내용 · 387

색 인 · 391

해 제

자료집의 구성

이 자료집은 2021년 성 김대건 신부 탄생 200주년을 기념하여, 본 연구소가 1997년에 간행한 "성 김대건 신부 순교 150주년 기념 전기 자료집" 제3집 『성 김대건 신부의 체포와 순교』를 개정하여 펴낸 것이다. 기존 자료집의 체제를 따르되, 새로운 자료를 첨가하고, 불필요하다고 판단된 내용은 삭제하였다.

김대건 신부의 체포와 문초, 판결과 순교, 시신 발견과 이장, 그리고 시복 과정에 관련된 자료들을 번역한 뒤, 필요한 부분에는 각주를 달고 원문을 첨부하였다. 다시 말해 그 내용은 1846년 5월 12일(양력 6월 5일) 김대건 신부가 등산진(登山鎭)에서 체포된 이후 7월 26일(양력 9월 16일) 새남터에서 순교하여 그 시신이 교우들에 의해 미리내로 안장될 때까지로 되어 있다.

본문은 모두 세 부분으로 구성되어 있다. 제1장은 "조선의 관변(官邊) 기록"으로, 체포된 이후부터 군문효수형을 당해 순교하기까지의 내용이다. 이해를 돕기 위하여 ① 체포 경위와 해주에서의 문초, ② 포도청 압송과 편지 색출, ③ 포도청에서의 1·2차 문초, ④ 편지 추가 색출과 포도청에서의 3차 문초, ⑤ 포도청에서의 4~6차 문초, ⑥ 어전 회의와 군문효수 판결 등 여섯 부분으로 구분하였다. 제2장은 "페레올(J. Ferréol, 高) 주교의 서한과 가경자(可敬者) 문헌"으로, 여기에는 ① 페레올 주교의 서한과 약전, ② (김대건 신부의) 순교 행적과 가경자 문헌이 수록되어 있다. 그리고 제3장 "시복 재판의 증언 기록"은, ① 증언자 일람, ② 증언 내용으로 구분하였다.

이와 함께 부록으로는 다음과 같은 자료들을 수록하였다. 김대건 신부의 생애를 이해하는 데 도움이 되는 모방(P. Maubant, 羅) 신부, 샤스탕(J.H. Chastan, 鄭) 신부, 부친 김제준(金濟俊, 이냐시오), 조선 교회의 밀사 정하상(丁夏祥, 바오로)과 조신철(趙信喆, 가롤로) 등의 문초 기록(조선의 관변 기록), 김대건 신부의 유해 이장 관계 기록과 흉상 복원 관련 기록 및 사진, 김대건 신부의 시신을 미리내로 이장할 때 관계한 이민식(李敏植, 빈첸시오)과 미리내 경당 기록, 라파엘(Raphael)호 복원 기록 등이다.

수록 자료와 원자료

본문의 자료들은 크게 한문 자료와 프랑스어 자료, 라틴어 자료로 구분할 수 있다. 먼저 한문 자료들은 김대건 신부가 체포된 후 순교하기까지의 내용을 알려 주는 조선의 관변 측 기록으로, 본문의 제1장이 여기에 해당한다. 여기에 이용된 원자료들은 『일성록(日省錄)』, 『해서문첩록(海西文牒錄)』, 『헌종실록(憲宗實錄)』, 『우포청등록(右捕廳謄錄)』, 『승정원일기(承政院日記)』, 『비변사등록(備邊司謄錄)』 등이다. 각 원문은 소장처에서 제공하는 원문 이미지 및 영인본, 국사편찬위원회 한국사 데이터베이스 등을 참고하였다.

다음으로 프랑스어 자료는 제2장 가운데 있는 페레올 주교의 서한과 제3장 부분이다. 페레올 주교의 서한은 파리 외방전교회 문서고(AMEP)에 소장되어 있다. 페레올 주교가 리브와(N. Libois) 신부에게 보낸 2통의 서한, 즉 1846년 9월 6일 자(vol. 579, f. 210)와 1847년 11월 25일 자(vol. 579, ff. 222~225) 서한은 1997년에 간행된 전기 자료집 제2집 『성 김대건 신부의 활동과 업적』에 수록된 것인데, 개정판을 내면서 본 자료집으로 옮겨 실었다. 페레올 주교가 바랑(J. Barran) 신부에게 보낸 1846년 11월 3일 자 서한(vol. 577, ff. 961~971)에는 '김대건 신부가 옥중에서 쓴 1846년 8월 26일 자 서한 및 8월 29일 자의 추신'(본 자료집 제1집 222~234쪽 참조), '세실(J.-B. Cécille, 瑟西爾) 함장의 편지', '김대건 신부의 약전' 등이 들어 있다. 본 자료집 제3집에는 이 가운데 세실의 내한 사실과 편지 내용, 그리고 김대건 신부의 순교 장면이 서술된 부분과 김대건 신부의 약전을 발췌하여 수록하였다.

시복 재판에서의 증언 기록은 곧 1921년에 로마에서 간행한 『79위 시복 조사 증거서』에 속하는 것으로, 한국 천주교회 200주년 기념사업위원회에서 엮은 『103위 시복 시성 자료』에 수록된 것을 이용하였다. 이 증거서는 전반부와 후반부로 구분되는데, 전반부에는 시복 청원인 살로티(Saloti) 주교가 작성한 증거서가 수록되어 있으며, 후반부에는 신앙 옹호인(악마의 변호인) 마리아니(Mariani) 주교의 이의와 청원인(하느님의 변호인) 마렝기(Marenghi) 주교의 답변이 수록되어 있다. 살로티 주교의 증거서는 다시 '정보'(Informatio, 1915년 작성)와 '개요'(Summarium, 1913년 작성)로 구분되어 있으며, 이 중에서도 김대건 신부의 순교 전기 내용은 정보 부분에 자세히 나타나 있다.

라틴어 자료는 제2장 가운데 있는 김대건 신부의 순교 행적과 '가경자 문헌'이다. 이 두 자료는 모두 피숑(L. Pichon, 宋世興) 신부가 지은 『Pro Corea Documenta(朝鮮聖敎史料)』(Missione Seoul Corea, 1938, pp. 4~13)에서 발췌·수록하였다. 순교 행적은 페레올 주교가 프랑스어로 작성한 것을 메스트르(J. Maistre, 李) 신부가 라틴어로 번역한 것이었다. 그리고 가경자 문헌은 조선 순교자들의 시복 추진 과정에서 있은 「1857년 가경자 절차 문헌」의 발췌문, 즉 그중에서 '김대건 신부의 순교에 관한 신앙 촉구관의 진술'이다.

주요 내용과 간행의 의의

본 개정판을 통해서 새로워진 부분을 소개하자면 다음과 같다.

첫째, 기존 자료집에서는 원자료에서 서로 중복되는 내용을 싣지 않았으나, 개정판에서는 연구에 도움을 주기 위해 관련 자료를 모두 실었다. 『비변사등록』을 추가적으로 수록한 것이 대표적인 예이다. 인접한 사료를 검토함으로써 이 사건과 연계된 기관, 인물, 문서의 행이(行移) 체계를 종합적으로 볼 수 있기 때문이다. 개정판에서는 시간순으로 원자료를 배치하되, 문서의 전달 및 등록(謄錄) 순서 또한 반영하였다.

둘째, 기존 번역의 오류를 수정하고, 새로 추가된 원자료의 번역을 새로 하였다. 옛 문투를 다듬되, 한문 문서에 사용된 이두(吏讀)식 표현을 살려 생동감 있게 전하고자 하였다. 또한 각 기관의 상하·대등 관계에 따른 문투, 『일성록』에서의 국왕의 일인칭 화법 등을 반영하였다.

셋째, 새롭게 밝혀진 내용, 추가적인 설명이 필요한 부분은 각주를 수정하거나 추가하였다. 본 사료만으로는 알기 어려운 내용을 보충함으로

써 김대건 신부를 연구하고자 하는 학자뿐만 아니라 공부하고자 하는 모든 신자들의 이해를 돕고자 하였다.

본 자료집 제1장에는 김대건 신부가 체포되어 순교하기까지의 내용이 순서대로 자세히 수록되어 있다. 즉 김대건 신부는 5월 12일(양력 6월 5일)에 등산진에서 체포된 후 해주 감영으로 압송되었으며, 이때 황해 감사 김정집(金鼎集)은 그 사실을 조정에 보고하였다. 그러자 5월 20일(양력 6월 13일), 헌종(憲宗)은 비변사에 명하여 김대건 신부를 핵실(覈實)할 방도를 모색하도록 하였고, 비변사에서는 김대건을 포도청으로 압송할 것을 요청하여 윤허를 받게 되었다. 같은 날 해주 감영에서는 황해 감사의 문초가 있었는데, 이때 김대건 신부는 네 차례, 선주 임성룡(林成龍, 베드로)과 사공 엄수(嚴壽)는 세 차례씩 문초를 받았다. 또 임성룡의 부친 임군집(林君執, 즉 林致百/致伯, 요셉)과 김중수(金重秀)가 추가로 체포되었다.

다음 날 포도청에서는 군관과 군사를 선발하여 해주로 보냈고, 5월 25일(양력 6월 18일) 김대건 신부와 함께 체포된 4명은 해주를 출발하여 28일 서울에 도착하였다. 그리고 당일 좌우 포도청에서는 이들의 문초를 요청하여 윤허를 받았다. 그동안 황해 감사는 김대건 신부가 중국 배에 전한 편지를 찾아내 조정에 보고하였다. 이후 5월 30일부터 윤5월 26일(양력 7월 19일)까지 포도청에서는 도합 여섯 차례에 걸쳐 김대건 신부를 문초하였는데, 그동안 40회의 문목(問目)과 진술이 있게 되었다. 이때 김 신부는 여섯 번째 진술에서 비로소 중국 사람 우대건(于大建)이 아니라 용인 태생 김대건이라고 진술하였다.

7월 15일(양력 9월 5일)과 25일(양력 9월 15일) 연석에서 김대건 신부의 일을 어떻게 처리할 것인지 신료(臣僚)와 국왕이 논의한 끝에 군문효수(軍門梟首)가 정해졌고, 26일 새남터에서 효수되었다.

이와 관련하여 제2장에서는 1846년 6월 18일(양력 8월 9일) 중국에 있던 프랑스 함대 사령관 세실 함장이 클레오파트르(Cléopâtre)호, 빅토리외즈(Victorieuse)호, 사빈느(Sabine)호 등 군함 3척을 이끌고 충청도의 외연도(外煙島) 근처에 정박하여 조선 정부에 서한을 전한 뒤 6월 19일에 그곳을 떠난 사실을 자세히 알 수 있다. 옥중에 있던 김대건 신부는 이 사실을 7월 8일(양력 8월 29일)에서야 확인할 수 있었다. 당시 세실 함장은 애당초 조선 재상과 면담하고 1839년에 3명의 프랑스 선교사를 학살한 일에 대해 해명을 요구할 예정이었다. 그러나 섬과 반도가 많은 서해안을 항해하기가 어려웠고, 무엇보다도 한강 입구를 발견하지 못해 면담을 포기하고 서한만을 전하고자 하였다. 이를 위해 세실은 외연도 도민들에게 자신의 서한을 재상에게 전달해 달라고 요청하였으나 거절당하자, 그것을 작은 상자에 넣어 외연도에 남겨 두고 조선을 떠났다.

다음으로 제3장에 수록한 『79위 시복 조사 증거서』는 서울에서 기해·병오박해의 가경자 82명의 시복을 위한 재판이 진행되던 1883년부터 1887년까지 작성된 것이다. 이때 총 42명의 증인들이 교구 법정에 나와 선서를 하고 증언하였다. 증언자 42명 중에서 김대건 신부에 대해 증언한 사람은 모두 16명이었는데, 그중에서 김 신부를 보았거나 그로부터 성사를 받은 사람은 13명이었다. 또 3명은 김 신부의 순교까지 목격하였다.

이들 16명의 증언 내용은 대략 여섯 가지로 구분할 수 있다. 즉 ① 김 신부의 고향과 소년 시절, 신학생 발탁과 유학 내용, ② 입국 시도와 성공 및 상해 항해 내용, ③ 성사 집전 내용, ④ 연평도(延平島) 탐색 및 체포와 신문 내용, ⑤ 순교와 기적 내용, ⑥ 시신 발견과 이장 내용이다. 특히 ⑥번 내용에서는 순교 후 김대건 신부의 시신이 미리내에 안장되는 과정을 확인할 수 있는데, 그의 시신은 여러 교우들에 의해 일단 와서(瓦署, 즉 문배부리)에 안장되었다가 다시 미리내로 옮겨졌음을 알 수 있다. 이 증언 자료는 본 연구소의 연구자료 제24집인 시복 재판록 『기해·병오박해 순교자 증언록』에 있는 내용과 겹치는데, 시복 조사 때 올린 프랑스어를 대역으로 하여 번역을 새롭게 다듬었기 때문에 한글 증언록과 대조하며 연구할 수 있도록 하였다.

이와 같이 본 자료집은 첫째, 문초 기록과 가경자 문헌, 증언 기록들을 한데 묶어 소개하였다는 데 의의를 찾을 수 있다. 둘째, 김대건 신부의 문초 기록에 나타나 있는 진술 내용들은 그의 마지막 행적, 순교 신심 내지는 영성을 이해하는 데 아주 중요한 자료가 된다. 셋째, 여러 증언 내용을 통해서 성사 집전 사실, 김대건 신부의 시신 이장 사실을 정확히 파악할 수 있다. 그뿐 아니라 부록으로 첨부한 김제준(이냐시오) 관계 기록을 통해 그 집안의 신앙 내력이나 신학생 선발 과정 등도 알 수 있다. 더불어 최근의 기술로 복원한 김대건 신부의 얼굴을 만나볼 수 있다.

일러두기

1. "성 김대건 신부 순교 150주년 기념 전기 자료집" 제3집으로 간행되었고, 김대건 신부 탄생 200주년을 맞이하여 개정판으로 새롭게 간행되는 본 자료집은 중국과 조선에서 활동한 프랑스인 선교사들의 기록에서 김대건 신부와 관련된 내용을 발췌·번역하여 편찬한 것이다.

2. 본 자료집은 한글 번역문과 프랑스어·라틴어 판독문을 대역으로 조판하였다.

3. 원문의 철자 오류는 고치지 않고 그대로 두었다. 대신 오류가 있는 단어 옆에 [ ]를 덧붙여 그 안에서 바로잡았다.

4. 원문 판독을 할 수 없는 경우에는 *로 표시하였다.

5. 한글 번역문에서 내용을 이해하는 데 필요한 경우에는 ( )를 사용하여 내용을 보완하였다.

6. 필요한 사항은 각주를 통해 설명하였으며, 그간의 연구 성과도 반영하였다.

7. 본 자료집에 수록된 자료의 출처는 다음과 같다.
   · AMEP : 파리 외방전교회 문서고(Archives de la Société des Missions Etrangères de Paris)

- HB : 파리 외방전교회에서 교황청 예부성성에 제출한 시복 자료
- APF : 『전교회 연보(Annales de la Propagation de la Foi)』
- 『한국 천주교회사(Histoire de L'église de Corée)』 : 샤를르 달레 저, 안응렬 · 최석우 역주, 한국교회사연구소, 1979~1980.

8. 본 자료집 편찬에 참여한 사람은 다음과 같다.

〈초판〉
- 감수 및 번역 | 故 최석우(안드레아) 몬시뇰
- 원문 판독 | 故 배세영(마르첼리노) 신부

〈개정판〉
- 기획 | 조한건(프란치스코) 신부(한국교회사연구소 소장)
- 해제 및 각주 | 한국교회사연구소 연구부
- 판독 및 번역 교정 | 고문서고
- 편집 및 디자인 | 출판부

김대건 신부 연보

1821년 8월 21일 : 충청도 솔뫼(현 충남 당진군 우강면 송산리)에서 성 김제
준(金濟俊, 이냐시오)과 고(高) 우르술라의 장남으로 탄생
* 부친 김제준의 보명은 '제린(濟麟)', 자는 '신명(信明)'
* 김대건의 아명은 '재복(再福)', 보명은 '지식(芝植)', 관명은 '대건(大建)'

1827년 : 부친을 따라 서울 청파(靑坡)로 이주하였다가 경기도 용인의 한덕동(寒德洞, 현 경기도 용인군 이동면 墨里)으로 이주
* 훗날 한덕동에서 골배마실(현 경기도 용인군 내사면 南谷里)로 이주

1836년 4월 : 골배마실 이웃의 '은이 공소'에서 모방(P. Maubant, 羅伯多祿) 신부에게 세례를 받은 뒤 신학생 후보로 선발
* 2월 6일 : 동료 최양업(崔良業, 토마스)이 모방 신부 댁에 도착
* 3월 14일 : 동료 최방제(崔方濟, 프란치스코 하비에르)가 모방 신부 댁에 도착
* 7월 11일 : 김대건 소년 모방 신부 댁에 도착

12월 2일 : 동료 신학생들과 함께 모방 신부가 바라보는 가운데 십자가 앞에서 성경에 손을 얹고 순명과 복종 서약
12월 3일 : 성 정하상(丁夏祥, 바오로), 성 조신철(趙信喆, 가롤로) 등의 인도를 받아 변문(邊門)으로 출발
12월 28일 : 조선 입국을 위해 요동에 머무르고 있던 샤스탕(J. Chastan, 鄭牙各伯) 신부 댁에 도착

1837년 6월 7일 : 중국 대륙을 남하하여 마카오에 도착
이후 파리 외방전교회 극동 대표부(대표 : 르그레즈와 신

부)에 설치된 "조선 신학교"에서 칼르리(M. Callery) 교장 신부, 르그레즈와(P. Legrégeois) 신부, 리브와(N. Libois) 신부 등에게서 수학

* 그 후 르그레즈와 신부가 교장을 맡았고, 임시로 마카오에 머무르던 데플레슈(M. Desfleches) 신부가 신학생들을 잠시 지도
* 11월 27일 : 동료 신학생 최방제(프란치스코 하비에르), 열병으로 선종

1839년 4월 6일 : 아편 관련 소요로 인해 필리핀으로 피신
        4월 7일 : 마카오를 출발하여 19일 마닐라에 도착
        5월 3일 : 도미니코 수도회 참사회의 호의로 롤롬보이(Lolomboy)에서 수학
      * 9월 21일 : 제2대 조선 대목구장 앵베르(L. Imbert, 范世亨) 주교의 순교로, 페레올 주교가 제3대 조선 대목구장 승계
        11월   : 마카오로 귀환

1840년 1월 8일 : 메스트르(J. Maistre, 李) 신부 마카오 도착. 신학생들의 교육을 함께 맡음

1841년 11월   : 철학 과정 이수, 신학 과정 입문

1842년 2월 15일 : 메스트르 신부와 함께 세실(J.B.M. Cécille) 함장이 이끄는 프랑스 함대의 에리곤(l'Érigone)호에 승선하여 2월 16일 출발(1차 탐색 여행)
        2월 20일 : 마닐라 도착.
        2월 28일 : 마닐라에서 르그레즈와 스승 신부에게 서한 발송(첫 번째 서한)
        4월 21일 : 마닐라를 떠나 대만으로 향함
        5월 11일 : 양자강(楊子江) 앞바다의 주산도(舟山島)에 입항. 주산에서 리브와 스승 신부에게 서한 발송(두 번째 서한 : 유실됨)
        6월 26일 : 오송구(吳淞口) 도착

* 7월 17일 : 동료 최양업, 만주 선교사 브뤼니에르(M.B. de la Brunière, 寶) 신부와 함께 프랑스 군함 파보리트(la Favorite)호에 탑승하여 마카오 출발

8월 27일 : 브뤼니에르 신부, 최양업이 메스트르 신부와 합류

8월 29일 : 남경조약(南京條約) 체결식장에 참석

9월 11일 : 에리곤호 북상 포기. 메스트르 신부와 함께 외교인 황세흥(黃世興)의 집에 유숙

　* 브뤼니에르 신부와 최양업이 중국인 반 요한의 안내를 받아 상해로 출발

9월 　　 : 리브와 스승 신부에게 서한 발송(세 번째 서한)

9월 17일 : 메스트르 신부와 함께 상해에 머물던 산동 대목구장 겸 남경교구장 서리 베시(L.M. Besi, 羅類思) 주교 댁에 도착. 최양업과 상봉

10월 2일 : 베시 주교의 주선으로 브뤼니에르 신부, 메스트르 신부, 동료 최양업, 반 요한 등과 함께 중국 배를 타고 상해를 출발하여 북상

10월 23일 : 요동(遼東)의 남단 태장하(太莊河) 해안에 도착
반 요한이 보낸 그 지방의 회장 두(杜) 요셉과 최양업이 세관에 간 동안 지방민들이 다가와 위협하였으나 김대건의 기지로 무사

10월 26일 : 태장하 인근의 백가점(白家店)에 도착. 두 요셉 회장 집에서 유숙

　* 백가점 : 태장하 인근, 즉 훗날 선교사들의 조선 입국 거점이 된 차쿠(岔溝) 이웃의 교우촌

11월 3일 : 두 요셉 회장 집에서 나와 인근의 새 거처로 옮김

　* 브뤼니에르 신부, 최양업과 함께 요동 북단에 있는 개주(蓋州) 부근의 양관(陽關) 교우촌으로 이동

12월 9일 : 백가점에서 르그레즈와 스승 신부에게 서한 발송(네 번째 서한)

12월 21일 : 백가점에서 리브와 스승 신부에게 서한 발송(다섯 번째 서한)

12월 23일 : 봉황성(鳳凰城)의 책문(柵門)으로 출발(2차 탐색 여행)

12월 27일 : 책문 인근에서 조선 교회의 밀사 김 프란치스코와 상봉

12월 29일 : 책문 출발. 의주(義州) 변문(邊門)을 통해 조선으로 귀국(1차 입국)

12월 31일 : 압록강을 다시 건너 책문으로 이동

1843년 1월 1일 : 책문 도착

1월 6일 : 백가점 도착

1월 15일 : 백가점에서 르그레즈와 스승 신부에게 서한 발송(여섯 번째 서한)

*1843년 초 : 페레올 주교, 교황 그레고리오 16세의 칙서를 받고 비로소 제3대 조선 대목구장에 임명된 사실을 알게 됨

2월 16일 : 백가점에서 리브와 스승 신부에게 서한 발송(일곱 번째 서한)

3월(음) : 책문으로 나가 조선 교회의 밀사와 접촉한 뒤 백가점으로 귀환(3차 탐색 여행)

4월 : 소팔가자(小八家子)로 거처를 옮겨 최양업과 함께 신학 공부 계속

* 소팔가자 : 길림성(吉林省)의 장춘(長春) 서북쪽에 있던 교우촌으로, 만주 대목구의 초대 대목구장인 베롤(J. Verrolles, 方若望) 주교가 1841년에 일대의 광대한 토지를 매입하고 성당을 건립함

9월(음) : 책문으로 나가 조선 교회의 밀사와 접촉한 뒤 소팔가자로 귀환(4차 탐색 여행)

12월 31일 : 개주의 양관에서 있은 제3대 조선 대목구장 페레올 주교의 성성식(집전 : 만주 대목구장 베롤 주교)에 참석한 뒤 소

		팔가자로 귀환
1844년	2월 5일 :	페레올 주교의 명으로 북방 입국로 탐색을 위해 훈춘(琿春)으로 출발(5차 탐색 여행)
	3월 8일 :	훈춘을 거쳐 조선으로 귀국(2차 입국)
		경원(慶源)에서 조선 교우와 상봉
	4월 :	소팔가자로 귀환하여 신학 공부 계속
	5월 17일 :	소팔가자에서 리브와 스승 신부에게 서한 발송(여덟 번째 서한)
	12월 :	최양업과 함께 페레올 주교로부터 삭발례부터 부제품까지 받음
	12월 15일 :	소팔가자에서 페레올 주교에게 서한 발송(아홉 번째 서한)
1845년	1월 1일 :	봉황성 책문으로 나가 조선 교회의 밀사와 상봉하여 조선으로 귀국(3차 입국)
	1월 15일 :	서울 도착. 돌우물골[石井洞]에 유숙
	2월 :	중병에 걸려 15일 동안 고생함
	3월 :	신학생 2명 지도
	3월 27일 :	서울에서 리브와 스승 신부에게 서한 발송(열 번째 서한)
	3~4월 :	서울에서 현석문(玄錫文, 가롤로) 등의 도움으로 「조선 순교사와 순교자들에 관한 보고서」 작성
	4월 6일 :	서울에서 리브와 스승 신부에게 서한 발송(열한 번째 서한)
	4월 7일 :	서울에서 리브와 스승 신부에게 서한 발송(열두 번째 서한)
	4월 30일 :	선교사 영입을 위해 현석문 등 11명의 조선인 교우들과 함께 제물포 출발
	5월 28일 :	오송 도착
	6월 4일 :	상해 도착. 리브와 스승 신부에게 서한 발송(열세 번째 서한)
	:	상해에서 페레올 주교에게 서한 발송(열네 번째 서한)
	6월 :	상해에서 강남 대목구 소속 예수회 선교사인 고틀랑(C.

Gotteland, 南格祿) 신부에게 서한 발송(열다섯 번째 서한 : 유실)

7월 23일 : 상해에서 리브와 스승 신부에게 서한 발송(열여섯 번째 서한)

: 상해에서 리브와 스승 신부에게 「조선 순교사와 순교자들에 관한 보고서」 발송

: 상해에서 페레올 주교에게 서한 발송(열일곱 번째 서한)

8월 17일 : 상해 연안에 있는 김가항(金家港) 성당에서 페레올 주교로부터 사제 서품

8월 24일 : 상해에서 약 30리 되는 횡당(橫堂) 성당에서 첫 미사

8월 31일 : 페레올 주교, 다블뤼 신부와 함께 라파엘(Raphael)호를 타고 상해 출발

9월 28일 : 제주도 표착

10월 12일 : 충남 강경 부근의 황산포(黃山浦) 나바위[羅岩] 도착

11~12월 : 서울 및 용인의 은이 공소 순방

11월 20일 : 서울에서 리브와 스승 신부에게 서한 발송(열여덟 번째 서한)

* 1846년 1월 : 매스트르 신부와 최양업 부제, 조선의 북방 지역으로 입국하고자 했으나 실패

1846년 4월 13일 : 은이 공소에서 미사 후 서울로 출발

5월 14일 : 서해 해로를 통한 선교사 입국로를 개척하라는 페레올 주교의 지시에 따라 교우들과 함께 마포 출발

5월 25일 : 연평도 도착

5월 27일 : 순위도(巡威島) 등산진(登山鎭) 도착

5월 29일 : 백령도(白翎島)에서 중국 어선과 접촉. 편지와 지도를 메스트르 신부에게 탁송

6월 1일 : 순위도 등산진으로 귀환

6월 5일 : 체포

6월 10일 : 해주(海州) 감영으로 압송

6월 21일 : 서울 포도청으로 이송

	6월 22일 :	이후 40여 차례 문초
	7월 30일 :	옥중에서 스승 신부들에게 보내는 마지막 서한 작성(열아홉 번째 서한)
	8월 26일 :	옥중에서 페레올 주교에게 보내는 마지막 서한 작성(스무 번째 서한)
		이 무렵 세계 지도를 작성하고, 지리 개설서 저술
	8월 말 :	조선 교우들에게 보내는 마지막 회유문 작성(스물한 번째 서한)
	9월 15일 :	반역죄로 사형 선고
	9월 16일 :	새남터에서 군문 효수형으로 순교
	10월 26일 :	이민식(李敏植, 빈첸시오)에 의해 미리내에 안장
1857년	9월 24일 :	가경자로 선포
1901년	5월 21일 :	유해가 미리내에서 발굴되어 용산 예수성심신학교로 이장
1901년	10월 17일 :	유해가 용산 예수성심신학교 성당으로 옮겨져 안치
1925년	7월 5일 :	시복
1949년	11월 15일 :	모든 한국 성직자들의 대주보로 결정. 로마 교황청에서 7월 5일을 김대건 신부 축일로 지정
1950년	6월 25일 :	유해가 용산 성직자 묘지로 옮겨져 안치
	9월 28일 :	유해가 경남 밀양 성당으로 옮겨져 안치
1951년	:	서울 수복 후 유해가 서울 혜화동의 소신학교 성당으로 옮겨져 안치
1960년	7월 5일 :	유해가 혜화동 가톨릭대학으로 옮겨져 안치
1984년	5월 6일 :	시성
2019년	11월 14일 :	2021년 유네스코 세계 기념 인물로 선정
2020년	11월 29일 :	성 김대건 안드레아 신부님 탄생 200주년 희년 개막 미사(2020. 11. 29~2021. 11. 27) 선포

제 1 장

조선의 관변(官邊) 기록

1. 『海西文牒錄』丙午 五月

登山鎭被捉犯越邪學罪人金大建等捉致盤覈形止狀啓 丙午 五月

卽呈登山鎭僉使鄭基鎬牒報內 當此風和入防之時 例有異船瞭望之節故 今五月十二日 出往浦邊 將欲執船之際 忽有一漢 挺出船上稱以京班 恐喝鎭將 至有爾汝之辱 而聽言觀貌 甚涉殊常 顯與我國人不同故 捉入鎭庭 多般詰問

則所告內 姓名金大建 年今二十五 本以大國廣東人 素行洋敎 甲辰十一月 自義州過江 轉至王京 今年四月十八日 自京江麻浦 同乘林成龍船隻 來到此地

가. 체포 경위와 해주에서의 문초

1. 『해서문첩록(海西文牒錄)』 병오(1846년) 5월[1]

등산진(登山鎭)에서 잡힌 범월(犯越, 국경을 넘음) 사학(邪學, 즉 천주교)[2] 죄인 김대건 등을 잡아 조사한 상황을 장계(狀啓)[3]함. 병오 5월.

바로 올라온 등산진 첨사(僉使) 정기호(鄭基鎬)의 첩보(牒報)[4] 내에 〈바람이 잔잔하여 입방(入防)했을 때 예(例)에 이양선(異樣船)을 살피는 절차가 있었으므로, 금 5월 12일(양력 6월 5일) 포구 주변으로 나가 배를 잡고자 할 즈음 갑자기 한 놈이 배 위로 나와 서울 양반이라 칭하며 진장(鎭將)을 무섭게 꾸짖었습니다. 너나 하며 욕보이게 하는 데에 이르렀는데, 말을 듣고 용모를 보니 심히 수상하고 명백히 우리나라 사람과 같지 않았으므로 진영 마당에 잡아 여러 가지를 힐문하였습니다.

고하길, "이름은 김대건(金大建)이요, 나이는 이제 25세입니다. 본래 중국 광동(廣東) 사람으로 평소 천주교를 봉행하였습니다. 갑진년(1844년) 11월 의주에서 강을 건너 맴돌다 서울에 이르렀으며, 금년 4월 18일 한

---

[1] 이를 작성하여 올린 날짜는 『일성록』의 기록을 볼 때 '5월 20일 이전'이었음이 분명하다.
[2] 조선의 관변 자료들에서는 천주교를 '사악한 학문'이라 하여 일반적으로 '사학(邪學)'이라 적고 있다. 반면에 교우들은 이를 '성교(聖敎)', '양교(洋敎)', '천주학(天主學)' 또는 '서교(西敎)'라고 지칭하는 경우가 많았다. 이에 본 자료집에서는 이해에 필요하다고 생각되는 경우를 제외하고는 모두 '천주교'로 번역하였다.
[3] 관찰사(觀察使)·병사(兵使)·수사(水使) 등 왕명을 받들어 외방에 파견된 관리가 자신의 관할 구역 내에서 일어난 중요한 일을 왕에게 직접 보고할 때 작성하는 문서이다.
[4] 첩정(牒呈)을 통해 보고한다는 뜻. '첩' 또는 '첩정'은 하급 기관에서 상급 기관에 올리는 공문서를 말한다.

今於詰問之下 踪跡綻露是如是乎所 搜其行裝 則有不解旨義之諺錄小冊一卷 身上有紅錦囊一箇 囊中有縫縕綿片二箇 一畫人物 一畫草形 又有藍紬一片 且頭髮有半削未長之痕 明是異國邪學之類乙仍于 竝與船主林成龍 沙工嚴壽等 爲先枷囚本鎭 而諺冊與囊子及渠所納供之書 堅封牒呈是如爲白臥乎所

彼人之越境潛行 船漢之同舟作伴 事係變怪 聞極驚駭 旣是異樣人之邊鎭現捉 則所當關飭水使 使之問情 而此與異船邊情等事有異 故金大建林成龍嚴壽等三漢 今方捉致臣營 嚴加盤覈 鱗次登聞計料是白乎旀 諺冊囊子供書等屬段 盤覈時不無憑問之端 姑爲留置 緣由竝以馳啓爲白臥乎事

강 마포에서 임성룡(林成龍)[5]의 배를 함께 타고 이곳에 이르렀습니다."라고 하였습니다.

이제 힐문에 종적이 탄로 나게 되온바, 그 행장을 수색하니 뜻을 알수 없는 언문 기록 소책자 1권, 몸 위에 차는 붉은 비단 주머니 1개가 있었습니다. 주머니 안에는 가장자리를 꿰맨 무명 조각[6] 2개가 있었는데 하나에는 사람이 그려져 있었고,[7] 다른 하나에는 풀 모양이 그려져 있었습니다.[8] 또 남색 명주 한 조각이 있었고 머리카락은 반쯤 잘라 기르지 않은 흔적이 있었으니, 이는 분명 외국 천주교의 무리입니다. 선주(船主) 임성룡, 사공 엄수(嚴壽)와 함께 우선 칼을 씌워 본 진영에 가두고 언문 책자와 주머니, 그가 진술한 글을 굳게 봉하여 첩정합니다.〉라고 하였습니다.

그자가 국경을 넘어 몰래 돌아다녔고, 뱃놈이 함께 배를 타고 동행한 일은 변괴와 관계되니 듣기에 너무 놀랍습니다. 이미 외국인이 변진(邊鎭)에 잡혔으니 마땅히 수사(水使)에 관칙(關飭)하여 사정을 알아보게 하였고, 이양선, 변경 사정 등의 일이 다르므로 김대건, 임성룡, 엄수 등 세 놈을 방금 신(臣)의 영문(營門)[9]에 잡아 왔으니 엄히 더 핵실(覈實)하여 차례로 아뢸 계획입니다. 언문 책자, 주머니, 진술서 등은 자세히 조사할 때 빙문(憑問)할 단서가 없지 않으니 잠시 보관해 두었습니다. 이러한 연

---

[5] 임성룡(林成龍, 베드로) : 성 임치백(林致伯, 요셉)의 아들. 그의 세례명이 시복 재판의 증언 기록에 나타나는 것으로 볼 때, 훗날 세례받았음을 알 수 있는데, 그를 임성실(林聖實)과 동일 인물로 본 증언도 있다(다음 제3장의 '시복 재판 증언 기록' 참조. 그는 김대건 신부가 황해도로 갈 때 탔던 배의 선주였으며, 체포된 후에는 교우 여러 명을 밀고하였다(다음의 본문 내용을 참조).

[6] 여기에서는 '무명 조각[綿片]'이라 하였는데, 다음의 5월 26일 자 기록에는 '비단 조각[錦片]' 이라고 나온다.

[7] 다음의 5월 26일 자 기록에 '성모와 (아기) 예수상'으로 나온다.

[8] 다음의 5월 26일 자 기록에는 '심상(心像)'으로 나온다.

[9] 황해 감영.

2. 『右捕廳謄錄』丙午 五月

黃海道觀察使爲謄報事

卽接 登山鎭僉使鄭基鎬牒報內 當此風和入防之時 例有異船瞭望之節故 今五月十二日 出往浦邊 將欲執船之際 忽有一漢 挺出船上 稱以京班 恐喝鎭將 至有爾汝之辱 而聽言觀貌 甚涉殊常 顯與我國人不同故 捉入鎭庭 多般詰問

則所告內 姓名金大建 年今二十五 本以大國廣東人 素行洋敎 甲辰十一月 自義州過江 轉至王京 今年四月十八日 自京江麻浦 同乘林成龍船隻 來到此地

今於詰問之下 踪跡綻露是如是乎所 搜其行裝 則有不解旨義之諺謄小冊一卷 身上有紅錦囊一箇 囊中有縫緄綿片二箇 一畵(人物) 一畵草形 又有藍紬一片 且頭髮有半削未長之痕 明是異國邪學之類乙仍于 竝與船主林成龍 沙工嚴壽等 爲先枷囚本鎭 而諺冊與囊子 渠所納供之書 堅封牒呈是如爲白臥乎所

彼人之越境潛行 船漢之同舟作伴 事係變怪 聞極驚駭 旣是異樣

유로 아울러 급히 장계(狀啓)하옵니다.

2. 『우포청등록(右捕廳謄錄)』 병오 5월

황해도 관찰사가 등보(謄報, 원본을 필사한 보고)합니다.
〈방금 접수한 등산진 첨사 정기호의 첩보 내에 "바람이 잔잔하여 입방했을 때, 예에 이양선을 살피는 절차가 있었으므로, 금 5월 12일 포구 주변으로 나가 배를 잡고자 할 즈음 갑자기 한 놈이 배 위에 나와 서울 양반이라 칭하며 진장을 무섭게 꾸짖었습니다. 너나 하며 욕보이게 하는 데에 이르렀는데, 말을 듣고 용모를 보니 심히 수상하고 우리나라 사람과 현저히 달랐으므로 진영 마당에 잡아다 여러 가지를 힐문하였습니다.
고하길 '이름은 김대건이고, 나이는 25세입니다. 본래 중국 광동 사람으로 평소 천주교를 봉행하였습니다. 갑진년(1844) 11월 의주에서 강을 건너 맴돌다 서울에 이르렀으며, 금년 4월 18일 한강 마포에서 임성룡의 배를 타고 이곳에 이르렀습니다.' 하였습니다.
이제 힐문에 종적이 탄로 나게 된바, 그 행장을 수색하니 뜻을 알 수 없는 언문이 적힌 소책자 1권, 몸에 차는 붉은 비단 주머니 1개가 있었습니다. 주머니에는 가장자리를 꿰맨 무명 조각 2개가 있었는데 하나는 (사람이) 그려져 있고, 하나에는 풀 형상이 그려져 있었습니다. 또 남색 명주 한 조각이 있었고 머리카락은 반쯤 잘라 기르지 않은 흔적이 있었으니, 분명 이는 외국 천주교의 무리입니다. 아울러 선주 임성룡, 사공 엄수 등에게 먼저 칼을 씌워 본 진영에 가두고 언문 책자와 주머니, 그가 진술한 글을 굳게 봉하여 첩정합니다."라고 하였습니다.
그자가 국경을 넘어 몰래 돌아다녔고, 뱃놈이 함께 배를 타고 동행한

人之邊鎭現捉 則所當關飭水使 水使之問情 而此與異船邊情等事
有異 故上項該鎭在囚金大建林成龍嚴壽等三漢 今方捉致臣營 嚴
加盤覈 鱗次登聞計料是白乎旀 諺冊囊子供書等屬段 盤覈時不無
憑問之端 姑爲留置 竝以緣由馳啓事

狀啓謄報爲白臥乎事

3. 『承政院日記』丙午 五月 二十日

　以黃海監司金鼎集狀啓 異樣人金大建 嚴加盤覈事 傳于權溭曰
觀此狀辭 大是變怪 己亥治邪不久 而又有此異樣人潛越云者 豈勝
痛惋 必有率來留接之類 其所窮覈之方 令廟堂卽速稟處

것은 변괴와 관계되는 일이니 듣기에 매우 놀랍습니다. 이미 이양인(異樣人, 외국인)을 변진에서 잡았으니 마땅히 수사에게 관칙하여 사정을 묻게 하였습니다. 이양선과 변정 등의 일이 다름이 있으므로 위 사항에 따라 해당 진에서 가둔 김대건, 임성룡, 엄수 등 세 놈을 방금 신의 감영에 잡아 왔으니 엄히 더 핵실하여 차례로 고할 계획입니다. 언문 책자와 주머니, 진술서 등속은 자세히 조사할 때 빙문할 단서가 없지 않으니 잠시 보관해 두었습니다. 아울러 연유를 서둘러 장계합니다.〉

본 장계의 원본을 베껴 적어 보고하는 일입니다.

3. 『승정원일기(承政院日記)』 병오 5월 20일(양력 1846년 6월 13일)

황해 감사 김정집(金鼎集)이 장계한 '이양인 김대건을 엄하게 더 반핵(盤覈, 자세히 캐어물음)하는 일'로 (임금이) 권직(權溭)에게 전교하기를, "이 장계의 말을 보니 큰 변괴이다. 기해년(1839)에 사교(邪敎)를 다스린 지[10] 오래되지 않았는데 또 이렇듯 외국인이 몰래 넘어왔다고 하니, 어찌 통원함을 이기겠는가. 필시 데려와 머물러 있게 한 무리가 있을 것이니 깊이 핵실할 방도를 묘당(廟堂, 비변사)[11]으로 하여금 속히 아뢰고 처리하게 하라." 하였다.

---

10 1839년의 기해박해(己亥迫害)를 말한다.
11 본래 의정부(議政府)를 가리키는 말이었으나, 조선 후기 비변사(備邊司)가 설치된 이후 비변사의 권한이 강화되고, 의정부의 역할이 축소되면서 비변사 또한 묘당(廟堂)을 지칭하게 되었다. '묘당으로 하여금 속히 품처하게 하라(令廟堂卽速稟處)'는 전교에 비변사에서 응답하여 아뢰고 있으므로 여기서 지칭하는 '묘당'은 비변사이다.

4. 『備邊司謄錄』丙午 五月 二十日

以黃海監司金鼎集狀啓 異樣人金大建 嚴加盤覈事 傳曰 觀此狀辭 大是變怪 己亥治邪不久 而又有此異樣人潛越云者 豈勝痛惋 必有率來留接之類 其所窮覈之方 令廟堂卽速稟處

5. 『右捕廳謄錄』丙午 五月 二十日

以黃海監司金鼎集狀啓 異樣人金大建 嚴加盤覈事 傳曰 觀此狀辭 乃是變怪 己亥治邪不久 而此異樣人潛越云者 豈勝痛惋 必有率來留接之類 其所窮覈之方 令廟堂卽速稟處

6. 『日省錄』丙午 五月 二十日 甲戌

命 海西異樣人 窮覈之方 令廟堂稟處

黃海監司金鼎集 狀啓 以爲登山僉使鄭基鎬牒報內 今五月十二

4. 『비변사등록(備邊司謄錄)』 병오 5월 20일 (양력 1846년 6월 13일)

황해 감사 김정집이 장계한 '외국인 김대건을 엄하게 더 반핵하는 일'로 (임금이) 전교하기를, "이 장계의 말을 보니 큰 변괴이다. 기해년에 천주교를 다스린 지 오래되지 않았는데 또 이렇듯 외국인이 몰래 넘어왔다고 하니, 어찌 통원함을 이기겠는가. 필시 데려와 머물러 있게 한 무리가 있을 것이니 깊이 핵실할 방도를 묘당으로 하여금 속히 아뢰고 처리하게 하라." 하였다.

5. 『우포청등록』 병오 5월 20일 (양력 1846년 6월 13일)

황해 감사 김정집 장계에 있는 '외국인 김대건을 엄히 더 자세히 조사하는 일'로 전교하시길, "이 장계를 보니 이는 큰 변괴이다. 기해년에 천주교를 다스린 지 오래되지 않았는데 외국인이 몰래 국경을 넘었다고 하니 어찌 통원함을 이길 수 있겠는가. 필시 데려와 머무르게 한 무리가 있을 것이니 자세히 조사할 방법을 묘당으로 하여금 속히 아뢰고 처리하게 하라." 하셨다.

6. 『일성록』 병오 5월 20일 (양력 1846년 6월 13일)

해서(海西)의 외국인을 깊이 핵실할 방도를 묘당으로 하여금 아뢰고 처분하도록 하였다.

황해 감사 김정집이 장계하기를, 〈등산 첨사(登山僉使) 정기호의 첩보

日 出往浦邊 將欲執船之際 忽有一漢挺出船上 稱以京班 恐喝鎭將
至有爾汝之辱 而聽言觀貌 甚涉殊常 顯與我國人不同 故捉入鎭庭
多般詰問 則所告內 姓名金大建 年今二十五 本以大國廣東人 素行
洋敎 甲辰十一月 自義州過江 轉至王京 今年四月十八日 自京江麻
浦 同乘林成龍船隻 來到此地云

搜其行裝 則有不解旨義之諺錄小冊一卷 身上有紅錦囊一箇 囊
中有縫縉錦片二箇 一畫人物 一畫草形 又有藍紬一片 且頭髮有半
削未長之痕 明是異國邪學之類 竝與船主林成龍沙工嚴壽(秀)等 爲
先枷囚本鎭 而諺冊與囊子及渠所納供之書 堅封牒呈云

彼人之越境潛行 船漢之同舟作伴事 係變怪聞極驚駭 旣是異樣
人之邊鎭現捉 則所當關飭水使 使之問情 而此與異船邊情等事有
異 故金大建林成龍嚴壽(秀)等三漢 今方捉致臣營 嚴加盤覈 諺冊囊
子供書等屬 盤覈時不無憑問之端 姑爲留置

안에 "이번 5월 12일(양력 6월 5일)에 포구 주변으로 나가 배를 압류하려 할 때, 문득 한 명이 배 위로 뛰어 올라와 서울 양반이라고 하며 진장을 공갈하면서 네가, 내가 하는 욕을 하기에 이르렀는데, 말하는 것을 듣고 얼굴 모양을 보니 아주 수상한 것이 우리나라 사람과는 현저히 달랐습니다. 그러므로 진영의 뜰에 잡아다가 여러 가지로 힐문하니, '성명은 김대건이요. 나이는 이제 25세로, 본래 중국 광동 사람이고, 평소에 천주교를 봉행하였으며, 갑진년(1844) 11월에 의주에서 강을 건너 이리저리하여 서울에 도착하였고, 금년 4월 18일에 한강 마포에서 임성룡의 배를 함께 타고 이곳에 이르렀다.'라고 하였습니다.

그의 행장을 수색하니 뜻을 알 수 없는 언문 기록의 소책자 1권, 몸 위에 차는 붉은 비단 주머니 1개가 있었고, 주머니 안에는 가장자리를 꿰맨 무명 조각 2개가 있었는데, 그중 하나에는 사람이 그려져 있었으며, 다른 하나에는 풀 모양이 그려져 있었습니다. 또 남색 명주 한 조각이 있었고, 머리카락은 반쯤 잘라 기르지 않은 흔적이 있었으니, 분명 외국의 천주교 무리라. 선주 임성룡, 사공 엄수 등과 함께 우선 칼을 씌워 본 진영에 가두고, 언문 책자와 주머니와 그가 진술한 글을 굳게 봉해 첩정합니다."라고 하였습니다.

그가 국경을 넘어 몰래 돌아다녔고, 뱃놈이 함께 배를 타고 동행한 일은 괴이하여 들을수록 더욱 놀랍습니다. 이미 외국인이 변방의 진영에 직접 체포되었으니, 마땅히 수사에게 관칙하여 그로 하여금 사정을 알아보도록 하였고, 이것과 이양선, 변경 사정 등의 일이 서로 다르므로 김대건, 임성룡, 엄수 등 세 놈을 이제 신의 영문에 붙잡아다가 엄히 더 핵실하였습니다. 언문 책자, 주머니, 진술서 등속은 핵실할 때 이들에 의거하여 질문하는 단초가 없지 않을 것이므로 잠시 (이곳에) 보관해 두었습니다.〉라고 하였다.

敎以觀此狀辭 大是變怪 己亥治邪不久 而又有此異樣人潛越云者 豈勝痛惋 必有率來留接之類 其所窮覈之方 令廟堂卽速稟處

7. 『憲宗實錄』丙午 五月 二十日

黃海監司金鼎集 以異樣人金大建捉囚事 令廟堂使之嚴覈

8. 『承政院日記』丙午 五月 二十一日

權溭以備邊司言啓曰 以黃海監司金鼎集狀啓 異樣人金大建 嚴加盤覈事 判付內 觀此狀辭 大是變怪 己亥治邪不久 而又有此異洋人潛越云者 豈勝痛惋 必有率來留接之類 其所窮覈之方 令廟堂卽速稟處事 命下矣

年前邪獄 卽可爲一大懲創 而曾未幾年 又有此變怪 國法之蕩然 邪徒之肆凶 乃至於此 寧欲無言

전교하기를, "이러한 장계의 말을 보건대 이는 큰 변괴라. 기해년(1839)에 천주교를 다스린 것이 오래되지 않았는데, 또 이렇듯 외국인으로 몰래 넘어왔다고 하는 자가 있으니 어찌 통탄스럽지 않은가? 필시 (김대건을) 데려와 머물게 한 무리가 있을 것이니, 깊이 핵실할 방도를 비변사로 하여금 속히 아뢰고 처분하도록 하라."고 하였다.

7. 『헌종실록(憲宗實錄)』 병오 5월 20일 (양력 1846년 6월 13일)

'황해 감사 김정집이 외국인 김대건을 잡아 가둔 일'을 비변사로 하여금 엄히 핵실하도록 하였다.

8. 『승정원일기』 병오 5월 21일 (양력 1846년 6월 14일)

권직이 비변사의 말로 아뢰기를, "황해 감사 김정집이 장계한 '외국인 김대건을 엄히 더 핵실하는 일'에 (임금이) 판부(判付, 왕의 처결)하신 내용으로 '이 장계의 말을 보면 큰 변괴이다. 기해년에 천주교를 다스린 지 오래되지 않았는데 또 이렇듯 외국인이 몰래 넘어왔다고 하니, 어찌 통원함을 이기겠는가. 필시 데려와 머물러 있게 한 무리가 있을 것이니 깊이 핵실할 방도를 묘당으로 하여금 속히 아뢰고 처리하게 하라.'고 명하셨습니다.

몇 해 전 천주교 옥사(獄事)가 바로 하나의 커다란 징창(懲創, 꾸짖어서 경계함)이라 할 수 있으나, 몇 년이 안 되어 또 이러한 변괴가 있으니, 국법이 어지러워 사악한 무리의 방자함과 흉악함이 이에 이른 것은 차라리 말을 하지 않고자 합니다.

當初犯越之時 多年出沒之蹤 決知有根窩之潛引隱接者 此若不窮覈痛鋤 則不知何樣禍機 伏在何地 實不勝懍然

其所行查 恐不可專責該營 分付捕廳 發遣校卒 在囚諸漢 一竝捉上 以爲嚴覈得情之地 罪人雖令捉上 若自該營 已有取招者 則依例登聞之意 分付道臣 何如 傳曰 允

9. 『備邊司謄錄』丙午 五月 二十一日

司啓曰 以黃海監司金鼎集狀啓 異樣人金大建 嚴加盤覈事 判付內觀此狀辭 大是變怪 己亥治邪不久 而又有此異樣人潛越云者 豈勝痛惋 必有率來留接之類 其所窮覈之方 令廟堂卽速稟處事 命下矣

年前邪獄 卽可爲一大懲創 而曾未幾年 又有此變怪 國法之蕩然 邪徒之肆凶 乃至於此 寧欲無言

當初犯越之時 多年出沒之蹤 決知有根窩之潛引隱接者 此若不窮覈痛鋤 則不知何樣禍機 伏在何地 實不勝懍然

애당초 국경을 넘을 때 여러 해 출몰한 종적은 소굴로 몰래 끌어내 은밀히 접한 자가 있음을 분명히 알 수 있는데, 만약 자세히 조사하여 없애지 않는다면 어떤 모양의 화기(禍機)인지, 어느 곳에 숨었는지 알 수 없으니 실로 두려움을 이길 수 없습니다.

그 조사는 아마 해당 감영에서 전임할 수 없으니 포도청에 분부하여 교졸(校卒)을 보내 옥에 갇혀 있는 모든 놈을 모두 잡아 올려 엄히 조사하여 사정을 밝히게 하십시오. 죄인을 비록 잡아 올리게 하더라도 만약 해당 감영에서 이미 받은 진술이 있다면 예에 따라 보고하라는 뜻으로 도신(道臣, 황해 감사)에게 분부하시는 것이 어떠하십니까." 하니, 윤허하셨다.

9. 『비변사등록』 병오 5월 21일 (양력 1846년 6월 14일)

비변사에서 아뢰기를, "황해 감사 김정집이 장계한 '외국인 김대건을 엄히 더 핵실하는 일'에 판부하신 내용으로 '이 장계의 말을 보면 큰 변괴이다. 기해년에 천주교를 다스린 지 오래되지 않았는데 또 이렇듯 외국인이 몰래 넘어왔다고 하니, 어찌 통원함을 이기겠는가. 필시 데려와 머물러 있게 한 무리가 있을 것이니 깊이 핵실할 방도를 묘당으로 하여금 속히 아뢰고 처리하게 하라.'고 명하셨습니다.

몇 해 전 천주교 옥사가 바로 하나의 커다란 징창이라 할 수 있으나, 몇 년이 안 되어 또 이러한 변괴가 있으니, 국법이 어지러워 사악한 무리의 방자함과 흉악함이 이에 이른 것은 차라리 말을 하지 않고자 합니다.

애당초 국경을 넘을 때 여러 해 출몰한 종적은 소굴로 몰래 끌어내 은밀히 접한 자가 있음을 분명히 알 수 있는데, 만약 자세히 조사하여 없애지 않는다면 어떤 모양의 화기인지, 어느 곳에 숨었는지 알 수 없으니 실

其所行査 恐不可專責該營 分付捕廳 發遣校卒 在囚諸漢 一竝捉
上 以爲嚴覈得情之地 罪人雖令捉上 若自該營 已有取招者 則依例
登聞之意 分付道臣 何如 答曰 允

10. 『右捕廳謄錄』丙午 五月 二十一日

備邊司啓曰 以黃海監司金鼎集所啓 異樣人金大建 嚴加盤覈事
判付內 觀此狀辭 大是變怪 己亥治邪不久 而又有此異洋人潛越云
者 豈勝痛惋 必有率來留接之類 其所窮覈之方 令廟堂卽速稟處事
命下矣

年前邪獄 卽可爲一大懲創 而曾未幾年 又有此變怪 國法之蕩然
邪徒之肆凶 乃至於此 寧欲無言

當初犯越之時 多年出沒之蹤 決知有根窩之潛引隱接者 此若不
窮覈痛鉏 則不知何樣禍機 伏在何地 實不勝懍然

其所行査 恐不可專責該營 分付捕廳 發遣校卒 在囚諸漢 一竝捉
上 以爲嚴覈得情之地爲旀 罪人雖令捉上 若自該營 已有取招者 則

로 두려움을 이길 수 없습니다.

그 조사는 아마 해당 감영에서 전임할 수 없으니 포청에 분부하여 교졸을 보내 옥에 갇혀 있는 모든 놈을 모두 잡아 올려 엄히 조사하여 사정을 밝히게 하십시오. 죄인을 비록 잡아 올리게 하더라도 만약 해당 감영에서 이미 받은 진술이 있다면 예에 따라 보고하라는 뜻으로 도신에게 분부하시는 것이 어떠하십니까." 하니, 윤허하셨다.

10. 『우포청등록』병오 5월 21일(양력 1846년 6월 14일)

비변사에서 아뢰기를, "황해 감사 김정집이 장계한 바 '외국인 김대건을 엄히 더 핵실하는 일'에 판부하시길, '이 장계를 보니 이는 큰 변괴이다. 기해년에 천주교를 다스린 지 오래되지 않았는데 다시 외국인이 몰래 국경을 넘었다고 하니 어찌 통원함을 이길 수 있겠는가. 필시 데려와 머물게 한 무리가 있을 것이니 자세히 조사할 방법을 묘당으로 하여금 속히 아뢰고 처리하게 하라.'고 명하셨습니다.

몇 해 전 천주교 옥사가 바로 하나의 큰 징창이라 할 수 있으나 몇 년이 안 되어 다시 이러한 변괴가 생겼습니다. 국법이 어지러워 사악한 무리의 방자함과 흉악함이 이에 이르렀으니 차라리 말을 하지 않고자 합니다.

당초 국경을 넘을 때 여러 해 출몰한 종적은 근거지로 몰래 끌어내 은밀하게 접한 자가 있음을 분명히 알 수 있습니다. 만약 자세히 조사하여 없애지 않는다면 어느 모양의 화기일지, 어느 땅에 숨어 있을지 알 수 없으니 실로 두려움을 이길 수 없습니다.

그 조사는 아마 해당 감영에서 전임할 수 없을 것이니 포청에 분부하여 교졸을 보내 옥에 갇혀 있는 모든 놈들을 아울러 잡아 올리고 엄히 조

依例登聞之意 分付道臣 何如 傳曰 允

11. 『日省錄』丙午 五月 二十一日

備局 以異樣人金大建窮覈事 覆啓

備邊司 啓言 異樣人金大建 嚴加盤覈事 令廟堂稟處啓下矣 年前邪獄 卽可爲一大懲創 而曾未幾年 又有此變怪 國法之蕩然 邪徒之肆凶 乃至於此 寧欲無言

當初犯越之時 多年出沒之蹤 決知有根窩之潛引隱接者 若不窮覈痛鋤 則不知何樣禍機伏在何地

分付捕廳 發遣校卒 在囚諸漢一竝捉上 以爲嚴覈得情之地 自該營已有取招 則依例登聞之意 請 分付道臣 允之

사하여 사정을 밝히게 하십시오. 죄인은 비록 잡아 올리게 하더라도 만약 해당 감영에서 이미 문초한 것이 있으면 예에 따라 보고하라는 뜻으로 도신에게 분부하시는 것이 어떠하십니까." 하니, 전교하시길 "윤허한다." 하셨다.

11. 『일성록』 병오 5월 21일(양력 1846년 6월 14일)

비국(備局, 비변사)에서 외국인 김대건을 깊이 핵실할 일을 다시 아뢰었다.

비변사에서 아뢰기를, "외국인 김대건을 엄히 더 핵실하는 일을 비변사로 하여금 아뢰고 처분하도록 명하셨습니다. 연전의 천주교 옥사가 일대 징벌이 되었는데, 다시 몇 해가 되지 않아 또 이러한 변괴가 있으니, 국법이 어지러워 사악한 무리가 제멋대로 흉계를 꾸미는 것이 이에까지 이른 것은 차라리 말을 하지 않고자 합니다.

애당초 국경을 넘어왔을 때와 여러 해 출몰한 종적은 근본 소굴로 몰래 이끌어 들여 비밀히 머물도록 한 자가 있음을 분명히 알겠으니, 만일 깊이 핵실하여 힘껏 없애지 않는다면, 어떠한 화기가 어느 곳에 숨어 있게 될지 모릅니다.

포도청에 분부하여 장교와 포졸들을 보내 옥에 갇혀 있는 모든 놈들을 함께 잡아 올리도록 하시고, 엄히 핵실하여 사정을 밝히는 마당에 해당 영문(즉 황해 감영)에서 이미 취초한 것이 있으면 전례에 따라 등문(登聞, 사실대로 아룀)하라는 뜻으로 청하오니, 도신에게 분부하십시오."라고 하여, 윤허하였다.

12. 『右捕廳謄錄』丙午 五月 二十一日

1) 黃海監營 出使時

爲相料事 因傳敎 罪人押上次 軍官三員軍士三名 別定下送爲去乎 所騎馬以健實 刷馬次次替給爲旀 供饋等節 卽速擧行 俾殺無遲滯生梗之弊 宜當向事

2) 黃海監營了

左右捕盜廳 爲相考事 備邊司草記內 黃海道登山鎭被捉異樣人 金大建及船主林成龍沙工嚴秀等 其所行査 恐不可專責該營 分付捕盜廳 發遣校卒 在囚諸漢一幷捉上 以爲窮覈得情事 命下矣

謹依傳敎 罪人金大建林成龍嚴秀等 押上次 左邊軍官洪昌獜金鎭淵洪昌悅 右邊軍官金仁喆曺敏植李時英軍士四名 別定下送爲去乎 到關卽時 上項罪人等 具枷杻定將羅 夙夜押上爲乎矣 俾無疎虞生梗之弊 宜當向事

12. 『우포청등록』 병오 5월 21일(양력 1846년 6월 14일)

1) 황해 감영으로 출사(出使, 죄인을 잡으러 나감)할 때.

(포도청에서) 상고하는 일은 다음과 같습니다.[12] 전교를 받고 죄인을 압송해 올리고자 군관 3명, 군사(軍士) 3명을 특별히 차정하여 내려보내는바, 타는 말이 건실하도록 쇄마(刷馬, 역말)를 차례로 교체하여 공급할 것이며, 음식 대접하는 등의 일을 신속히 거행하여 지체되거나 잘못되는 폐단이 없도록 하는 것이 마땅할 일입니다.

2) 황해 감영에 보냄.

좌우포청에서 상고하는 일은 다음과 같습니다. 비변사 초기 안에, "황해도 등산진에서 체포된 외국인 김대건과 선주 임성룡, 사공 엄수 등은 그 소행을 조사하는 데 해당 영문에만 전적으로 책임 지우는 것이 불가하다고 생각되니, 포도청에 분부하여 교졸을 보내 옥에 있는 모든 놈들을 함께 잡아 올려 깊이 핵실하고 사정을 알아내도록 할 일"이라고 명하셨습니다.

삼가 전교에 의거하여 죄인 김대건, 임성룡, 엄수 등을 압송하고자 좌포도청의 군관 홍창린(洪昌獜), 김진연(金鎭淵), 홍창열(洪昌悅), 우포청의 군관 김인철(金仁喆), 조민식(曺敏植), 이시영(李時英), 군사 4명을 특별히 차정하여 내려보내니, 관문(關文)[13]이 도착하는 즉시 위에 적은 죄인들을 함께 칼과 수갑을 채우고 장교와 나졸을 정하여 쉬지 않고 압송하되 소

12　위상료사(爲相料事) : 이두 표현을 사용한 관문서의 서식(書式)으로 굳이 해석하자면 '상고하는 일', 또는 '헤아려 보는 일'이라는 뜻이다.

13　일명 관자(關子). 약하여 '관(關)'이라고 함. 동등한 관청 사이, 또는 상급 관청에서 하급 관청에 보내는 공문서.

13. 『海西文牒錄』丙午 五月

金大建等 盤覈取招 狀啓 丙午 五月

登山鎭捉囚是白在 金大建等三漢 捉致臣營 嚴加盤覈 登聞計料 緣由 纔已馳啓爲白有在果

同罪人金大建林成龍嚴秀等三漢捉來 海州判官朴顯圭參查官差定 眼同行查爲白有如乎

1) 推考次 丙午五月二十日

　　罪人金大建 年二十五

　　號牌不佩 相考不得是齊

白等 汝矣身是何樣人 姓名云何 年今幾何 生長於何地方父母妻子俱爲生存 何年何月日緣何事從何處乘船 與誰同行是如可 至登山鎭被捉是旀 汝之行裝中諺冊是何意義 而錦囊中縫緝錦片之一畵人物一畵草形與藍紬一片 是何物件是喻 前後事狀 從實直告亦推問敎是臥乎在亦

홀하거나 잘못되는 폐단이 없도록 하는 것이 마땅할 일입니다.

13. 『해서문첩록』 병오 5월[14]

(황해 감사 김정집이) 김대건 등을 핵실하고 문초한 장계. 병오 5월.

등산진에서 잡은 죄수 김대건 등 3명을 신의 영문으로 잡아 와 엄히 더 핵실하고, 헤아린 것을 등문하라 하신 까닭으로 이제야 급히 장계하나이다.

죄인 김대건, 임성룡, 엄수 등 세 놈을 붙잡아다가 해주 판관 박현규(朴顯圭)를 참사관(參査官)으로 차정하여 입회시키고 조사하였습니다.

1) 추고. 병오년 5월 20일.

죄인 김대건. 나이 25세.

호패를 차고 있지 않아 상고(相考, 성명 대조 절차)하지 못하였습니다.

(문초한 내용을) 아뢰옵니다. "너는 어느 나라 사람이고, 성명은 무엇이라 하며, 나이는 몇 살이고, 어느 지방에서 성장했으며, 부모·처자는 모두 생존해 있느냐? 어느 해, 어느 달, 어느 날에 어떤 일로 어느 곳에서 배를 탔고, 누구와 동행하였다가 등산진에 이르러 체포되었는가? 네 행장 안의 언문 책자는 어떤 뜻이고, 비단 주머니 안의 가장자리를 꿰맨 무명

---

14 다음의 장계 중에서 진술 내용은 『일성록』 병오 5월 26일 조에도 수록되어 있다. 황해 감영에서의 문초 날짜는 다음의 본문에 나오는 것과 같이 5월 20일이었지만, 죄인들을 포도청으로 압송하고 아울러 등문하라는 윤허가 있은 것이 5월 21일이었으므로, 장계 날짜는 "5월 21일 이후"였음이 분명하다.

矣身本以大國廣東省吳門縣人 姓于名大建 生長本縣 父歿母存 本不聚妻 十五六歲學洋敎 二十三歲自湘江乘商船 行水路三千里 抵遼東下陸

甲辰十一月 至柵門界 欲觀朝鮮地方 乘鴨氷合潛自江出來 而昨年八月分到京城是乎旀 欲爲遊觀海西山川 出往麻浦 欲執船隻 而林哥船以行商次 適往海西云 故以厚給船價爲約 去四月十八日 乘船至海州延坪島 船主林哥貿載石魚 至登山貿鹽作屈非 又過蘇江等處如干遊覽 回至登山鎭 伊日因該鎭執船之事 有所起鬧 本色綻露是乎旀

其諺冊卽天主敎要語也 錦片之一畵人物 是聖母耶蘇之像 一畵草形云者 非草形卽心像 而緊貼身上 以爲敬奉之意 至於藍紬一片 偶然所入之物敎味白齊

조각 중 인물을 그린 한 가지와 풀 모양 한 가지, 남색 명주 조각은 어떤 물건들인가? 전후의 사실 정상을 사실대로 고하여라."라고 문초하였더니,

"저는 본래 중국 광동성 오문현(吳門縣, 즉 마카오) 사람으로, 성은 '우(于)'이고 이름은 '대건(大建)'인데, 그 고을에서 자랐습니다. 부친은 돌아가시고 모친은 살아 계시며, 본래 장가는 들지 않았습니다. 15~16세에 천주교를 배웠으며, 23세 때에 상강(湘江)[15]에서 상선을 타고 수로 3천리를 가서 요동(遼東)에 도착하여 하륙하였습니다.

갑진년(1844) 11월에 책문(柵門)[16] 변경에 이르러 조선 지방을 보고자 하여 언 압록강을 몰래 스스로 건너왔습니다. 작년(1845년) 8월에 서울에 도착하였으며, 황해도의 산천을 유람하고자 마포로 나가 배를 잡고자 하였는데, 임가(즉 임성룡)의 배가 행상 차로 마침 황해도에 간다고 하므로 후하게 뱃삯을 치르고 약속하였습니다. 지난 4월 18일(양력 1846년 5월 13일)에 배를 타고 해주 연평도(延平島)에 도착하여 선주인 임가는 조기를 사서 실었고, 등산에 이르러 소금을 사서 굴비를 만들었습니다. 또 소강(蘇江) 등을 지나면서 잠시 유람하고 등산진으로 돌아갔는데, 그날 그곳 진영에서 배를 압류하는 일로 소란을 일으킨 바가 있어 본색이 탄로나게 되었습니다.

그 언문 책자는 천주교의 긴요한 말이고, 비단 조각[錦片] 하나에 그려진 인물은 성모와 (아기) 예수의 상이고, 다른 하나에 그려진 풀 모습이라고 한 것은 풀 모습이 아니라 심상(心像, 즉 예수 성심상)인데, 몸에 지니

---

15 중국 호남성(湖南省)에 있는 강.

16 조선에서 중국으로 갈 때 통과해야 하는 중국 측 관문. 조선과 중국 사이의 국경을 이루는 관문으로는 조선 측의 의주 성문 즉 '변문(邊門)'이 있었고, 이곳에서 120리 떨어진 곳에 중국 측의 책문이 있었다. 중국인들은 이 책문을 '변문' 또는 '가자문(架子門)'이라 하였고, 조선 사람들은 이를 '책문' 또는 '고려문'이라 불렀다. 이 책문은 봉황성(鳳凰城) 남단의 작은 언덕 사이에 나무 울타리로 설치되었는데, 의주 변문과 책문 사이는 무인 지대였다.

2) 罪人金大建 更推

白等 汝矣初招內 汝矣旣云大國人 則宜知犯越之爲禁制 而觀乭 朝鮮以何意思 有此冒法潛出之擧是喩 衣服言語各相不同 則乘氷潛出 容身無所 此是不近理之說 必有率來與居接之人 然後踪跡可以隱匿 衣食可以供給是旀 出來時 有何作伴之幾人 而旣行洋敎云 則必有願學與指敎等事

以諺冊觀之 諺書之樣 卽我國人所寫 是果誰手所寫 且以行裝什物觀之 諸般物件 皆極華瞻 是果誰人所給是旀 甲辰十一月過鴨江 昨年八月到京 今四月十八日自麻浦乘船 則到京之前 留接於何方何人 到京之後 留接何處 交結幾人

謂欲遊觀海西山川云 則何必捨陸就船 而不知來歷人之不爲許接 卽商船輩例俗 必不以如干船價肯從 生面之人船主林哥 果是自來親知是加喩 自乘船至被捉之日 其間爲二十餘日 則船中所做何事 所謂遊覽 未知有幾處下陸之時是旀 本姓旣是于哥 則緣何以金姓稱之是喩 竝只從實直告亦推問敎是臥乎在亦

며 공경하여 받드는 뜻으로 삼는 것입니다. 남색 명주 한 조각은 우연히 입수한 물건입니다."라고 하였습니다.

2) 죄인 김대건의 두 번째 문초

아뢰옵니다. "너의 첫 번째 진술 안에서 네가 이미 중국인이라고 했으니, 마땅히 월경하는 것이 금령임을 알 것이다. 조선을 관람하는 것이 어떠한 의도였길래 이처럼 법을 범하고서 몰래 나왔느냐? (중국과 조선은) 의복·언어가 각각 서로 다른즉 얼음을 타고 몰래 나왔다면 몸을 둘 곳이 없었을 것이니 이는 이치에 가까운 말이 아니다. 반드시 이끌어 들여 머물도록 한 사람이 있은 연후에야 종적을 숨길 수 있었고, 옷과 음식을 공급받을 수 있었을 것이다. 나올 때 동행한 사람은 몇 명이고, 이미 천주교를 봉행하였다고 했으니 반드시 배우기를 원하거나 천주교를 가르친 등의 일이 있을 것이다.

언문 책자를 보니 언문 서체 모양이 우리나라 사람이 베낀 것인데 이는 과연 누구의 손으로 베꼈으며, 또 행장의 물건들로 보니 제반 물건이 모두 대단히 화려하게 보이는데 이는 과연 어떤 사람이 준 것인가? 갑진년 11월에 압록강을 넘었고, 작년 8월에 서울에 도착했으며, 올 4월 18일에 마포에서 배를 탔으니 서울에 도착하기 전에 어느 지방 어느 사람에게서 유숙하였느냐? 서울에 도착한 이후에는 어느 곳에서 유숙했고, 서로 결탁한 것은 몇 사람인가?

해서의 산천을 유람하고자 했다는데 어찌 반드시 육로를 놔두고 뱃길에 올랐는가? 내력을 알지 못하는 사람은 머물도록 허락하지 않는 상선 무리의 습속으로는 여간한 뱃삯으로는 기꺼이 따르지 않았을 것이 분명하다. 생면부지인 선주 임가는 과연 원래부터 알던 사이가 아닌가. 배를 탄 날에서 체포된 날까지는 20여 일이었으니 배 안에서 어떤 일을 하였

矣身素有遊覽之性癖 各國山川果多周覽 而朝鮮出來 亦爲翫景
而行敎是乎旀 柵門近處 得見觀市朝鮮人衣樣 而越境旣爲知法禁
故依朝鮮揮項樣 自手製着 以掩削髮之形 袴子則兩國制度無甚異
同 赤古里割其領端 摘去單錘而衣之 身帶如干乾食物及金十兩銀
三十兩 獨自乘氷夤夜而渡鴨江 夜則投宿山中 或入旅店 屢見驅逐
粧啞轉乞捱過數朔 漸解方言 歷觀平安咸鏡黃海等諸道 而所經地
名 不能判別是乎旀

昨年八月 始到京城 衣服飮食 以所帶來金銀 換賣需用 初無伴行
與率來居接之人是乎旀 留京九朔 雖欲行敎 恸於邦禁無人願學 欲
觀海西山川 出往麻浦執船到此 而林哥則初不親知 多日船中別無
所爲 或逢島邊 則暫時登覽是乎旀

諺冊所寫 衣食相資之際 雖不無親知之人 若告以誰某 則其人必

는지, 이른바 유람했다고 하나 몇 곳이나 육지에 내린 때가 있는지 알지 못하겠으며, 본 성을 이미 우가(于哥)라고 하였는데 어떤 연고에서 김씨 성을 칭하였는지 아울러 사실대로 고하여라." 하고 문초하였더니,

"저는 본래 유람하는 버릇이 있어 각국의 산천을 과연 많이 돌아다니며 보았고, 조선에 나온 것 또한 경치를 즐기고 (천주)교를 봉행하려는 것이었습니다. 책문 인근에서 시장을 보는 조선인의 옷 모습을 보았는데, 국경을 넘는 것은 법에서 금한다는 것을 이미 알았으므로 조선 휘양(揮項, 추울 때 머리에 쓰는 방한구) 모양에 의거하여 이것을 직접 만들어 써서 삭발한 형태를 가렸으며, 바지는 두 나라의 제작 방법이 크게 다른 점이 없었고, 저고리는 옷깃 끝을 가르고 단추를 떼고 입었습니다. 몸에는 약간의 마른 음식물과 금 10냥, 은 30냥을 차고, 혼자서 야간을 틈타 얼어붙은 압록강을 건넜습니다. 밤에는 산중에서 잠을 잤으며, 혹 여인숙에 들어가기도 했지만 여러 차례 쫓겨났고, 벙어리 행세를 하며 이리저리 걸식하면서 여러 달을 지냈습니다. 점차 조선 방언(方言)을 이해하게 되면서는 평안도·함경도·황해도 등지를 돌아다니며 구경했는데, 경유한 곳의 지명은 판별할 수 없습니다.

작년(1845년) 8월에 비로소 서울에 도착하였으며, 의복과 음식은 차고 온 금은으로 바꾸어 사서 썼습니다. 처음부터 함께 다니거나 이끌어 들여 머물도록 한 사람은 없었습니다. 서울에 아홉 달 동안 머무르면서 비록 (천주)교를 봉행하고자 했을지라도 나라의 금령에 겁이 나서 배우기를 원하는 사람이 없기에 해서의 산천을 구경하려고 마포로 나가 배를 잡아타고 이곳에 이르렀는데, 임가(즉 임성룡)는 처음부터 친하게 안 것이 아니었습니다. 여러 날을 배 안에 있었지만 특별히 한 일은 없으며, 혹 섬 주변에 닿으면 잠시 올라 구경하였습니다.

언문 책자는 베껴 적었고, 의복과 음식을 맞바꾸는 사이에 비록 친하

將緣我而受害 雖百船惡刑 卽刻斬頭 吾所法戒 斷無指告之理是乎
旀 于哥朝鮮之稀性 金哥則繁姓也 故以金哥稱之敎味白齊

3) 船主 林成龍 年二十三

號牌不佩 相考不得是齊

白等 汝矣身何處船漢 而與金大建緣下事 同船來往於何處是如
可 至有登山鎭被捉之境是旀 大建卽異國人物 且爲邪學者 則同船
屢日 行止言語 自然殊常 必無不知之理 平日果爲相親 而邪學亦爲
從學是旀 大建之欲往何處之意 在船所爲之事 當初離發之何日 中
間止泊之某處 同乘沙格之幾名 大建外又有他人之伴行是加喩 前
後情節 無敢隱諱 一一直告亦推問敎是臥乎在亦

矣身以麻浦船業之民 石魚貿買次 將發海西延坪之行矣 四月
十七日 小公洞居李哥 與金大建同來矣家 而矣父謂矣身曰 李生員
卽吾家外戚 與其所親金生員 遊翫次 欲往海西 船價當厚給云 汝其

게 알게 된 사람이 없었던 것은 아니지만, 만일 누구라고 말하면 그 사람은 반드시 앞으로 저와 연관되어 해를 받을 것이므로, 비록 갖가지로 악형을 가하고 즉시 머리를 벤다고 해도 제가 계율로 삼는 바로는 결코 지목하여 말할 리가 없습니다. 우가(于哥)는 조선의 희성이고 김가(金哥)는 흔한 성씨이므로 김가로 칭한 것입니다."라고 하였습니다.

3) 선주 임성룡. 나이 23세.

호패를 차고 있지 않아 상고하지 못하였습니다.

아뢰옵니다. "너는 어느 곳의 뱃놈인데 김대건과 어떤 일 때문에 함께 배를 타고 어느 곳을 내왕하다가 등산진에서 체포되는 지경에 이르렀는가? 대건은 곧 외국인이고 또 천주교를 봉행하는 자인데, 여러 날 함께 배를 탔으니 행동거지와 언어가 자연 수상함이 많았을 터라 반드시 알지 못했을 리 없다. 평소에도 과연 서로 친했고, 천주교 또한 따라 배웠는가? 대건은 어느 곳에 가고자 하는 뜻이었고, 배에 있으면서 한 일은 무엇인가? 당초 출발한 날짜는 언제이며, 중간에 머무른 곳은 어느 곳이고, 함께 탄 사공 격은 몇 사람인가? 대건 이외에 또 함께 간 사람이 있는가? 전후의 사정을 감히 숨기지 말고 일일이 바로 고하여라." 하고 문초하였더니,

"저는 마포에서 뱃일로 사는 백성으로, 조기를 무역하기 위해 장차 해서의 연평도로 가려고 했습니다. 4월 17일(양력 5월 12일)에 소공동(小公洞)[17]에 사는 이가(李哥, 즉 이의창 베난시오)[18]와 (김)대건이 함께 저희 집에

---

17 정확히 말하자면 소공동의 '돌우물골[石井洞]'을 말한다. 김대건 신부는 부제 때인 1845년에 일시 귀국했을 때, 석정동에 새로 집을 매입하여 이의창에게 살면서 돌보도록 하였다. 사제 서품을 받고 귀국한 뒤에도 주로 이 집에서 거처하였는데, 기록에 나오는 "남별궁(南別宮) 뒤편 우물가를 지나 두 번째 초가집"('임성룡의 두 번째 공초' 참조)이 바로 이곳이다.

18 여기서 말하는 '이가'는 곧 김대건 신부의 복사였던 "이의창(李宜昌, 베난시오)"인 것이 분명하다. 그는 소공동에 거처하면서 1846년 5월 14일 김대건 신부와 함께 황해도로 갔지만, 도

善爲偕往云 而大建先出六兩五戔 買給粮米一石 其翌十八日 大建
與李哥 使人負漆函一箇饌盒一箇帶練等屬 出來登船 沙格嚴秀金
姓(性)西盧彦益安順命朴性哲合八人 同爲騎船是乎旀

大建自京江下來之路 某山某水隨處圖畵 至江華前洋 展看畵本
爲風飄失 自江華以後 又始圖畵 言語動靜 多有殊常之意 一日向矣
身曰 天主學甚好 汝其學之云 故矣身始知爲邪學之類 而以無識之

왔으며, 저의 부친(즉 임치백 요셉)[19]이 저에게 말하기를 '이 생원(이의창)은 곧 우리 집안의 외척으로 그와 친한 김 생원(김대건)과 함께 유람차 황해도에 가고자 하는데, 뱃삯은 마땅히 후하게 치를 것이라고 하니 네가 잘해서 함께 가도록 하라.'고 하였습니다. 대건은 먼저 6냥 5전을 내고 쌀 한 가마를 사서 주었습니다. 이튿날 18일에 대건이 이가와 함께 사람을 시켜 칠함(漆函) 1개, 찬합(饌盒) 1개, 대련(帶練) 등속을 지게 하고는 와서 배를 탔고, 사공과 일꾼인 엄수(嚴秀), 김성서(金性西, 요아킴),[20] 노언익(盧彦益), 안순명(安順命), 박성철(朴性哲)[21] 도합 8명이 함께 배를 탔습니다.

(김)대건은 한강에서 내려오는 길에 산과 물길들을 가는 곳마다 그렸는데, 강화(江華) 앞바다에 이르러서는 그린 것을 펴 놓고 살피다가 회오리바람 때문에 잃어버렸습니다. 강화에서부터는 또 그림을 그리기 시작

중에 하선하여 7년 동안 숨어 있던 집에 맡겨 둔 돈을 찾으러 갔었다(김대건 신부의 1846년 8월 26일 사 옥중 서한, 『성 김대건 안드레아 신부의 서한』, 한국교회사연구소, 2020, 223~224쪽). 이의창은 기호 남인의 학자로 1801년의 신유박해 때 단천(端川)으로 유배되어 사망한 이기양(李基讓)의 손자요, 천주교회의 초기 연구 모임에 참석한 적이 있는 이총억(李寵億)의 아우인 이방억(李龐億)의 아들이다(『일성록』, 헌종 병오 윤5월 8일 ; 李晚采, 『闢衛編』 권7, 己亥治邪). 한편 당시 김대건 신부와 함께 활동했던 교우 중에서 '이씨' 또는 '이 생원'으로 불리던 사람들은 모두 3명이었는데, 그들은 이의창과 이재영(李在永), 그리고 이재용(李在容)이었다. 이로 인해 조정에서는 문초 때 상당한 혼란을 겪어야만 했다. 이 중에서 '이의창'은 위에서 말한 김대건 신부의 복사이고, '이재용'은 곧 이재의(李在誼, 토마스)로 앵베르(L. Imbert, 范世亨) 주교의 복사를 지낸 인물이다. '이재영'은 현석문(玄錫文, 가롤로)이 한때 불리던 이름이었다(『일성록』, 헌종 병오 윤5월 22일조 ; 윤5월 23일조 ; 윤5월 26일조). 또 이들 외에도 '이기원'(李基元, 또는 起元, 마티아)이 있었는데, 그는 이승훈(李承薰, 베드로)의 아들인 이신규(李身逵)였다.

19 임치백(林致伯, 致百, 요셉, 1803~1846) : 성인. 일명 군집(君執). 임성룡의 부친. 일찍부터 천주교 신앙에 호감이 있었으나 입교하지 않았다. 포도청에서 김대건 신부를 만나 교리에 대한 설명을 듣고는 성사를 받았다. 1846년 9월 20일 포도청에서 순교하였다.

20 김성서의 세례명이 시복 재판의 증언 기록에 나타나는 것으로 볼 때(다음 제3장의 '시복 재판 증언 기록' 참조), 훗날 세례를 받았음을 알 수 있다.

21 박성철(朴性哲, 베드로) : 그는 당시 식부(食夫) 격으로 배를 타게 되었다. 한편 그의 세례명이 시복 재판의 증언 기록에 나타나는 것으로 볼 때(다음 제3장의 '시복 재판 증언 기록' 참조), 훗날 세례를 받았음을 알 수 있다.

致 不願從學是乎旀

　　五月初一日 始到延坪 買石魚三十九同零 初三日來泊登山鎭 買鹽作屈非後 火木買來次 初四日轉向長淵代陳項之路 大建爲蘇江翫景 下陸登岸 越三日回船至馬蛤浦前 則大建乘漁採唐船之挾船 追到還來 仍爲回泊於登山鎭 而伊日緣於鎭將之執船 有所起鬧而發覺 大建之爲大國人今始知得是乎旀 同船之公洞李哥與格軍盧彦益 事出之前 先爲下陸還京 格軍金姓(性)西安順命朴性哲 見其矣等被捉光景 仍爲逃躱敎味白齊

4) 沙工 畿營待年軍 嚴壽 年四十四
　　腰牌佩持現納 嚴壽不喩嚴秀是齊

　　白等 汝矣身爲林哥船沙工 船中凡節 無不照管 而旣與金大建公洞李哥同船作行 則金李兩漢來歷之如何 汝豈不知 且大建卽異國邪學之類 係是重大之罪人 究覈之節 不容少緩 作行之前 汝輩俱爲親知 離發之時 有何餞別之人 登船之後 有何動靜之殊常是旀 汝矣

하였는데, 말과 행동이 많이 수상했습니다. 하루는 제게 말하기를, '천주학은 아주 좋은 것이니 당신도 이를 배우시오.'라고 했으므로 비로소 천주교의 무리인지 알았지만, 무식한 소치로 따라 배우기를 원하지는 않았습니다.

5월 초1일(양력 5월 25일)에 비로소 연평도에 도착하여 조기 39두름을 샀고, 초3일에는 등산진에 도착하여 묵으며 소금을 사서 굴비를 만든 후에 땔나무를 사려고 초4일에 장연(長淵) 터진목[代陳項]으로 돌아가던 길에 (김)대건은 소강(蘇江)의 경치를 보려고 육지에 내려 언덕으로 올라갔습니다. 사흘이 지나, 배를 돌려 마합포(馬蛤浦) 앞에 이르니 대건이 고기 잡는 당선(唐船, 중국 배)의 보조선[挾船]을 타고 따라와서 이에 등산진으로 돌아가 정박하였는데, 그날 진장이 배를 압류하려다가 소란이 일어나 발각되었습니다. 대건이 중국인이라는 것은 지금 처음 알게 되었으며, 함께 배에 타고 있던 (소)공동의 이가와 일꾼 노언익은 일이 일어나기 전에 먼저 하륙하여 서울로 돌아갔고, 일꾼 김성서·안순명·박성철은 저희가 체포되는 광경을 보자 도망갔습니다."라고 하였습니다.

4) 사공. 경기 감영의 대년군(待年軍)[22] 엄수. 나이 44세.

허리에 호패를 차고 있다가 즉시 바쳤는데, 엄수(嚴壽)가 아니라 엄수(嚴秀)였습니다.

아뢰옵니다. "너는 임가의 뱃사공으로 배 안의 모든 사정을 살피지 않음이 없을 터인데, 이미 김대건과 (소)공동의 이가와 함께 배를 타고 다녔으니, 김가와 이가 두 놈의 내력이 어떠한지 네가 어찌 알지 못하겠는가? 또 대건은 곧 외국 천주교의 무리이니 이와 관계됨은 중대한 죄인

---

22 조선 시대 군역으로 복무할 수 없게 된 사람을 대신하여 복무해야 하는 남자를 지칭함.

如無和應之事 則船格三漢 豈有知機逃躱朶之理乎 前後情節 從實直告亦推問敎是臥乎在亦

矣身與林成龍 同里居生 而昨年冬 成龍新買船隻 矣身爲其沙工是在如中 去四月十七日 成龍之父君集(執) 請矣身指金大建曰 此是城內居親知之兩班 翫景次 乘吾船欲往海西 汝須知之云矣 其翌是在十八日 大建與名不知公洞李哥 使人負行卜而來 與船主成龍及沙格金性西盧彦益安順命朴性哲等合八人 同爲登船 負卜漢段 姓名不知 仍爲回去是乎乙遣

大建 自京江沿路 則無他爲 而所經諸處 畵其山川 矣等則到延坪島貿石魚 入登山買鹽作 乾火木買取次 往于長淵代陳項浦是如可 回過蘇江 乘挾船汲水之路 大建暫時下陸 翫景而還來 回到登山鎭 公洞李哥與盧彦益 先卽從陸上京 伊日該鎭僉使執船之際 大建稱以京班 有所相詰是如可 自鎭捉入

大建與成龍及矣身盤問之時 大建自服其來歷 故矣身始知爲異國人物是乎㫆 矣身卽沙工愚蠢之民 只知大建之爲兩班 初不得詳

이라. 깊이 핵실하는 마디마다 조금이라도 늦추는 것을 용납하지 않을 것이다. 일하기 전에 너희 무리가 모두 친하게 알았는가? 출발할 때 전별(餞別)해 준 사람으로는 누가 있었는가? 배에 탄 후 어떤 수상한 동정이 있었는가? 너희가 만일 화응한 일이 없었다면 뱃일꾼 세 놈이 어떻게 기미를 알고 도망할 리가 있었겠는가? 전후 사정들을 사실대로 고하여라." 하고 문초하였더니,

"저는 임성룡과 한마을에 사는데, 작년 겨울에 (임)성룡이 새로 배를 사서 제가 그 사공이 되었습니다. 지난 4월 17일에 성룡의 부친 (임)군집(林君執, 즉 임치백)이 저를 청하여 김대건을 가리키며 말하기를 '이 사람은 성안에 거주하는 친지인 양반으로, 유람차 우리 배에 타고 해서에 가고자 하니 네가 모름지기 이를 알고 있거라.'고 하였습니다. 이튿날은 18일이었는데, (김)대건이 이름을 알지 못하는 (소)공동의 이가(이의창)와 함께 사람을 시켜 행짐[行卜]을 지게 하고 와서 선주 성룡과 사공과 일꾼 김성서·노언익·안순명·박성철 등 도합 8명이 함께 배를 탔습니다. 짐을 지고 온 사람은 이름을 알지 못하는데 곧 돌아갔습니다.

대건은 한강 연변에서부터 다른 일은 하지 않고 지나는 곳마다 산천을 그렸습니다. 저희는 연평도에 이르러서는 조기를 사고 등산에 가서는 소금을 샀으며, 건어를 만들 화목을 사려고 장연의 터진목 포구로 갔습니다. 돌아오다 소강을 지났는데, 보조선을 타고 물을 길으러 가는 길에 대건이 잠시 하륙하여 경치를 구경하고 돌아왔으며, 돌아오다가 등산진에 도착하여 (소)공동의 이가와 노언익은 먼저 육지에 내려 상경하였습니다. 그날 그곳 진의 첨사가 배를 압류할 때, 대건이 서울 양반이라고 하면서 서로 힐난하다가 진에서 체포하여 끌고 들어갔습니다.

대건, 성룡과 제가 함께 두루 문초 받을 때, 대건이 그 내력을 자복하였으므로 저는 비로소 외국 인물이라는 것을 알게 되었습니다. 저는 사

問其居住來歷 離發之時 無他偕來之人是乎旀 船格中三漢之逃躱 在於矣等被捉之後 則似爲惻出之致 至於和應矣等 實是曖昧敎味 白齊

5) 罪人 金大建 三推

白等 汝矣所招內 欲觀朝鮮 掩着揮項 割領去錘 髮其衣形 乘氷 過江 投宿山中 粧啞轉乞是如是矣 越境來往 法禁至嚴是去乙 必欲 違法 拚死生出來者 有何緊幹於我國是加喩 是豈專由於翫景之擧 是旀

來時 雖有如干金銀之帶來 其間多年 想必聲盡 而以今汝矣之諸 般行具見之 物件極其華贍 必有我國人互相親知 趨承之供給者 然 後可以如此是如乎 汝矣之初無率來與居接人云者 汝試思之 是豈 近理之言乎 今於綻露究問之下 若是粧撰 萬萬不當是遣

且聞林成龍所招內 汝矣旣與公洞李哥偕來云 則李哥自何時緣 何親知 而名與宇必當知之李哥與汝同伴 則無端徑歸 是何委折是 旀 來時畵出山川 旨意何在是旀 蘇江翫景之時 乘漁採唐船追到馬 蛤浦 則漁採唐人 前有親知是加喩 曾往亦有約會於此地是加喩 必

공이며 우매한 백성으로 다만 대건이 양반이라는 것만 알았고, 처음부터 그 거처와 내력을 자세히 물어보지 않았습니다. 출발할 때 달리 함께 온 사람은 없으며, 뱃일꾼 세 놈이 도망간 것은 저희가 체포된 후이니 아마도 겁이 난 소치인 듯하며, 저희와 화응했다는 것은 실로 분명한 사실이 아닙니다."라고 하였습니다.

5) 죄인 김대건의 세 번째 문초

아뢰옵니다. "네가 진술한 내용에는 조선을 구경하고자 한 일, 휘양을 가려 쓴 일, 옷깃을 가르고 단추를 떼어낸 일, 머리카락이나 그 옷의 형태 등이 있으며, 얼음을 타고 강을 건너 산중에서 잠을 잤고, 벙어리 행세를 하며 이리저리 걸식하였다고 했다. 국경을 넘어 내왕하는 것은 법에서 금하는 것이 지엄하거늘 필시 법을 어기고 생사를 버리고 나온 것은 우리나라에 어떤 긴급하고 중요한 일이 있어서인데, 어찌 오로지 구경하는 것에만 이유가 있었다고 하는가?

올 때 비록 약간의 금은을 가지고 왔다고 할지라도 그동안 여러 해가 지나 생각건대 필시 다 없어졌을 것이다. 지금 너의 제반 행장을 살펴보니 물건들이 매우 화려한데 필시 우리나라 사람 중에 서로 잘 알고 지내면서 따르고 받들며 공급하는 자가 있은 연후에야 이 같을 수 있을 것이다. 네가 처음부터 이끌어 들이고 함께 거처한 사람이 없다고 한 것은 네가 생각해 보더라도 이 어찌 이치에 가까운 말이냐? 이제 탄로가 나 깊이 문초하는 마당에 이처럼 꾸며 지어내는 것은 결코 부당하다.

또 임성룡이 진술한 내용을 들으니 너는 이미 (소)공동의 이가와 더불어 함께 왔다고 하는데, 이가는 언제부터 어떤 연유로 친하게 지냈는가? 이름과 집을 반드시 알고 있을 이가와 네가 동반하였는데, 아무 까닭 없이 앞질러 돌아갔으니 이는 어떤 곡절이며, 올 때 산천을 그린 뜻은 어디

有多少酬酌前後事情是旀 汝矣旣是大國人 則率來居接等節 不可不一如漂船問情之例 然後加以還送本鄕 勿生疑惉 一一直告亦推問敎是臥乎在亦

矣身只爲衹景行敎 而獨自出來 無他率來與居接等事 前已指告 無容更問 所謂公同李哥之下陸徑歸 未知何故 而居住姓名雖知之 必不指告是乎乙遣 歷路山川之畵見 此是吾敎中一事 與讀者之博覽書冊無異 此外毫無他意是乎乙遣 漁採唐船 果有暫時借乘之事 而初非親知與約會 無他酬酌與事情 此外更無可達敎味白齊

6) 船主 林成龍 更推

白等 汝矣所招內 大建衹景蘇江後越三日 乘漁採唐船追到馬蛤浦是如是遣 嚴秀所招內 蘇江汲水之路 大建暫時下陸衹景 而還船是如云 則汝矣兩箇 俱以同船來往之漢 有此納供之相左 這間必有委折 從實直告亦推問敎是臥乎在亦

에 있었는가. 소강을 구경했을 때 고기 잡는 중국 배를 타고 마합포로 따라갔으니 고기 잡는 중국인은 전부터 알고 있었던지, 일찍이 또한 이 땅에서 만나기를 약속한 것이 있었던지, 반드시 어느 정도 전후 사정을 이야기했을 것이다. 네가 중국인이라고 하니 너를 데려와 머무르게 한 일을 (외국의) 표류선에 사정을 묻는 예처럼 하지 않을 수 없다. 그런 다음에야 고향으로 돌려보낼 수 있으니, 의심과 겁을 내지 말고 일일이 고하여라." 하고 문초하였더니,

"저는 다만 유람하면서 (천주)교를 봉행하였을 뿐이고, 혼자 (조선에) 나왔습니다. 달리 (누가 저를) 데려와 머무르게 하는 등의 일은 없었으며, 앞서 이미 지적하여 아뢰었으니 다시 물으셔도 소용이 없습니다. 이른바 (소)공동의 이가가 하륙하여 앞질러 돌아간 것은 어찌 된 연고인지 알지 못하며, 거주지와 성명은 비록 알고 있지만 반드시 말하지 아니할 것입니다. 지나는 길에 산천을 그린 것은 우리 교회의 일 중 하나로서 책을 읽는 사람이 널리 서책을 구해 읽는 것과 다름이 없으며 그 밖에는 조금도 다른 뜻이 없습니다. 고기 잡는 중국 배는 과연 잠시 빌려 탄 일이 있는데, 처음부터 친하게 알아서 함께 만날 약속을 한 것은 아니며, 달리 이야기를 나누거나 한 일도 없었습니다. 이 밖에는 다시 아뢸 말이 없습니다."라고 하였습니다.

6) 선주 임성룡의 두 번째 문초

아뢰옵니다. "네 진술 내용에는 대건이 소강을 구경한 뒤에 사흘을 지내고 고기 잡는 중국 배를 타고 마합포로 따라왔다고 하였으며, 엄수의 진술 내용에는 소강에서 물을 길으러 가는 길에 대건이 잠시 하륙하여 구경하고 배로 돌아왔다고 하였으니, 너희 두 놈은 함께 배를 타고 내왕한 놈들인데, 이처럼 진술한 것이 서로 다를 수 있느냐? 이 사이에는 필

矣身前招時 恐惻失魂未能悉告 今到此境 何敢一毫掩諱乎 昨年十二月分 小公洞李哥與矣父有親分是加喩 來到矣家 始與矣身知面後 以一次來訪之意申言 故數日後往渠家 則家住南別宮後過井邊第二草家 而李哥向矣身勸天主學曰 汝若學得 日後我與汝共昇天堂 豈不好哉 矣身答 以若或發覺 性命難保云是乎乙遣 不數日李哥又來矣家 求貿食鹽 故矣身買得一石鹽 往于李家 其時金大建同坐舍廊 而李哥謂之親戚兩班 故信之無疑

其後又往李哥 則李哥不在 而五六生面之人先已在座 各言姓名與居住 而一是栢洞居姓李名不紀 年可四十歲許 一是南大門內居南景文 年可四十四五歲許 髴勒 一是西江水鐵幕居沈士民 年可三十七八歲許 一是忠淸道德山居金順汝 年可四十四五歲許 其餘二人年紀最長 不言姓名 故矣身不爲動問是乎旀 少爲自內鱗次招入 在座諸人 各自如是而歸去

시 곡절이 있을 것이니 사실대로 직고하여라." 하고 문초하였더니,

"제가 앞의 진술 때는 두렵고 겁이 나서 정신을 잃고 모두 아뢰지 못하였는데, 이제 이 지경에 이르렀으니 어찌 감히 한 터럭이라도 숨기겠습니까? 작년 12월에 소공동의 이가가 저의 부친(임치백)과 친분이 있어 저희 집에 왔으므로 비로소 저와 알게 된 후, 한번 찾아오라는 뜻으로 말을 하기에 며칠 후 그 집에 가니 집이 남별궁(南別宮) 뒤편 우물가를 지나 두 번째 초가집이었습니다. 이가가 저에게 천주학을 권하며 말하기를 '네가 만일 배워서 얻는다면 그날 이후로는 나와 네가 함께 천당(天堂)에 오르게 될 것이니 어찌 좋지 않겠는가?'라고 하여, 제가 답하기를 '만일 혹 발각된다면 생명을 보존할 수 없을 것이다.'라고 하였습니다. 며칠 되지 않아서 이가가 또 저희 집으로 와서 식염(食鹽)을 사달라고 하였으므로 한 가마니의 소금을 사서 이가에게 갔습니다. 그때 김대건이 함께 사랑에 앉아 있었는데, 이가가 친척 양반이라고 했으므로 이를 믿고 의심하지 않았습니다.

그 후 또 이가에게 가니 이가는 없고 생면부지의 대여섯 사람이 먼저 자리에 앉아 있어 각각 성명과 거주지를 말하였는데, 한 사람은 백동(栢洞) 사는 사람으로 성은 이(李)로 이름은 기억하지 못하며 나이 40세쯤 되었고, 또 한 사람은 남대문 안에 사는 남경문(南景文)[23]으로 나이는 44~45세쯤 되는데 구레나룻이 길었고, 또 한 사람은 서강(西江) 수철막(水鐵幕)[24] 사는 심사민(沈士民)으로 나이는 37~38세쯤 되었고, 또 한

---

23 남경문(南景文, 베드로, 1796~1846) : 성인. 서울의 중인 집안에서 출생하여 20세 때 허바르바라와 혼인한 뒤 입교하였다. 기해박해 때 체포되어 배교하고 석방된 후 방탕한 생활을 하다가 김대건 신부가 입국하자 회두하여 순교를 각오하고 신앙생활을 열심히 하였다. 그러던 중 1846년의 병오박해 때 체포되어 신앙을 고백하고 9월 20일에 포도청에서 교우들과 함께 순교하였다.

24 서울 지명 가운데서 수철막이란 지명은 여러 곳에 나타나지만, 이 중에서 '서강의 수철막'이

矣身未見主人 故姑爲遲待矣 自內又嗅矣身 故入去 則向見之金
大建在內 請入房中 而見房壁 掛人物簇子四五件 皆是唐畵 又有奇
樣怪石 大建謂矣身曰 汝住江村 買船興販爲好云 故矣身答 以無本
錢 則大建以一百兩錢出給曰 持此錢善爲興販云 而李哥日暮乃歸
故矣身仍宿其家 夜問金哥之爲何許人 則李哥潛言 此是大國之人
欲觀我國山川 越境秘踪 且行洋敎而當初渡江之後 粧啞向京城 至
中路爲討捕所捉 而乘夜逃躱 轉向三南 遇德山金順汝 次次攀緣來
吾家云 以而愼勿出口之意 再三申托 故始知大建之爲彼國人物矣

今年二月 矣身販米行商次 下往南道還歸之後 又往李哥 則大建
與李哥謂矣身曰 四月間將往甕津地 汝則行商 吾則遊翫是如是乎

사람은 충청도 덕산(德山) 사는 김순여(金順汝)로 나이는 44~45세쯤 되었고, 그 나머지 두 명은 나이가 가장 많았는데 성명을 말하지 않았으므로 제가 물어보지 못하였습니다. 조금 있다가 안에서 차례로 불러들였는데, 자리에 앉아 있던 모든 사람이 각자 이처럼 있다가 돌아갔습니다.

저는 아직 주인을 만나지 못했으므로 잠시 기다리고 있었는데, 안에서 또 저를 불러 들어가니 이전에 본 적이 있는 (김)대건이 안에 있으면서 방안으로 들어오기를 청하였습니다. 방의 벽을 보니 인물 족자가 4~5개 걸려 있었는데, 모두 당화(唐畵, 중국 그림)였으며, 또 기묘한 모양을 한 이상한 돌이 있었습니다. 대건이 저에게 말하기를, '당신은 강촌에 사니 배를 사서 도매 장사를 하는 것이 좋겠다.' 하므로, 제가 대답하기를 '자본이 없다.'라고 하니 대건이 100냥을 내어 주며 말하기를 '이를 가지고 도매 장사를 잘해 보시오.'라고 하였습니다. 이가가 날이 저물어 돌아왔으므로 저는 그 집에서 잤는데, 밤중에 '김가가 어떤 사람이냐?'고 물으니, 이가가 귓속말로 '이분은 중국 사람으로 우리나라의 산천을 구경하고자 국경을 넘어 자취를 숨겼으며, 또 천주교를 봉행하였는데, 당초 강을 건넌 뒤에 벙어리 행세를 하며 서울로 향하던 중에 토포(討捕)에게 붙잡혔지만 밤중에 도피하여 이리저리 삼남(三南)을 향하다가 덕산의 김순여를 만났고, 차차 그 인연으로 우리 집에 오게 되었다.'고 하였으며, 절대로 입 밖에 내지 말라는 뜻으로 재삼 신신당부하였으므로 비로소 대건이 외국 사람이라는 것을 알게 되었습니다.

올해 2월에 제가 쌀 행상 차 남도에 내려갔다가 돌아온 뒤에 또 이가의 집에 가니, 대건이 이가와 함께 저에게 말하기를 '4월 사이에 장차 옹

라면 지금의 마포구 신수동과 신정동 사이에 있던 '무쇠막'(바탕거리, 옛 경기도 고양군 용강면[龍江面] 신수철리[新水鐵里])을 말하는 것이 분명하다.

乙加尼

　去四月十七日 金李兩人出來 以明日發船爲約 其翌十八日 使一漢負漆函饌盒衾具等物 同爲出來 而上項所告栢洞名不知李哥 南大門內南景文 偕來餞別而去 所謂負卜漢 卽生鮮廛屛門居名不知金哥云是乎旀

　今月初四日 到甕津馬蛤浦前洋 遇漁採唐船 大建與唐人一場談話而歸 狀紙一片 使李哥呼書片紙與我國書簡樣 夕時又乘挾船往唐船 要傳送本鄕 其翌日 又到長淵牧洞地 遇他唐船 片紙一封如前傳致 而初次則矣身與李哥金性西嚴秀隨往 再次則矣身與盧彦益金性西隨往是乎乙在果 矣身不勝刑威 從實直招敎味白齊

　7) 沙工 嚴秀 更推
　白等 汝矣前招內 蘇江汲水之路 大建暫時下陸翫景而還來是如是矣 林成龍所招內 馬蛤牧洞兩處 大建有傳書唐船之事 而汝亦隨往是如 則汝矣雖極凶頑 焉敢游辭漫漶是旀 且聞大建有給錢林哥使之興販之事 則汝爲同事親密之間 成龍之大小事情 皆無不知理

진(甕津) 땅으로 가려고 하니, 당신은 행상을 하시오. 나는 유람할 것이오.'라고 했습니다.

지난 4월 17일에 김가와 이가 두 사람이 와서 다음 날 배를 출발시키기로 약속하였으며, 그다음 18일에 한 사람에게 칠함·찬합·금구(衾具) 등의 물건을 지게 하여 함께 왔는데, 앞에서 아뢴 백동의 이름을 알지 못하는 이가(李哥), 남대문 안의 남경문이 함께 와서 전별(餞別)하고 갔습니다. 이른바 짐을 졌던 사람은 곧 생선거리 골목 어귀에 사는, 이름을 알지 못하는 김가(金哥)라고 했습니다.

이번 달 초 4일에 옹진 마합포 앞바다에 이르러 고기 잡는 중국 배를 만나자, 대건이 중국 사람과 길게 이야기를 나누고 돌아와서는 편지지 1장을 가져다 이가로 하여금 우리나라 편지인 것처럼 편지 한 통을 불러 쓰게 하고, 저녁때 또 보조선을 타고 중국 배로 가서 고향[25]으로 전해 주도록 요청하였습니다. 그다음 날에 또 장연(長淵) 목동(牧洞) 땅에 도착하여 또 다른 중국 배를 만나 편지 한 통을 앞서와 같이 전달하였는데, 처음에는 저와 이가, 김성서, 엄수가 따라갔고, 두 번째에는 저와 노언익, 김성서가 따라갔거니와 제가 형벌의 위협을 이기지 못하여 사실대로 고하는 것입니다."라고 하였습니다.

7) 사공 엄수의 두 번째 문초

아뢰옵니다. "너의 앞선 진술 내용에는 소강에서 물을 길으러 가는 길에 대건이 잠시 하륙하여 유람하고 돌아왔다고 하였고, 임성룡이 진술한 가운데서는 마합·목동 두 곳에서 대건이 중국 배에 편지를 전한 일이 있다고 하였다. 너 또한 따라갔으니, 네가 비록 극히 흉악하고 완고하다고

---

[25] 임성룡은 당시까지 김대건 신부의 고향이 중국이라고 생각했으므로 이렇게 말한 것이다.

無敢一豪隱諱 從實直招亦推問敎是臥乎在亦

矣身以愚悃所致 果未實對於前招是乎乙在果 今年正月分 林成龍以四百十七兩錢 買得船隻 又得換錢 與矣身下往恩津江景伊 米四十餘石南草五十隻貿來 而其時得聞 厥錢卽京居金班之所給云 而未能詳知矣 到今思之 金似是大建是乎旀 大建之遇唐船 兩次傳書 果爲的實 而矣身亦爲一次隨往敎味白齊

8) 船主 林成龍 三推

白等 汝矣身已往所招 雖似直告 終是有掩諱之意 寧有如許巧惡者乎 汝矣前招內 昨冬旣知大建之爲異國人 而又有給錢興販之事 則其平日從學同心和應之狀 不言可知是遣 李哥置大建于內室 汝亦入其內室 則汝與金李兩人出 可謂心腹也

大建之許多山川中 必欲船往海西之意 李哥之名字與徑先歸去之意 汝無不知理 而以一向不知爲對者 是豈成說乎 且以嚴秀所招中 四百兩買船與江京伊換錢 皆出於大建 則與汝矣之一百兩興販之說 又爲相左是遣 大建之傳書唐船時 汝亦隨往 則大建之與唐人

할지라도 감히 근거 없는 말로 흐릴 수 있느냐? 또 들으니 대건이 임가에게 돈을 주어 도매 장사를 하도록 한 일이 있는데, 네가 함께 일을 하는 친밀한 사이로 성룡의 크고 작은 사정들을 모두 알지 못할 리가 없다. 감히 한 터럭이라도 숨김없이 사실대로 고하여라." 하고 문초하였더니,

"제가 우둔하고 겁이 많은 탓에 과연 앞선 문초에서 사실대로 대답하지 못하였습니다. 금년 정월에 (임)성룡이 417냥으로 배를 매입하였고, 또 환전(換錢)을 얻어서 저와 함께 은진(恩津) 강경이(江景伊)로 내려가 쌀 40여 섬과 남초(南草, 즉 담배) 50척(隻)을 사 왔습니다. 그때 들으니 그 돈은 곧 서울 사는 김(金)이라는 양반이 준 것이라고 했는데, 자세히 알 수는 없었습니다. 이제 생각하니 김이라는 양반이 바로 대건인 것 같습니다. 대건이 중국 배를 만나 두 차례 편지를 전한 것은 분명하며, 저 역시 한 차례 따라갔습니다."라고 하였습니다.

8) 선주 임성룡의 세 번째 문초

아뢰옵니다. "네가 이미 앞의 진술에서 비록 사실대로 아뢰었다고는 했지만 끝내 숨기려는 뜻이 있었으니, 어찌 이와 같이 교묘하고 악할 수가 있느냐? 네가 앞선 진술에서는 작년 겨울에 이미 대건이 외국 사람이라는 것을 알았고, 또 돈을 주어 도매 장사를 하도록 한 일이 있으니, 평소에 따라 배우면서 한마음으로 화응한 정상은 말하지 않아도 알 수 있다. 이가가 대건을 내실에 두었고 너 또한 그 내실로 들어갔었으니, 네가 김가와 이가 두 사람과 함께 온 것은 심복이라 할 수 있다.

대건이 허다한 산천 중에서 반드시 배로 해서에 가고자 한 뜻, 이가의 이름과 앞질러 먼저 돌아간 뜻을 네가 알지 못할 리가 없는데, 한결같이 대면한 사람을 알지 못한다고 하니 어떻게 말이 되느냐? 또 엄수의 진술 가운데 400냥으로 배를 산 것과 강경이의 환전은 모두 대건에게서 나

已往親知是加喩 當場初見是加喩 又有何樣酬酌是加喩 一一直招亦推問敎是臥乎在亦

矣身到此地頭 安敢飾詐於嚴問之下乎 矣身以愚癡之心 甘聽誘惑之說 果有數次同宿 五六次從學 而只見其講習之樣 初不深學是乎乙遣 四百兩買船與江景伊煥錢 皆出於大建之酬應 果如嚴秀所招 而四百兩自渠家出給 換錢段大建有何去來於恩津江景伊居具順五處是加喩 六百兩推用之意爲書以給 故果爲下往推尋 米草貿來是乎乙遣

大建之欲往海西之意 似爲本鄕傳書之計是喩 矣身未能的知是乎乙遣 大建與唐人相見傳書之時 矣身雖不解語音 似是初面之樣 而傳書後 大建則給唐人仁(人)蔘幾片 唐人則給剪刀四五介 外他酬酌漠然不解 而歸後矣身問于大建曰 付書時 與唐人有甚酬酌云爾 則大建曰 若信傳廣東吾家 則當厚報爲言云云是乎乙遣 到今吐實之下 何獨於李哥之名字與徑先歸去之意 不爲直告乎 此外雖死更無所達 惟願生出敎味白齊

왔다고 하였으니, 네가 100냥으로 도매 장사를 했다는 말과는 또 서로 어긋난다. 대건이 중국 배에 편지를 전할 때 너 역시 따라갔으니, 대건이 중국인과 그전부터 친하게 알았는지, 그 자리에서 처음 본 것인지, 또 어떤 수작이 있었는지 일일이 사실대로 진술하여라." 하고 문초하였더니,

"제가 이 지경에 이르러 어찌 감히 엄히 문초하는 아래서 꾸미거나 속이겠습니까? 저는 어리석은 마음으로 유혹하는 말에 솔깃하여 과연 여러 차례 함께 유숙하였으며, 대여섯 차례 따라 배웠는데, 다만 그 강습하는 모양만을 보았고 처음부터 깊이 배우지는 않았습니다. 400냥으로 배를 산 일과 강경이 환전은 모두 대건의 요구를 들어준 데서 나온 것이니 과연 엄수가 진술한 것과 같습니다. 400냥은 그 집에서 내어주었고, 환전은 대건이 강경이에 사는 구순오(具順五)와 거래한 적이 있어 '600냥을 찾아 쓰라'는 뜻으로 편지를 써서 주었으므로 과연 내려가서 찾아 쌀과 담배를 사 왔습니다.

대건이 해서에 가고자 한 뜻은 아마도 고향에 편지를 전하려는 계획이었던 것 같은데 저는 정확하게 알지 못했습니다. 대건이 중국 사람과 만나 편지를 전할 때는, 제가 비록 말소리를 이해하지는 못했을지라도 아마도 초면이었던 것 같고, 편지를 전한 뒤 대건이 중국 사람에게 인삼 몇 조각을 주니 중국 사람은 가위 4~5개를 주었습니다. 그 밖에 수작한 것은 막연하여 이해하지 못하였고, 돌아온 뒤에 제가 대건에게 묻기를 '편지를 부칠 때 중국 사람과 무엇을 수작하여 이야기하였소?'라고 하니, 대건이 말하기를 '만일 편지를 광동의 우리 집에 전한다면 마땅히 후사할 것'이라고 말하였습니다. 이제 사실을 토설하는 마당에 어찌 이가의 이름자와 앞질러 먼저 돌아간 뜻만을 사실대로 아뢰지 않겠습니까? 이 밖에는 비록 죽더라도 다시 아뢸 것이 없으니, 오직 살아나가기만을 원합니다."라고 하였습니다.

9) 沙工 嚴秀 三推

白等 汝矣招內 大建之傳書唐船時 汝亦一次隨往 則船中諸漢之 俱與大建和應 推此可知 汝矣果爲邪學是旀 今此究覈之肯綮 無過 於公洞李哥 而名字與先爲歸去之由 皆曰不知云者 豈非汝矣一向 掩諱之計乎 更爲直告亦推問敎是臥乎在亦

矣身以無識貧賤之類 爲人沙工 只受指使而已 大建在船時 未嘗 不欲敎邪學 而不願從學是乎乙遣 李哥之名字與去就 矣身今番初 見 而尋常經過之 故果未知得 此外實無更招之辭敎味白齊

10) 罪人 金大建 四招

白等 汝矣之公洞李哥之內室居接 德山金順汝南門內南景文等 諸漢之互相交結 買船次林哥所給之四百兩 江景伊具順五處換錢六 百兩 漁採唐船傳書等 諸般擧措 次第露出於林嚴兩漢之招 汝矣雖 有百喙 安得一向抵賴乎 書札之傳說及甚事 山川之圖 置諸何處是 喩 若復如前掩諱 則必死重刑之下 竝只從實直招亦推問敎是臥乎 在亦

矣身來歷 記有隨問槩告 而矣身之出來朝鮮 只爲覘景而行敎 至 於害國害民之事 吾敎中禁戒 此則勿疑 畵圖山川 出於癖好 已爲飄 失 此不足屢問 傳書之事 係是家信相通 其外諸條所問 旣有所告之

9) 사공 엄수의 세 번째 문초

아뢰옵니다. "너의 진술 가운데 대건이 중국 배에 편지를 전할 때 너 또한 한 차례 따라갔다고 하였으니, 배 안의 여러 놈이 모두 대건과 화응한 것을 미루어 알 수가 있다. 네가 과연 천주교를 봉행하였는가? 이제 깊이 핵실하는 요체는 (소)공동 이가에 불과한데도 그 이름과 먼저 돌아간 이유를 모두가 알지 못한다고 하니, 어찌 네가 한결같이 숨기려는 계책이 아니겠는가? 다시 사실대로 고하여라." 하고 문초하였더니,

"저는 무식하고 가난한 무리로 남의 사공이 되어 단지 지시한 것만을 받아들였을 따름입니다. 대건이 배에 있을 때 일찍이 천주교를 가르치려고 한 적은 없으며 이를 좇아 배우려고 원하지도 않았습니다. 이가의 이름과 거취는 제가 이번에 처음 본 데다가 무심히 지나쳤으므로 과연 알지 못합니다. 이 밖에는 실로 다시 진술할 말이 없습니다."라고 하였습니다.

10) 죄인 김대건의 네 번째 문초

아뢰옵니다. "네가 (소)공동 이가의 내실에 거처하면서 덕산의 김순여, 남(대)문 안의 남경문 등 여러 놈과 서로 교류한 일, 배를 사려고 임가가 낸 400냥, 강경이의 구순오의 환전 600냥, 고기 잡는 중국 배에 편지를 전한 일 등 제반 거조(擧措)가 차제에 임가와 엄가 두 놈의 진술에서 드러났으니, 네가 입이 백 개라도 어찌 한결같이 저뢰(抵賴, 변명하며 신문에 복종하여 자백하지 아니함)하겠는가? 편지에서 전한 말은 어떤 일이고, 산천 그림은 모두 어느 곳에 두었느냐? 만일 다시 전과 같이 숨긴다면 반드시 엄한 형벌로 죽을 것이다. 모두 사실대로 말하여라." 하고 문초하였더니,

"저의 내력은 기억나는 대로 이미 질문에 따라 말하였으며, 제가 조선에 나온 것은 단지 경치를 구경하고 (천주)교를 봉행하기 위해서입니다. 나라와 백성에게 해가 되는 일은 우리 교회에서 금하는 계명이니, 이

人 則如是知之已矣 何必更問於我

　一生一死 人所不免 今爲天主而死 則還是吾願 今日問之 明日問之 唯當如斯而已 打之殺之 亦當如斯而已 速打速殺敎味白齊

　爲等如各人等招辭是白置有亦
　犯越與邪學 卽邦禁之大者 法網壞弛 民彝斁敗 異類則潛跡出沒 兇徒則甘心和應 依伏蓋轂 已有年 所念之及此 寧不心寒

　噫 彼金大建素以至姦慝之性 又將極妖惑之術 行色詭秘 使人莫測 內而有居停之一室同處 外而有糾結之千里通財 跳踉益肆 暗置巢窟講習之地 聲氣漸熾 多聚京鄕愚迷之類 若令歲月浸久任他滋長 則誠不知何樣禍機伏在何地 而何幸乾道孔昭 兇酋自就逮捕 始也來歷之指告 庶幾端緖之可得 終焉隨率之掩諱 尙稽根窩之快劈

는 의심할 것이 없습니다. 산천을 그린 것은 제가 좋아하는 버릇에서 나온 것인데, 이미 회오리바람 때문에 잃어버렸으니 번거롭게 질문하실 필요가 없습니다. 편지를 전한 일은 집안 소식과 관련하여 상통한 것입니다. 그 밖에 질문하신 것은 이미 고한 사람이 있으니, 알고 있는 것이 이와 같을 뿐입니다. 어찌 기필코 저에게 다시 물으시는 것입니까?

한 번 나고 한 번 죽는 것은 인간이면 면할 수 없는 것인데(一生一死 人所不免), 이제 천주를 위해 죽게 되었으니 도리어 이것은 제가 원하는 것입니다. 오늘 묻고 내일 묻는다고 해도 오직 마땅히 이와 같이 (대답할) 뿐이요, 때리든 죽이든 또한 마땅히 이와 같이 (대답할) 뿐입니다. 빨리 때려 빨리 죽이십시오."라고 하였습니다.

이상 모두 각자의 진술이었습니다.

국경을 넘어왔고 천주교를 봉행한 것은 곧 나라에서 크게 엄금하는 것인데, 법망이 무너져 해이해지고, 민이(民彝)가 풀어 헤쳐짐으로써 외국 무리들이 자취를 숨기고 출몰하며, 흉악한 무리가 제멋대로 화응하여 서울까지 잠입한 것이 이미 여러 해가 되었습니다. 생각이 이에 미치니 어찌 마음이 서늘하지 않겠습니까?

아아, 저 김대건은 본래 지극히 간사한 성격이고, 또 지극히 요사하고 미혹된 술책을 지녔으며, 행색이 괴이하고 비밀스러워 남이 헤아릴 수 없으니, 안으로는 한 방에서 거처하면서 같은 곳에 있지만, 밖으로는 천 리까지 서로 얽혀 재물을 통합니다. 함부로 날뛰는 것은 더욱 방자해지고, 비밀스러운 곳에 소굴을 두어 강습하는 마당에 그 기운이 점점 치성해져서 경향의 우미한 무리들을 많이 모았습니다. 만일 세월이 오래 지나도록 방임하여 더욱 커진다면, 진실로 어떤 형태의 화기가 어느 곳에 숨어 있게 될지 알지 못하겠나이다. 다행히도 하늘의 뜻이 아주 밝아 흉

潛越是誠何意 而歸諸翫景行敎 隱引必有其人 而謂以粧啞轉乞 論其情節 極涉憤痛 而此外尤有所萬萬驚腕者 招納江民給錢興販 與之同載 直泛沿海 設施則出於晦跡商船 指意則在於傳書唐舶 自 犯越而邪學 而至於交通異船 有一於此罪不容誅 況兼有之乎

多施刑威 反復詰問 畢竟所言 稱以爲天主一死 失心抵賴 終不承 款 所當重刑 期於得情 而係足他國人物 遽難擅便是白遣

且以林成龍嚴秀言之 皆以愚迷之賤 莫念常憲之重 惑於詖邪 貪 其錢財 或爲之腹心 或爲之使喚 裝船作伴趨承 猶恐不及查政 納供 粧撰 殆乎若衛 及其刑訊 乃始吐實 究厥所犯 俱係罔赦是白如乎

악한 우두머리를 자연히 체포하게 되었는데, 처음에는 내력을 발설하여 거의 단서를 얻을 수 있더니, 나중에는 추종하고 이끈 것을 숨겨 아직도 근본 소굴을 깨끗이 밝히는 것이 지체되고 있습니다.

몰래 국경을 넘어온 것은 실로 어떠한 의도가 있었을 터인데, 모든 것을 경치를 구경하고 (천주)교를 봉행하는 데 귀착시키고, 숨겨 인도한 데는 반드시 그렇게 한 사람이 있을 것인데, 벙어리로 꾸몄다고 하면서 이리저리 걸식하였다고만 하니 그 정절(情節)을 논하자면 아주 분통이 터지는 일입니다. 이 밖에 더욱 크게 놀라 탄식할 일은 강촌 사람을 불러들여 돈을 주면서 장사를 시키고 그와 함께 배를 타고 직접 연해를 다니니, 계획은 상선으로 감추려는 것이고 의도는 중국 배에 편지를 전하려는 데 있었습니다. 스스로 국경을 넘어와 천주교를 봉행하였고, 외국 선박과 서로 통함에 이르렀으니 이러한 죄에 하나만 해당해도 죽임을 용서할 수 없을 터인데, 하물며 두 가지를 겸하여 지니고 있음에랴?

여러 가지 형구를 늘어놓고 반복하여 힐문하였으나 끝내 말하기를 '천주를 위하여 한 번 죽겠다.'고 하면서 마음을 잃으면서도 변명하고 끝까지 자백하지 않으니, 마땅히 중한 형벌을 가하여 기어이 사실을 알아내야 할 것인데, 외국 사람과 관련되었으니 갑자기 처단하기가 어렵습니다.

또 임성룡, 엄수로 말하자면 모두 우미한 천인으로 일상의 법도가 중함을 생각하지 아니하고, 교활한 천주교에 미혹되거나 그 돈과 재물을 탐하여 혹은 심복이 되기도 하고, 혹은 심부름꾼이 되기도 하여 배를 꾸며 동행하면서 따르고 받들었습니다. 오히려 두려운 것은 조사하여 바로잡는 데 미치지 못할까 하는 것이니, 그들이 진술을 꾸며 지어대는 것은 거의 방비하여 지키는 것과 같았으며, 형벌하면서 문초함에 이르러 비로소 사실을 토설하였지만, 그 범한 바를 궁구하면 모두 용서할 수 없는 것입니다.

犯越罪人 事體不輕 令廟堂稟處爲白乎旀 海防法意 何等嚴重 而 沿海邑鎭 苟能格勤於瞭望追逐之節 則漁採唐船 何若是無難來往 至有此異類相接 交通書信之變怪乎 揆以邊情 寧欲無言 當該地方 官水使李明學長淵縣監金春根 不可但以溺職 論其罪狀 令攸司稟 處爲白乎旀 臣亦難免常時不能察飭之失 惶恐待罪是白遣

罪人口招中 小公洞李哥卽大建居接之窩主 姑未就捕不得究覈 餘外諸漢散在畿湖各處 自臣營今方發捕 而外營校卒恐不無疎虞之 慮 以一體譏捕之意 亦爲文移於左右捕廳是白遣 罪人汁物成冊 上 送于備邊司爲白乎旀 緣由馳啓爲白臥乎事

국경을 넘어온 죄인은 일 자체가 가볍지 않으니, 비변사로 하여금 아뢰고 처분하도록 하십시오. 해방법(海防法)의 뜻이 얼마나 엄중한 것인데, 연해의 읍진(邑鎭)이 진실로 동정을 살피어 쫓는 사정에 부지런하였으면 고기 잡는 중국 배가 어찌 이와 같이 어려움 없이 내왕하였고, 이처럼 외국 무리가 상접하여 편지를 주고받는 변괴가 있었겠습니까? 변방 사정을 헤아려 보니 차라리 할 말이 없습니다. 해당 지방관인 수사 이명학(李明學), 장연 현감 김춘근(金春根)은 다만 맡은 직무를 감당하지 못하였으니, 그 죄상을 논하여 담당 관서로 하여금 아뢰고 처분하도록 하십시오. 신 또한 평소에 살펴 신칙하지 못한 실책을 면하기 어려우니, 황공하여 죄를 물어주시기를 기다릴 뿐입니다.

죄인의 진술 가운데 소공동 이가는 곧 대건이 거처한 소굴의 주인인데, 아직 체포하지 못하여 깊이 핵실하지 못하였고, 그 밖의 모든 놈들은 경기도와 충청도 각처에 흩어져 있습니다. 신의 영문에서는 이제 방금 포졸을 내보냈는데, 이 밖의 영문 포교와 나졸들이 아마도 소홀히 할까 염려됨이 없지 아니하여 일체 기찰하여 체포하라는 뜻으로 좌우포청에 이문(移文, 공문을 보냄)하였고, 죄인의 집기 물건은 책에 적어 비변사로 올려보냈습니다. 이러한 연유로 급히 장계하옵니다.

1. 『右捕廳謄錄』 丙午 五月 二十五日

　1) 移發
　黃海道觀察使 爲相考事 卽因貴移弊營 在囚是在金大建林成龍嚴秀等三漢 及追後捉得林成龍之父君執船格金性西父重秀 合五漢 具枷杻 幷爲金大建之隨身什物修成冊照數 出付於委來校卒處 使之押上爲旀 自本營亦定校卒 一體護送是去乎 相考施行

　2) 回移
　爲相考事 節到付關內節 該因邪學罪人金大建林成龍嚴秀等口招 同黨諸漢 依後錄譏詗捉囚事 關是置有亦 後錄中南景文已爲捉囚 而其外諸漢 今方申飭刻期詗捕是去乎 至於德山居金順汝恩津具順五段 居住係是外邑 則稟于廟堂後 發捕計料爲去乎 相考施行爲宜向事

나. 포도청 압송과 편지 색출

1. 『우포청등록』 병오 5월 25일 (양력 1846년 6월 18일)

1) (황해 감영에서 포도청에) 공문을 보냄

황해도 관찰사가 상고하는 일은 다음과 같습니다. 귀하께서 본 영문에 (관문을) 보낸 것에 따라 옥에 갇혀 있는 이들 김대건, 임성룡, 엄수 등 세 놈과 추후에 체포한 임성룡의 부친 (임)군집(林君執), 일꾼 김성서(金性西)의 부친 김중수(金重秀) 등 도합 다섯 놈 모두에게 칼과 수갑을 채우고, 아울러 김대건이 몸에 지니고 있던 물건을 숫자에 맞추어 성책하여 위임받고 온 교졸에게 내주어 압송해 올리도록 하였습니다. 본 영문에서도 교졸을 정하여 함께 호송하도록 하였으니, 상고하여 시행하십시오.

2) (포도청에서) 공문에 회답함

상고하는 일은 다음과 같습니다. 이번에 관문을 접수했을 때 "이들 천주교 죄인 김대건, 임성룡, 엄수 등의 진술에 따라 같은 무리의 여러 놈들은 후록(後錄)[26]에 의거하여 기찰하고 체포해 가둘 일"이라고 하였습니다. 후록 가운데 남경문은 이미 체포되었고, 그 밖에 여러 놈은 이제 바야흐로 기한을 정해 기찰하여 체포하도록 신칙하였으며, 덕산 사는 김순여, 은진의 구순오는 거주지가 지방이므로 비변사에 아뢴 후에 포졸들을 보내려고 생각합니다. 상고하여 시행하는 것이 마땅한 일입니다.

---

[26] 여기서의 후록은 '다음의 명단'이 아니라 황해도 관찰사가 보낸 '첨부의 문초 기록'을 의미한다.

金大建 年二十五 邪号 마리씌
　　林君執 年四十三 居麻浦 一名致伯 成龍父
　　林成龍 年二十三 居麻浦 船業
　　金重秀 年七十八 居西氷庫 成龍外祖
　　嚴　秀 年四十四 居麻浦 船業

2. 『承政院日記』丙午 五月 二十六日

　　以黃海監司金鼎集狀啓 異樣人金大建 嚴覈馳啓 漁採唐船 無難來往 不能察飭 惶恐待罪事 傳于權溭曰 勿待罪事 回諭

3. 『日省錄』丙午 五月 二十六日

　　黃海監司金鼎集 以邪學罪人金大建等 取招馳啓
　　黃海監司金鼎集狀啓 以爲罪人金大建林成龍嚴秀等三漢捉來 海州判官朴顯圭參查官 差定眼同行查

　　1) 罪人金大建年二十五納招 以爲渠本大國廣東省吳門縣人 姓

김대건 : 나이 25세. 사호(邪号, 세례명을 뜻함) 마리찍[27]
임군집 : 나이 43세. 마포 거주. 일명 치백(致伯). 성룡의 아버지
임성룡 : 나이 23세. 마포 거주. 뱃사람
김중수 : 나이 78세. 서빙고(西氷庫) 거주
엄　수 : 나이 44세. 마포 거주. 뱃사람

2. 『승정원일기』 병오 5월 26일 (양력 1846년 6월 19일)

황해 감사 김정집의 장계에 "외국인 김대건을 엄히 조사하여 속히 보고합니다. 고기 잡는 중국 배에 어려움 없이 왕래한 것을 살피고 단속하지 못하였으니 황공하여 처벌을 기다립니다." 하니, (임금이) 권직에게 전교하길 "처벌을 기다리지 말라고 회유하라."고 하였다.

3. 『일성록』 병오 5월 26일 (양력 1846년 6월 19일)

황해 감사 김정집이 천주교 죄인 김대건 등을 심문하여 장계를 올렸다.
황해 감사 김정집 장계에 〈죄인 김대건, 임성룡, 엄수 등 세 놈을 잡아 해주 판관 박현규를 참사관으로 차정하여 입회시키고 조사하였습니다.

1) 죄인 김대건 25세. 납부된 공초에 "저는 본래 중국 광동성 오문현

---

[27] 김대건 신부의 세례명은 '안드레아'인데, 처음 진술에서 성과 국적을 꾸며댄 것처럼 세례명도 이렇게 꾸며댄 것 같다.

于名大建 生長本縣 父歿母存 本不娶妻 十五六歲學洋敎 二十三歲 自湘江乘商船 行水路三千里 抵遼東下陸

甲辰十一月 至柵門界 欲觀朝鮮地方 乘鴨江氷合潛自出來 而昨年八月到京城 欲爲游觀海西山川 出往麻浦執船隻 而林哥船以行商次 適往海西 故去四月十八日 乘船至海州延坪島 又過蘇江等處 如干遊覽 回至登山鎭 伊日因該鎭執船之事 有所起鬧 本色綻露矣

其諺冊卽天主敎要語也 錦片之一畫人物是聖母耶蘇之像 一畫草形云者 非草形卽心像 而緊貼身上 以爲敬奉之意云

2) 更招 以爲渠素有遊覽之性癖 各國山川果多周覽 而朝鮮出來 亦爲翫景而行敎 柵門近處 得見觀市朝鮮人衣樣 而越境旣知爲法禁 故依朝鮮揮項樣 自手製着 以掩削髮之形 袴子則兩國制度無甚異同 赤古里割其領端 摘去單錘而衣之 身帶如干乾食物及金十兩 銀三十兩 獨自乘氷夤夜而渡鴨江 夜則投宿山中 或入旅店 屢見驅逐 粧啞轉乞捱過數朔 漸解方言 歷觀平安咸鏡黃海等諸道

사람으로, 성은 '우'이고 이름은 대건입니다. 그 고을에서 나고 자랐으며, 부친은 돌아가시고 모친은 살아 계십니다. 본래 장가는 가지 않았습니다. 15~16세에 천주교를 배웠으며, 23세에 상강(湘江)에서 상선을 타고 수로 3,000리를 가 요동에 이르러 하륙하였습니다.

갑진년(1844) 11월 책문 경계에 이르러 조선 지방을 보고자 하여 언 압록강을 몰래 스스로 건너왔으며, 작년(1845년) 8월 서울에 도착하였습니다. 황해도의 산천을 유람하고자 마포에 배를 잡기 위해 나왔는데 임가의 배가 행상 차 마침 황해도에 간다고 하므로 지난 4월 18일 배를 타고 해주 연평도에 이르렀습니다. 또한 소강 등을 지나면서 잠시 유람하고 등산진으로 돌아왔는데, 그날 해당 진영에서 집선(執船)하는 일로 소란을 일으킨 바가 있어 본색이 탄로 났습니다.

그 언문 책자는 천주교의 긴요한 말이고, 비단 조각 하나에 그려진 인물은 성모와 예수의 형상이며, 다른 하나에 그려진 풀 모양이라고 하신 것은 풀이 아니라 심상입니다. 몸에 지녀 공경하며 받드는 뜻으로 삼는 것입니다."라고 하였습니다.

2) (김대건) 두 번째 공초에 "저는 본래 유람하는 버릇이 있어 각국의 산천을 과연 많이 돌아보았으며 조선에 나온 것 또한 경치를 즐기고 천주교를 봉행하기 위함이었습니다. 책문 근처에서 시장을 보는 조선인의 옷 모양을 보았고 국경을 넘는 것은 법으로 금하고 있다는 것을 알았으므로 조선 휘양의 모습대로 직접 만들어 써 삭발한 모습을 가렸습니다. 바지는 두 나라의 제작 방법이 크게 다른 점이 없었고, 저고리는 옷깃 끝을 자르고 단추를 떼어내어 입었습니다. 몸에는 약간의 건조 음식과 금 10냥, 은 30냥을 차고, 혼자 얼음판에 올라 깊은 밤 압록강을 건넜습니다. 밤에는 산에서 자고, 혹 여점(旅店)에 들어갔으나 여러 번 쫓겨났습니

昨年八月 始到京城 衣服飮食 以所帶來金銀 換買需用 初無伴行 與率來居接之人 留京九朔 雖欲行敎 㤼於邦禁無人願學 欲觀海西山川 出往麻浦執船到此 而林哥則初不親知 諺冊所寫 衣食相資之際 雖不無親知之人 若告以誰某 則其人必將緣我而受害 雖百般惡刑 卽刻斬頭 吾所法戒 斷無指告之理 于哥朝鮮之稀姓 金哥則繁姓也 故以金哥稱之云

3) 船主林成龍納招 以爲渠以麻浦船業之民 石魚貿買次 將發海西延坪之行矣 四月十七日 小公洞居李哥 與大建同來渠家 而渠父謂渠曰 李生員卽吾家外戚 與其所親金生員 遊翫次 欲往海西 汝其善爲偕往云 而其翌十八日 大建與李哥 出來沙格嚴秀金性西盧彦益安順命朴性哲合八人 同爲騎船

大建自京江下來之路 某山某水隨處圖畵 至江華前洋 展省畵本 爲風飄失 自江華以後 又始圖畵 言語動靜 多有殊常 一日向渠曰 天主學甚好 汝其學之云 故始知爲邪學之類矣

다. 벙어리 행세를 하며 여기저기 걸식하면서 간신히 여러 달을 지냈습니다. 점차 조선말을 이해하여 평안·함경·황해 등 여러 도(道)를 유람하였습니다.

작년 8월 비로소 서울에 도착해 의복과 음식을, 차고 온 금과 은으로 바꾸어 썼습니다. 처음부터 동행하거나 불러들여 머물게 한 사람은 없었습니다. 서울에 머무른 9개월 동안 비록 천주교를 행하고자 하였으나 나라에서 금하고 있어 겁이 나 배우기를 원하는 사람이 없었습니다. 황해도의 산천을 구경하고자 마포에 나가 배를 잡아타고 이곳에 이르렀으며, 임가는 처음부터 알고 지낸 사이가 아닙니다. 언문 책자는 베껴 적었고, 의복과 음식을 맞바꿀 때 비록 알게 된 사람이 없었던 것은 아니지만 만약 누구인지 고하면, 그 사람은 반드시 나와 연관되어 해를 입을 것입니다. 비록 갖가지로 심한 형벌을 가하고 즉시 머리를 벤다 해도 제 계율은 결단코 지목하여 고하지 않습니다. 우씨는 조선의 흔치 않은 성씨이고, 김씨는 흔한 싱씨이므로 김씨라고 칭한 것입니다."라고 하였습니다.

3) 선주 임성룡의 납부된 공초에 "저는 마포에서 뱃일하는 백성으로, 조기를 무역하기 위해 장차 황해도 연평도로 가려고 했습니다. 4월 17일에 소공동에 사는 이가가 대건과 함께 저희 집에 왔고 제 아버지가 저에게 말씀하시길 '이 생원은 우리 집안 외척으로 그와 친한 김 생원은 유람차 황해도에 가고자 하는데 네가 잘 데리고 함께 가라.'고 하셨습니다. 이튿날인 18일 대건과 이가가 사공과 일꾼인 엄수, 김성서, 노언익, 안순명, 박성철을 데려와 도합 8명이 함께 배에 탔습니다.

대건은 한강에서 내려오는 길에 산과 물길을 가는 곳마다 그렸는데 강화 앞바다에 이르러 그림을 펴 놓고 살피다가 바람 때문에 날려 잃어버렸습니다. 강화에서부터 다시 그리기 시작했으며 말과 행동이 많이 수

五月初一日 始到延坪買石魚 初三日來泊登山鎭 貿鹽作屈非後 火木買來次 初四日轉向長淵代陳項之路 大建爲蘇江翫景 下陸登岸 越三日回船至馬蛤浦前 則大建乘漁採唐船之挾船追到 仍爲回泊於登山鎭 而伊日緣於鎭將之執船 有所起鬧而發覺 同船之公洞李哥與格軍盧彦益 事出之前 先爲下陸還京 格軍金性西安順命朴性哲 見渠被捉 仍爲逃躱云

4) 沙工嚴秀納招 以爲渠與林成龍 同里居生 而昨年冬成龍新買船隻 渠爲其沙工 去四月十七日 成龍之父君執 請渠指金大建曰 此是城內居親知之兩班 翫景次 乘吾船欲往海西云矣 十八日大建與名不知公洞李哥負行卜 而來與成龍及沙格金性西等合八人同爲登船 大建自京江沿路 別無他爲 而所過諸處 畵其山川云

5) 金大建三招 以爲渠只爲翫景行敎 而獨自出來 無他率來與居接等事 所謂公洞李哥之下陸徑歸 未知何故 而居住姓名雖知之 必不指告 歷路山川之畵見 此是吾敎中一事 與讀者之博覽書冊無異

상했습니다. 하루는 저에게 '천주학은 아주 좋은 것이니 당신도 배우시오.'라고 하였기에 천주교의 무리인 것을 알게 되었습니다.

　5월 초1일 비로소 연평도에 이르러 조기를 사고 초3일 등산진에 정박하여 소금을 사 굴비를 만들었습니다. 그 후 땔나무를 사려고 초4일 방향을 돌려 장연 터진목으로 가는 길에 대건이 소강의 경치를 구경하려고 육지에 내려 언덕으로 올랐습니다. 사흘이 지나 배를 돌려 마합포 앞에 이르니 대건이 고기 잡는 중국 배의 보조선을 타고 따라왔고 그대로 돌아와 등산진에 정박하였습니다. 그날 진장이 배를 압류하려다가 소란이 일어나 발각된 바가 있습니다. 같은 배에 탄 (소)공동의 이가와 일꾼 노언익은 일이 일어나기 전에 먼저 하륙하여 서울로 돌아갔고, 일꾼 김성서·안순명·박성철은 제가 체포되는 것을 보고 그대로 도망갔습니다."라고 하였습니다.

　4) 사공 엄수의 납부된 공초에 "저는 임성룡과 같은 마을에 살며 작년 겨울 성룡이 새로 배를 사 제가 그 배의 사공이 되었습니다. 지난 4월 17일 성룡의 부친인 군집이 저에게 김대건을 가리키며 청하길 '이 사람은 성안에 사는 친한 양반으로 유람 차 우리 배를 타고 황해도로 가고자 한다.'라고 하였습니다. 18일에 대건은 이름은 알지 못하는 공동의 이가와 행짐을 지고 성룡과 일꾼 김성서 등과 왔으며 모두 8명이 함께 배에 탔습니다. 대건은 한강 변에서부터 따로 다른 것은 하지 않고 지나는 모든 곳의 산천을 그렸습니다."라고 하였습니다.

　5) 김대건의 세 번째 공초에 "저는 단지 유람하면서 천주교를 봉행했을 뿐이며, 혼자 (조선에) 왔습니다. 달리 (저를) 데리고 와 머물게 하는 등의 일은 없습니다. 공동의 이가라는 자가 육지에 내려 서둘러 돌아간

此外毫無他意 漁採唐船 果有暫時借乘之事 而初非親知與約會 無他酬酢與事情云

6) 林成龍更招 以爲昨年十二月分 小公洞李哥與渠父有親分 來到渠家 始與知面後 以一次來訪之意申言 故數日後往渠家 則家住南別宮後過井邊第二草家 而李哥向渠勸天主學曰 汝若學得 日後我與汝共昇天堂云 不數日李哥又來渠家 求買食鹽 故買得一石鹽 往李家 其時大建同坐舍廊 而李哥謂之親戚兩班 故信之無疑

其後又往李家 則李哥不在 而五六生面之人先已在座 各言姓名與居住 而一是柏洞居姓李名不記 年可四十歲許 一是南大門內居南景文 年可四十四五歲許髥勒 一是西江水鐵幕居沈士民 年可三十七八歲許 一是忠淸道 德山居金順汝 年可四十四五歲許 其餘二人年紀最長 不言姓名 故渠不動問 少焉自內鱗次招入 在座諸人各自如是而歸去

것은 어찌 된 연고인지 알지 못합니다. 거주지와 이름은 비록 알고 있지만 절대 고하지 않을 것입니다. 지나는 길에 산천을 그린 것은 우리 교회의 일 중 하나로 책을 읽는 자가 널리 서책을 구해 읽는 것과 다르지 않습니다. 그 밖에 다른 뜻은 추호도 없습니다. 고기 잡는 중국 배는 과연 잠시 빌려 탄 일이 있는데, 처음부터 아는 사이여서 만날 약속을 한 것은 아니며 다른 수작이나 사정은 없습니다."라고 하였습니다.

6) 임성룡의 두 번째 공초에 "작년 12월경 소공동 이가가 저의 아버지와 친분이 있어 저희 집에 와 처음 서로 얼굴을 알게 되었습니다. 그 후 한번 찾아오라는 뜻으로 거듭 말하기에 며칠 후 그의 집에 갔습니다. 집은 남별궁 뒤편 우물가를 지나 두 번째 초가집이었습니다. 이가가 저에게 천주학을 권하며 말하길 '당신이 만약 배워 얻는다면 그날 이후 당신과 내가 함께 천당에 오를 것입니다.'라고 하였습니다. 며칠 지나지 않아 이가가 또 저희 집에 와서 소금을 구해 달라고 하므로 한 섬의 소금을 사 이가에게 갔습니다. 그때 김대건이 사랑채에 함께 앉아 있었는데 이가가 친척 양반이라고 하였으므로 믿어 의심치 않았습니다.

그 후 다시 이가에게 가니 이가는 없고 5~6명의 낯선 사람들이 이미 먼저 와서 앉아 있었습니다. 각자의 이름과 거주지를 말했는데 한 명은 백동에 사는 이씨로 이름은 기억하지 못하며 나이는 40세쯤 되었습니다. 한 명은 남대문 안에 사는 남경문으로 나이는 44~45세쯤 되며, 구레나룻이 길었습니다. 한 명은 서강 수철막에 사는 심사민으로 나이는 37~38세쯤 되며, 다른 한 명은 충청도 덕산에 사는 김순여로 나이는 44~45세쯤 됩니다. 나머지 두 사람은 나이가 가장 많았는데 이름은 말하지 않았으므로 물어보지는 않았습니다. 잠시 뒤 안에서 차례로 불러들였고, 자리에 있는 모든 사람이 각자 이처럼 있다가 돌아갔습니다.

渠未見主人 故姑爲遲待 自內又喚渠入去 則向見之大建在內 請入房中 而見房壁 掛人物簇子四五件 皆是唐畫 又有奇樣怪石 大建謂渠曰 汝住江村買船興販爲好 故答以無本錢 則大建以一百兩錢出給曰 持此善爲興販云 而李哥日暮乃歸 故渠仍宿其家 夜問金哥之爲何許人 則李哥潛言 此是大國之人 欲觀我國山川 越境秘踪 且行洋教而當初渡江之後 粧啞向京城 至中路爲討捕所捉 而乘夜逃躲 轉向三南 遇德山金順汝 次次攀緣來吾家云 故始知大建之爲彼國人物矣

　　今年二月 渠販米行商次 下往南道還歸之後 又往李家 則大建與李哥謂渠曰 四月間將往甕津地 汝則行商 吾則遊翫矣 去四月十七日 金李兩人出來 以明日發船爲約 其翌日 使一漢負漆函饌盒衾具等物 同爲出來 而柏洞名不知李哥 南大門內南景文 偕來餞別而去 所謂負卜漢 卽生鮮廛屛門居名不知金哥云

　　今月初四日 到甕津馬蛤浦前洋 遇漁採唐船 大建與唐人一場談話而歸 狀紙一片 使李哥呼書片紙一封如我國書簡樣 夕時又乘挾船往唐船 要傳送本鄕 其翌日 又到長淵牧洞地 遇他唐船 片紙一封如前傳致 而初次則渠與李哥金性西嚴秀隨往 再次則渠與盧彥益金

저는 아직 주인을 만나지 못했으므로 잠시 기다리고 있었는데, 안에서 다시 저를 불러 들어가니 전에 본 대건이 안에서 방에 들어오길 청하였습니다. 방 벽을 보니 인물 족자가 4~5건 걸려 있었는데 모두 당화(唐畫)였고, 기이한 모양의 괴석도 있었습니다. 대건이 저에게 말하길 '당신은 강촌에 사니 배를 사서 장사하는 것이 좋겠다.'고 하므로 자본이 없다고 답하니, 대건이 100냥을 주며 '이것을 가지고 잘 장사해 보시오.'라고 하였습니다. 이가가 날이 저물어 돌아왔으므로 저는 그 집에서 자게 되었습니다. 밤에 김가가 어떤 사람인지 물으니 이가가 몰래 말하길 '이분은 중국 사람이고 우리나라 산천을 구경하고자 국경을 넘어 종적을 숨겼으며, 또 천주교를 봉행하고 계십니다. 처음 강을 넘은 후에 벙어리 행세를 하며 서울을 향하던 중에 토포(討捕)에게 잡혔으나 밤중에 도망쳐 삼남을 맴돌다 덕산 김순여를 만났고, 차차 인연으로 저희 집에 오게 되었습니다.'라고 하였습니다. 그러므로 비로소 대건이 중국인이라는 것을 알았습니다.

금년 2월 제가 쌀을 팔기 위해 행상 차 남도에 갔다가 돌아온 후에 다시 이가 집에 가니 대건이 이가와 함께 나에게 말하길 '4월 사이에 장차 옹진 땅에 가려고 하니 당신은 행상을 하고 나는 유람을 하겠다.'라고 하였습니다. 지난 4월 17일에 김가와 이가 두 사람이 와서 다음 날 배를 출발하기로 약속하고, 그다음 날 한 사람에게 칠함·찬합·금구 등의 물건을 지게 하고 함께 왔습니다. 백동의 이름은 알지 못하는 이가와 남대문 안에 사는 남경문이 함께 와서 전별하고 갔습니다. 짐을 졌던 사람은 생선거리 골목 어귀에 살며 이름은 알지 못하고 김가라고 하였습니다.

금월 초4일 옹진 마합포 앞바다에 이르러 고기 잡는 중국 배를 만나자 대건은 중국인과 길게 대화를 나누고는 돌아와 편지지 한 장을 가져다 이가에게 우리나라 편지인 것처럼 편지 한 통을 불러 적게 하였습니다. 저녁때에 다시 보조선을 타고 중국 배에 가 고향에 전해 주도록 요청

性西隨往云

7) 嚴秀更招 以爲今年正月分 成龍以四百十七兩 買得船隻 又得換錢 與渠下往恩津江京伊 米草貿來 而其時得聞 厥錢卽京居金班之所給矣 到今思之 金班似是大建也 大建之遇唐船 兩次傳書 果爲的實 而渠亦一次隨往云

8) 林成龍三招 以爲渠以愚癡之心 甘聽誘惑之說 果有數次同宿 五六次從學矣 四百兩買船與江京伊換錢 皆出於大建之酬應 果如嚴秀所招 而四百兩自渠家出給 換錢則大建有何去來於江京伊居具順五處 而六百兩推用之意爲書以給 故果爲下去推尋 米草貿來矣

大建之欲往海西 似爲本鄕傳書之計 而大建與唐人相見傳書之時 渠雖不解語音 似是初面之樣 而傳書後 大建則給唐人仁蔘幾片 唐人則給剪刀四五箇 外他酬酢漠然不解 而歸後渠問大建曰 付書時 與唐人有甚酬酢云爾 則大建曰 若信傳廣東吾家 則當厚報爲言云

하였습니다. 이튿날 또 장연 목동에 이르러 다른 중국 배를 만났는데 편지 한 통을 이전과 같이 전하였습니다. 처음에는 저와 이가, 김성서, 엄수가 따라갔고, 두 번째에는 저와 노언익, 김성서가 따라갔습니다."라고 하였습니다.

7) 엄수의 두 번째 공초에 "금년 정월경 성룡이 417냥으로 배를 샀고, 환전을 얻어 저와 은진 강경이에 가서 쌀과 담배를 사 왔습니다. 그때 듣기로 그 돈은 서울에 사는 양반 김 씨가 준 것이라고 하였습니다. 지금에서야 생각하니 양반 김 씨는 대건인 것 같습니다. 대건이 중국 배를 만나 두 차례 편지를 전한 것은 과연 분명한 사실이며 저 역시 한 차례 따라갔습니다."라고 하였습니다.

8) 임성룡의 세 번째 공초에 "저는 어리석은 마음으로 유혹하는 말에 솔깃하여 과연 여러 차례 함께 유숙하였으며, 5~6차례 따라 배웠습니다. 400냥으로 배를 사고 강경이(에 갔을 때) 환전은 모두 대건의 요구를 들어준 것에서 나온 것이니 과연 엄수가 진술한 것과 같습니다. 400냥은 그 집에서 내어주었고, 환전은 대건이 강경이에 사는 구순오에게 무엇인가 거래한 적이 있어 600냥을 찾아 쓰라는 뜻으로 편지를 써 주었으므로 과연 내려가 받아내서 쌀과 담배를 사 왔습니다.

대건이 황해도에 가고자 했던 것은 아마 고향에 편지를 전하려던 계획인 것 같습니다. 대건이 중국인과 만나 편지를 전할 때 저는 비록 말소리는 이해하지 못했지만, 초면이었던 것 같습니다. 편지를 전해 준 후 대건은 중국인에게 인삼 몇 조각을 주었고 중국인은 가위 4~5개를 주었습니다. 그밖에 다른 대화는 막연하여 이해하지 못하였고, 돌아온 후 제가 대건에게 묻기를 '편지를 전해 줄 때 중국인과 어떤 대화를 하였습니까?'

9) 嚴秀三招 以爲渠以無識貧賤之類 爲人沙工 只受指使而已 大建在船時 未嘗不欲敎邪學 而不願從學 李哥之名字與去就 果未知得云

10) 金大建四招 以爲渠之來歷 已爲隨問槪告 而至於害國害民之事 吾敎中禁戒此則勿疑 畵圖山川 出於癖好 已爲飄失 此不足屢問 傳書之事 係是家信相通 其外所問 旣有所告之人 如是知之已矣 何必更問於我 一生一死 人所不免 今爲天主而死 則還是吾願 今日問之 明日問之 惟當如斯而已 打之殺之 亦當如斯而已 速打速殺云

犯越與邪學 卽邦禁之大者 法綱壞弛 民彝斁敗 異類則潛跡出沒 凶徒則甘心和應 依伏輩轂 已有年 所念之及此 寧不心寒 乾道孔昭 兇酋自就逮捕 始也來歷之指告 庶幾端緒之可得 終焉隨率之掩諱 尙稽根窩之快劈

라고 하니, 대건은 만약 편지를 광동의 우리 집에 전해 주면 마땅히 후사할 것이라 하였다고 말했습니다."라고 하였습니다.

9) 엄수의 세 번째 공초에 "저는 아는 것이 없고 빈천하므로 다른 이의 사공이 되어 단지 지시를 받았을 뿐입니다. 대건이 배에 있을 때 일찍이 천주교를 가르치려고 한 적은 없으며, 좇아 배우기를 원하지도 않았습니다. 이가의 이름과 거취는 과연 알지 못합니다."라고 하였습니다.

10) 김대건의 네 번째 공초에 "저의 내력은 이미 질문에 따라 대부분 고하였으며 나라에 해가 되고 백성에게 해가 되는 일에 대해서는 우리 교회에서 금하는 계명이니 의심하지 마십시오. 산천을 그린 것은 취미에서 나온 것이고 이미 회오리바람에 잃어버리게 되었으니 이는 누차 물어볼 것이 못 됩니다. 편지를 전해 준 일은 집안 소식과 관련하여 상통한 것입니다. 그 밖에 물어보신 것은 이미 고한 사람이 있으니 알고 있는 것이 이와 같을 뿐입니다. 어찌 기필코 저에게 다시 묻는 것입니까. 한 번 태어나고 한 번 죽는 것은 인간이 면할 수 없는 것인데 지금 천주를 위해 죽으니 도리어 제가 원하는 것입니다. 오늘 묻고 내일 물으시더라도 오직 마땅히 이 같을 뿐입니다. 때리든 죽이든 또한 마땅히 이와 같을 뿐입니다. 속히 때리고 속히 죽이십시오."라고 하였습니다.

(포도청에서 아뢰기를) 국경 넘는 것과 천주교는 곧 나라에서 금하는 큰 사항입니다. 법망이 무너져 느슨해지고, 백성의 도리가 풀어져 이국의 무리가 종적을 감추었다가 출몰하며, 흉악한 무리가 기꺼이 동조하여 서울까지 잠입한 것이 이미 여러 해가 되었습니다. 생각이 이에 미치니 어찌 마음이 서늘하지 않겠습니까. 하늘의 도가 아주 밝아 흉악한 우두

潛越是誠何意 而歸諸翫景行敎 隱引必有其人 而稱以粧啞轉乞 論其情節 極涉憤痛 所當重刑 期於得情 而係是他國人物 遽難擅便 請令廟堂稟處 海防法意 何等嚴重 而漁採唐船 無難來往 當該地方 官水使李明學長淵縣監金春根罪狀 請亦令攸司稟處 臣亦難免常時 不能察飭之失 惶恐待罪云

敎以 勿待罪事 回諭

4. 『海西文牒錄』丙午 五月

罪人金大建等押送捕廳狀啓 丙午 五月

節到付備邊司關內 節啓下敎司啓辭 以黃海監司金鼎集狀啓 異樣人金大建嚴加盤覈事 判付內 觀此狀辭 大是變怪 己亥治邪不久 而又有此異樣人潛越云者 豈勝痛惋 必有率來留接之類 其所窮覈之方 令廟堂 卽速稟處事 命下矣

머리를 저절로 체포하였는데 처음에는 내력을 고하여 거의 단서를 얻을 수 있었으나 끝내 어디를 데리고 다녔는지는 숨겨 아직까지 근거지를 시원하게 밝혀내지 못하였습니다.

국경을 넘은 것은 진실로 어떤 의도가 있을 것이나 경치를 구경하고 천주교를 봉행하는 것에 귀결시키고, 숨겨주고 인도한 사람이 반드시 있을 것이나 벙어리로 가장하여 맴돌며 걸식했다고 합니다. 그러한 사정을 논하자니 매우 분통이 터집니다. 마땅히 무거운 형벌로 기어이 사실을 알아내야 하나 외국 사람과 관련되었으니 갑자기 처단하기가 어렵습니다. 청컨대 묘당으로 하여금 품처하게 하십시오. 바다를 방어하는 법의 근본이 더없이 엄중하나 고기 잡는 중국 배가 어려움 없이 왕래하였으니 해당 지방관 수사 이명학과 장연 현감 김춘근의 죄상을 청컨대 또한 유사(攸司)로 하여금 품처하도록 해 주십시오. 신도 평상시에 자세히 살피고 단속하지 못한 잘못을 면하기 어려우니 황공하여 처벌을 기다립니다.〉 하였다.

전교하기를 "처벌을 기다리지 말라고 회답하라."고 하였다.

4. 『해서문첩록』 병오 5월

죄인 김대건 등을 포청에 압송하는 장계. 병오 5월.

이번에 접수한 비변사의 관문에, 〈이번에 재가를 받은 비변사의 계사(啓辭, 왕에게 아뢰는 글)는 "황해 감사 김정집이 장계한 '외국인 김대건을 엄하게 더 반핵하는 일'로 (임금께서) 판부(判付)하시길 '이 장계의 말을 보니 큰 변괴이다. 기해년에 천주교를 다스린 지 오래되지 않았는데 또 이렇듯 외국인이 몰래 넘어왔다고 하니, 어찌 통원함을 이기겠는가. 필

年前邪獄 卽可爲一大懲創 而曾未幾年 又有此變怪 國法之蕩然 邪徒之肆凶 乃至於此 寧欲無言 當初犯越之時 多年出沒之蹤 決知有根窩之潛引隱接者 此若不窮覈痛鋤 則不知何樣禍機 伏在何地 實不勝懍然 其所行査 恐不可專責該營 分付捕廳 發遣校卒 在囚諸漢 一竝捉上 以爲嚴覈得情之地 罪人雖令捉上 若自該營 已有取招者 則依例登聞之意 分付道臣 何如 答曰 允事 傳敎敎是置 傳敎內事意奉審施行向事 關是白置有亦

　　在囚罪人金大建 林成龍 嚴秀等三漢與大建隨身物件竝以出付捕廳校卒上送于該廳爲白乎旀 罪人等取招段 已爲登聞爲白有等以緣由馳啓爲白臥乎事

5.『日省錄』丙午 五月 二十七日

　　黃海監司金鼎集 以邪學罪人金大建等 出付捕校 啓

시 데려와 머물러 있게 한 무리가 있을 것이니 깊이 핵실할 방도를 묘당으로 하여금 속히 품처하게 할 것'이라고 명령하셨습니다.

몇 해 전 천주교 옥사가 바로 하나의 커다란 징창이라 할 수 있으나, 몇 년이 안 되어 또 이러한 변괴가 있으니, 국법이 어지러워 사악한 무리의 방자함과 흉악함이 이에 이른 것은 차라리 말을 하지 않고자 합니다. 애당초 국경을 넘을 때 여러 해 출몰한 종적은 근거지로 몰래 끌어내 은밀히 접한 자가 있음을 분명히 알 수 있는데, 만약 자세히 조사하여 없애지 않는다면 어떤 모양의 화기인지, 어느 곳에 숨었는지 실로 두려움을 이길 수 없습니다. 그 조사는 아마 해당 감영에서 전임할 수 없으니 포청에 분부하여 교졸을 보내 옥에 갇혀 있는 모든 놈들을 모두 잡아 올려 엄히 조사하여 사정을 밝히게 하십시오. 죄인을 비록 잡아 올리게 하더라도 만약 해당 감영에서 이미 받은 진술이 있다면 예에 따라 보고하라는 뜻으로 도신(황해 감사)에게 분부하시는 것이 어떠하십니까." 하니, 윤허한다고 전교하셨다. 전교의 내용을 살펴서 시행할 일)이라고 관문을 보내셨습니다.

옥에 있는 죄인 김대건, 임성룡, 엄수 등 세 놈을 대건이 몸에 지니고 있던 물건과 함께 아울러 포청 교졸에게 내어주고 해당 포청으로 압송해 올립니다. 죄인 등의 취초는 이미 등문하였으므로 이러한 연유를 서둘러 보고드리는 일입니다.

5. 『일성록』 병오 5월 27일(양력 1846년 6월 20일)

황해 감사 김정집이 천주교 죄인 김대건 등을 포교에게 내어주고 아뢰었다.

狀啓以爲在囚罪人金大建林成龍嚴秀等三漢 與大建隨身物件
竝以出付捕廳校卒 上送于該廳

6.『承政院日記』丙午 五月 二十八日

左右捕廳言啓曰 謹依備邊司草記 批旨黃海監營在囚邪學罪人
金大建林成龍嚴秀林君執金重秀等 下送校卒 今已押來 合坐究問
何如 傳曰 允

7.『右捕廳謄錄』丙午 五月 二十八日

啓曰 謹依備邊司草記 批旨黃海監營在囚邪學罪人金大建林成龍
嚴秀林君執金重秀等 下送校卒 今已押上 合坐究問 何如 傳曰 允

8.『日省錄』丙午 五月 二十八日

左右捕廳 以邪學罪人金大建等究問 啓

장계하기를, "옥에 있는 죄인 김대건, 임성룡, 엄수 등 3명을 대건이 몸에 지니고 있던 물건과 함께 아울러 포도청의 포교와 포졸에게 내어주고 당해 포도청으로 압송해 올립니다."라고 하였다.

6. 『승정원일기』 병오 5월 28일 (양력 1846년 6월 21일)

좌우 포도청의 말로 아뢰기를 "삼가 비변사 초기(草記, 중앙 관서에서 왕에게 올린 문서)의 비답(批答, 국왕의 답변)에 의거하여 황해 감영 옥에 있는 천주교 죄인 김대건, 임성룡, 엄수, 임군집, 김중수 등을 내려보낸 교졸들이 지금 이미 압송해 왔으니 (좌우 포도청이) 합좌하여 신문하는 것이 어떠합니까." 하니 윤허하셨다.

7. 『우포청등록』 병오 5월 28일 (양력 1846년 6월 21일)

(포도청에서) 아뢰길, "삼가 비변사 초기(草記)의 비지(批旨, 임금의 뜻)에 따라 황해 감영에 가둔 천주교 죄인 김대건, 임성룡, 엄수, 임군집, 김중수 등을 내려보낸 교졸들이 지금 이미 압송해 왔으니 합좌하여 심문하는 것이 어떠하겠습니까." 하니 윤허하셨다.

8. 『일성록』 병오 5월 28일 (양력 1846년 6월 21일)

좌우 포도청에서 천주교 죄인 김대건 등을 신문하겠다고 아뢰었다.

該廳啓言 謹依備邊司草記批旨 黃海監營在囚邪學罪人金大建
林成龍嚴秀林君執金重秀等 下送校卒 今已押來 請合坐究問 允之

9. 『海西文牒錄』丙午 五月

金大建蘇江麻蛤浦唐船所付書封推來上送狀啓 丙午 五月

犯越邪學罪人金大建 船人李成龍等 押上捕廳緣由 纔已馳啓爲
白有在果 金大建之傳書唐船 旣出於罪人諸招 則事係變怪不可仍
置故 密關於各該地方官 使之詗探於唐船出沒之處 期於推覓以來
是白加尼

卽接水使李明學所報 則以爲發遣褊裨兪相殷 譯學金龍男 將校
黃吉昇等 偵察於沿海內外洋 則漁採唐船 雖或有外洋來往之類 以
常時追逐之故 見我船輒皆避去 不欲相近 萬無可探之道是乎乙只
使之扮作商船 扮作商船 出孤竹浦外洋 則果有唐船五隻 浮在海面
故 稱以潛商 要爲賣買 以所持壯白紙狗皮等物 歇價賣之 亦給丸藥
藥果 彼皆喜悅 請以持物貨更來爲言 故譯學答以 我是潛商 蘇江大
將 若或聞之 不免誅戮 爾若移船入近浦相望之處 我當覘機以待云

당해 포도청에서 아뢰기를, "삼가 비변사 초기(草記)의 비지(批旨)에 의거하여 황해 감영의 옥에 있는 천주교 죄인 김대건, 임성룡, 엄수, 임군집, 김중수 등을 내려보낸 교졸들이 이제 이미 압송해 왔으니 (좌우 포도청이) 합좌하여 신문하겠습니다."라고 하여, 윤허하였다.

9. 『해서문첩록』 병오 5월

김대건 소강 마합포에서 중국 배에 준 편지를 찾아내 올려보내는 장계. 병오 5월.

국경을 넘은 천주교 죄인 김대건, 배 주인 이성룡[28] 등을 포청에 압송하는 연유로 이미 서둘러 장계를 올렸으나, 김대건이 중국 배에 편지를 전하였음이 이미 죄인의 여러 문초에서 드러났으니, 이 일은 변괴와 관련되어 불가하므로, 비밀리에 각 해당 지방관에게 관(關)을 보내 중국 배가 출몰하는 곳을 염탐하게 하여 기어코 찾아오게 하였습니다.

방금 수사(水使) 이명학(李明學)이 첩보하기를 "편비(偏裨, 부장) 유상은(俞相殷), 역학(譯學) 김용남(金龍男), 장교 황길승(黃吉昇) 등을 보내 연해 내 먼바다에서 정찰하였습니다. 고기 잡는 중국 배가 비록 먼바다에서 왕래하는 것이 있었으나 평상시에는 쫓아냈으므로 우리 배를 보고 번번이 모두 피해 접근할 수 없었습니다. 탐색할 방법이 없기에 중국 배로 가장하여 고죽포(孤竹浦) 먼바다로 나가니 과연 중국 배 다섯 척이 해면에 떠 있었습니다. 잠상(潛商, 밀무역 상인)이라고 하면서 매매하기를 요구하고 가지고 있던

---

[28] 임성룡을 잘못 기재하였다.

則彼人十名 果爲貪利而隨來 故誘引登陸 多發追捕軍民 一齊捕捉
後 諭以爾國人于大建犯法潛越傳書爾們船之事 沿邊官員 將被重
罪 爾們若不推納其書 必不能生還云 則渠輩言內 傳書一款 我們初
不知之 若放送 則當遍搜各船而推來故 七名執留 三名放送 使之覓
來矣

二十五日未時量 一名病不來 二名還來言 我們不意被執 欲其圖
生 遍搜各船 至於登州所來一船 則不許搜看故 乃生疑惑 與傍船諸
人 竝力覓出 今才來納是如故

取見其書封 則皮封前面第一行書內要信祈駕順至 第二行書上
海新碼頭交 第三行書蘭亭陸老相台前親披 第四行書名內具 後面
端合處畫一標 標上下書護封二字 標左右書順風相送四字 而坼見
則內有二封 一封卽地圖一張 一封卽非諺非眞之胡書六張

장백지(壯白紙), 개가죽[狗皮] 등의 물건을 헐값에 팔았습니다. 또 환약과 약과를 주니, 저들이 모두 기뻐하면서 물건을 가지고 다시 오라고 하였습니다. 그러므로 역학이 답하길, '우리는 밀무역 상인으로 소강(蘇江)의 대장이 만약 이를 들으면 죽음을 면치 못할 것이다. 너희들이 배를 움직여 근처 포구에 들어와 서로 보이는 곳에 있으면 우리가 마땅히 때를 엿보아 기다리겠다.'고 하였습니다. 저들 10명이 과연 이익을 탐하여 따라왔으므로 유인하여 육지에 오르게 하였습니다. 추포하기 위해 군민을 많이 보내 일제히 체포한 후에 '너희 나라 사람 우대건(于大建)이 법을 어기고 몰래 국경을 넘어 너희 배에 편지를 전한 일로 연변 관원들이 장차 중죄를 받게 되었다. 너희가 만약 그 편지를 내놓지 않으면 반드시 살아서 돌아갈 수 없을 것이다.'라고 훈유하였습니다. 저들이 말하길 '편지를 전한 일은 우리는 애초에 알지 못하지만, 만약 풀어준다면 마땅히 각 선박을 두루 수색하여 찾아오겠다.'라고 하므로 7명은 잡아두고 3명을 풀어주어 찾아오게 하였습니다.

  25일 미시(未時, 오후 1~3시 사이)쯤에 1명이 병으로 오지 못했고 2명이 돌아와 말하길 '우리가 뜻하지 않게 잡혀 살기를 도모하고자 각 선박을 두루 수색하였습니다. 등주(登州)에서 온 배 한 척을 만났으나 수색을 허락하지 않으므로 의혹이 생겨 주변 선박의 사람들과 힘을 합쳐 찾아냈으며 지금에야 가져오게 되었습니다.'라고 하였습니다.

  그 편지를 보니 편지 봉투 앞면 첫째 행에 '안의 중요한 소식이 잘 도착하게 되기를 기원합니다(內要信祈駕順至)'라고 쓰여 있고, 둘째 행에는 '상해 새 나루터에 전함(上海新碼頭交)', 셋째 행에는 '난정 육 어른 대전 친전(蘭亭陸老相台前親披)', 넷째 행에는 '이름은 안에 있음(名內具)'이라고 쓰여 있었습니다. 뒷면은 끝이 합쳐지는 곳에 하나의 표식을 그렸는데, 표식 위아래에는 '호봉(護封, 편지를 봉함)' 두 글자가 쓰여 있고, 표식 좌우에는 '순풍상송(順風相送, 순풍을 타고 잘 전해지기를 바랍니다)'이라는 네 글자가 적혀 있었습니다.

故依前堅封上使爲乎旀 被執諸漢 以覓書後 不卽放送 發狠躁暴
是乎矣 爲其更覓長淵牧洞所傳之書 誘以爾們若又推納此書封 則
非但放送 必當重賞之意 善言曉諭 彼人二名 譯學眼同 以爲更送搜
覓之地 七名依前執留是如牒呈是白置有亦

今此大建之書封 趁卽推覓 誠爲大幸 而其所書本 雖未解旨意之
何居 伴送地圖 亦可見情跡之叵測 以此推之 我國之動靜呼吸 若將
直通於萬里奸細之徒 心驚體要 寧欲無言是白如乎 同推來書封之
六張書一張圖 依前堅封上送于備邊司爲白乎旀 一處未推之書封
連加詗探 期於搜得 執留彼人段 姑爲仍置以竢更爲搜納之意 一體
申飭爲白乎旀 緣由馳啟爲白臥乎事

10. 『右捕廳謄錄』同月 二十九日

1) 海營了
爲相考事 自貴營捉上罪人金大建林成龍嚴壽林君執金重秀等

편지를 열어 보니 안에 두 봉투가 있었는데, 한 봉투에는 지도 한 장, 한 봉투에는 언문도 아니고 한문도 아닌 삐뚤삐뚤한 글[29] 여섯 장이 있었습니다.

그러므로 전과 같이 굳게 봉하여 올리며, 잡힌 놈들이 편지를 찾은 후에 바로 풀어주지 않자 몹시 성내고 초조하게 굴며 난폭하게 구니 다시 장연 목동에서 전한 편지를 찾아오게 하기 위해 꾀하기를, 너희들이 만약 다시 이러한 편지를 찾아 바치면 풀어줄 뿐만 아니라 반드시 후한 상을 주겠다고 좋은 말로 타일렀습니다. 저들 2명을 역학과 함께 다시 수색할 곳으로 보내고 7명은 전과 같이 잡아두었습니다."라고 첩정하였습니다.

지금 대건의 편지를 서둘러 찾아내어 진실로 다행이나 그 편지 본문이 비록 뜻이 어디에 있는지 알지 못하고 함께 보낸 지도 또한 종적을 추측하기 어렵습니다. 이로 미루어보면 우리나라의 움직임과 호흡이 장차 만리(萬里)의 간사한 무리에게 곧장 통할 것이니 가슴이 두근거리고 몸이 떨려 차라리 말을 하지 않고자 합니다. 찾아온 편지 여섯 장의 글과 한 장의 그림을 전과 같이 굳게 봉하여 비변사에 올리오며, 아직 편지를 찾지 못한 한 곳은 계속 더 탐색하여 기어코 찾아내겠습니다. 잡아둔 자들은 잠시 유치하고 다시 찾아 바치기를 기다리라는 뜻으로 모두에게 타일러 두었습니다. 이러한 연유를 서둘러 보고드리는 바입니다.

10. 『우포청등록』 병오 5월 29일 (양력 1846년 6월 22일)

1) 황해 감영에 보냄

상고하는 일은 다음과 같습니다. 귀 영문에서 붙잡아 올린 죄인 김대

29　라틴어 혹은 프랑스어로 작성된 편지로 추정된다.

今月 二十八日到付 而物件段置依成冊來到是去乎 相考施行敎事

2) 該營了

爲相考事 自貴營捉上罪人金大建等 騎往船隻與船上汁物中 有憑考處事 自本廳發關推上事 旣承廟堂分付故 玆發關爲去乎 到關卽時 定將校領泊於京江爲有矣 物件段置 依備局報來 成冊一一照數上送事向事

11. 『日省錄』丙午 五月 二十九日

黃海監司金鼎集 以邪學罪人金大建 唐船傳書推覓 馳啓

狀啓以爲金大建之傳書唐船 旣出於罪人諸招 故密關於各該地方 使之詗探於唐船出沒之處 期於推覓以來矣

卽接水使李明學所報 則以爲發遣褊裨兪相殷譯學金龍男將校黃吉昇等 扮作商船 出孤竹浦外洋 則果有唐船五隻浮在海面 故稱以潛商 要爲賣買 以所持壯白紙狗皮等物 歇價賣之 亦給丸藥藥果 彼皆喜悅 以持物貨更來爲言 故譯學答 以我是潛商 蘇江大將若或聞之 不免誅戮 爾若移船入近浦相望之處 我當覘機以待云

건, 임성룡, 엄수, 임군집, 김중수 등이 이달 28일에 도착하였으며, 물건은 책에 작성된 대로 왔으므로 상고하여 시행할 일입니다.

2) 황해 감영에 보냄

상고하는 일은 다음과 같습니다. 귀 영문에서 김대건 등을 붙잡아 올렸으니, 말을 타고 가서 선척과 배 위의 물건 중 증거로 삼을 것이 있으면 처리하라고 본청에서 관을 보내 추상(推上, 조정에 올려보냄)할 것을 이미 묘당의 분부를 받들었으므로 이에 관을 보냅니다. 관이 도착하는 즉시 장교를 정해 한강에 영박(領泊, 거느리고 와서 정박함)하되, 물건도 비변사의 통보에 따라 낱낱이 숫자를 대조해 성책(成冊)하여 올려보낼 일입니다.

11. 『일성록』병오 5월 29일(양력 1846년 6월 22일)

황해 감사 김정집이 천주교 죄인 김대건이 중국 배에 전한 편지를 찾아내 급히 장계를 올렸다.

장계하기를, 〈김대건이 중국 배에 편지를 전하였음은 죄인들의 여러 초사에서 이미 나왔으므로, 비밀리에 각 해당 지방에 관문을 보내 이들로 하여금 중국 배가 출몰하는 곳을 염탐하여 기어이 찾아오도록 하였습니다.

그런즉 수사 이명학이 첩보하기를, "편비 유상은, 역학 김용남, 장교 황길승 등이 거짓으로 상선을 꾸미고 고죽포 난바다로 나아가니 과연 중국 배 5척이 해면에 떠 있었으므로, 잠상이라고 하면서 매매하기를 요청하며 가지고 있던 장백지, 개가죽 등의 물품을 헐값에 팔았습니다. 또 환약과 약과를 주니, 저들이 모두 기뻐하여 물건을 가지고 다시 오라고 하였습니다. 그러므로 역학이 답하기를 '우리는 잠상으로 소강의 대장이 만

則彼人十名果爲貪利而隨來 故誘引登陸 一齊捕捉後 諭以爾國
人于大建 犯法潛越傳書爾們 沿邊官員將被重罪 爾們若不推納其
書 必不能生還云 則渠輩言 傳書一款 初不知之 若放送則當遍搜各
船而推來 故七名執留 三名放送 使之覓來矣

　　二十五日未時量 一名病不來 二名還來言 遍搜各船 至於登州所
來一船 則不許搜看 故乃生疑惑 與傍船諸人 竝力覓出 今才來納云

　　取見其書封 則皮封前面 第一行書內要信祈駕順至 第二行書上
海新碼頭交 第三行書蘭亭陸老相台前親披 第四行書名內具 後面
端合處畵一標 標上下書護封二字 標左右書順風相送四字

　　而坼見則內有二封 一封卽地圖一張 一封卽非諺非眞之胡書六
張 故依前堅封上 使被執諸漢 爲其更覓長淵牧洞所傳之書 誘以若
又推納此書封 則非但放送 必當重賞 而彼人二名 譯學眼同 以爲更

일 혹 이를 듣게 된다면 죽임을 면치 못할 것이니, 너희가 만일 배를 옮겨 인근 포구의 서로 바라볼 수 있을 만큼 가까운 곳으로 들어온다면, 우리가 마땅히 때를 엿보아 기다리겠다.'라고 했습니다.

그러자 저들 10명이 과연 이득을 탐하여 따라왔으므로 유인하여 상륙시키고 모두 체포한 뒤에 '너희 나라 사람 우대건이 법을 어기고 몰래 넘어와 너희들에게 편지를 전하였으니, 연변 관원들이 장차 중죄를 받게 되었다. 그러니 너희들이 만일 그 편지를 찾아 바치지 않는다면 반드시 살아서 돌아갈 수 없을 것이다.'라고 깨우쳤습니다. 그러자 그들이 말하기를 '편지를 전했다는 것은 처음부터 알지 못하지만, 만일 놓아준다면 마땅히 각 선박을 두루 수색하여 찾아오겠다.'라고 하였으므로 7명은 잡아두고 3명은 놓아주어 찾아오도록 하였습니다.

25일 미시쯤에 1명은 병으로 오지 않고 2명이 돌아와서 말하기를 '각 선박을 두루 수색하다가 등주에서 온 배 한 척을 만났는데, 수색을 허락하지 않으므로 의혹이 생겨나 옆 선박의 여러 사람과 힘을 합쳐 찾아내서는 이제 가져와 바치는 것입니다.'라고 하였습니다.

그 편지 봉투를 보니 겉봉 앞면의 첫째 줄에는 '안의 중요한 소식이 잘 도착하게 되기를 기원한다.'라고 썼고, 둘째 줄에는 '상해 새 나루터에 전함'이라고 썼으며, 셋째 줄에는 '난정 육 어른 대전 친전(蘭亭陸老相台前親披)'이라고 썼고, 넷째 줄에는 '이름은 안에 들어 있음'이라고 썼습니다. 뒷면은 끝부분 합쳐지는 곳에 하나의 표식을 그었는데, 표식 위아래에는 '호봉(護封)'이라는 두 글자를 썼고, 표식 좌우에는 '순풍상송(順風相送)'이라는 네 글자를 썼습니다.

편지를 열어 보니 안에 봉투 두 개가 있었는데, 한 봉투에는 지도 한 장이 있었고, 다른 한 봉투에는 언문도 아니고 진서(眞書, 한문)도 아닌 삐뚤빼뚤한 글 여섯 장이 있었습니다. 그러므로 전과 같이 굳게 봉해 올리

送搜覓之地 七名依前執留云

推來書封之六張書一張圖 上送于備邊司一處 未推之書 期於搜得 執留彼人 姑爲留置 以俟更爲搜納之意 一體申飭

12. 『承政院日記』丙午 五月 三十日

敦仁曰 罪人金大建事 誠一變怪 邪術之尙不寢熄 凶徒之去益醞釀 固已駭惋 而如無周旋嚮導之漢 主張容接之類 豈可使異國萬里之蹤 無難犯越 多年潛伏於輦轂之下 以至遍覽諸道 付書唐船 若是之全無顧忌乎 雖以海查觀之 大建之恃頑肆毒 一直抵賴 尤萬萬痛惡

고, 체포된 여러 놈으로 하여금 다시 장연 목동에서 전한 편지를 찾도록 하면서 '만일 또 이러한 편지를 찾아 바친다면 놓아 보낼 뿐만 아니라 반드시 마땅히 훌륭한 상을 줄 것이다.'라고 꾀었습니다. 그리고 저들 2명을 역학과 함께 다시 수색할 곳으로 보내고, 7명은 전과 같이 잡아두었습니다."라고 하였습니다.

찾아온 편지 여섯 장과 지도 한 장을 비변사로 올려보냅니다. 아직 찾지 못한 편지는 기어이 찾아내도록 하고, 체포한 외국인들은 잠시 유치해 놓고 다시 찾아 바치기를 기다리라는 뜻으로 모두에게 신칙하였습니다.〉라고 하였다.

12. 『승정원일기』 병오 5월 30일 (양력 1846년 6월 23일)

(권)돈인[30]이 아뢰길 "죄인 김대건의 일은 진실로 하나의 변괴이며, 사술(邪術)을 숭상하는 일이 사그라지지 않고 흉악한 무리가 갈수록 더욱 늘어나니 참으로 놀랍고 한탄스럽습니다. 만약 주선하고 인도하는 놈과 주재하여 맞아들인 부류가 없었다면 어찌 이국만리(異國萬里)의 종적으로 어려움 없이 국경을 넘어 여러 해를 서울에서 숨어 지내고, 여러 도(道)를 두루 다니며, 중국 배에 편지를 전하고서도 이같이 전혀 거리낌이 없을 수 있겠습니까. 비록 황해도에서 조사한 것만 보더라도 대건이 완악함을 믿고 독한 성미로 한결같이 신문에 복종하지 않으니 더욱 통탄스럽고 악랄합니다.

---

30 권돈인(權敦仁, 1783~1859) : 조선 후기의 문신으로 1846년 5월(음력) 당시 영의정이었다.

而昨日海啓所推納之書札 都是洋書 固莫知其爲何辭 而初非通信於家屬 皆是往復於徒黨 況其胎入地圖 釋以諺書 則可知其稔於東俗 非止渠一人 此若不到底盤查 打破根窩 則又不知幾大建 隱漏於何地 而何樣變怪 接踵而起 寧不懍然

未知捕廳合坐 果有所端緒之次次掀露 而各別鉤覈 期於得情 俾爲蕩其藪穴 以絶根委之地 應問各人譏捕之節 終不免稽緩 捕廳事亦甚可歎 竝爲嚴飭 何如

上曰 年前洋人之獄 終未窮治 至有今日 此事極爲變怪矣 況書付地圖於唐船 誠爲叵測 嚴飭捕廳 各別究覈 期於打破根窩 可也[出擧條]

敦仁曰 此是異國人 故慮有問答之難解 定送譯官矣 金漢慣解我國言語 不必用譯舌 故譯官則還來 而傳聞金漢似是我國人物云 而

어제 황해 감영 장계에 찾아 납부한 서찰은 모두 서양 편지로 참으로 무슨 말인지 알지 못하겠으나 애초부터 집안 식구에게 소식을 전한 것이 아니라, 모두 도당(徒黨)과 주고받은 것입니다. 하물며 편지 안에 들어 있는 지도를 언문으로 풀었으니 그가 우리나라 풍속에 익숙하다는 것을 알 수 있습니다. 그 한 사람에 그치지 않으므로 만약 바닥까지 조사하여 근거지를 타파하지 않으면 또 얼마나 되는 대건과 같은 자가 어느 땅에 숨어들지, 어느 모양의 변괴가 연이어 일어날지 알 수 없으니 어찌 두렵지 않겠습니까.

포도청에서 합좌하여 과연 단서가 차차 드러나게 될지 아직은 모르지만, 각별히 조사하여 기어코 실정을 얻어내 (그로) 하여금 그 늪 구덩이를 허물어 뿌리가 끊어지게 할 것입니다. 응당 각 사람을 문초하여 기찰하고 체포하는 절차는 끝내 지체됨을 면치 못하였으니 포도청의 일 또한 매우 탄식할 만합니다. 아울러 엄히 신칙하는 것이 어떻겠습니까."

임금께서 이르시길, "몇 해 전 서양인의 옥사[31]를 끝내 다 다스리지 못하여 오늘날 이러한 일이 있게 되었으니 대단한 변괴이다. 하물며 중국 배에 지도를 써 보낸 것은 진실로 헤아리기가 어렵다. 포도청에 엄히 신칙하여 각별하게 속속들이 조사하여 기어코 근거지를 타파하도록 하는 것이 좋겠다."고 하였다. [거행조건(擧行條件)[32]을 내었다.][33]

(권)돈인이 아뢰길 "이는 외국인이므로 문답에 어려움이 있을까 염려되어 역관을 정해 보냈습니다. 김가가 우리나라 말을 잘 알아 통역이 필요 없

31　기해박해 때 프랑스 선교사인 앵베르(L. Imbert, 范世亨) 주교, 모방(P. Maubant, 羅伯多祿), 샤스탕(J.H. Chastan, 鄭牙各伯) 신부를 체포하여 처형한 사실을 말한다.

32　연석에서 국왕과 신하가 논의한 내용 중 장차 거행할 사안을 연석이 파한 후에 승정원의 주서가 정서(正書)하여 입계(入啓)하는 문서.

33　거행조건을 낸 앞의 내용은 시간 순서상 뒤에 이어지는 내용의 뒷부분인 것으로 보인다. 이후 『일성록』(5월 30일 자)에 기록할 때는 그 순서를 바로잡은 것을 확인할 수 있다.

此說亦未可的然矣 上曰 果未可準信 而年前洋人三漢出來之時 未知無我國人之入去者否也

上曰 地圖中山名 以諺書懸之 此必是洋人之亦解我國諺書矣 敦仁曰 金漢旣慣我國之言語 則亦必知我國諺文 而其旁又有眞書懸之者矣 上曰 果有眞書旁懸者矣

上曰 此漢旣似我國人 則何以交通唐船乎 敦仁曰 年前洋獄 旣有眞吉夏相輩 脈絡相連 則此亦安知無窩窟之相通者乎 上曰 其時非但我國人之入去 洋漢亦有出來還入者云矣

13. 『備邊司謄錄』丙午 五月 三十日

今五月三十日 大臣備局堂上引見入侍時 領議政權所啓 罪人

었으므로 역관은 돌아갔습니다. 전해 듣기를 김가가 우리나라 사람과 비슷하다고 하는데 이 말 또한 꼭 그러한 것은 아닙니다." 임금께서 말씀하시길 "과연 그대로 믿을 만한 것은 아니다. 몇 해 전에 서양인 세 놈이 나왔을 때 우리나라 사람으로 들어간 자가 있는지 없는지 알지 못하였다." 하였다.

임금께서 말씀하시길 "지도에 있는 산 이름을 언문으로 단 것은 필시 서양인 또한 우리나라 언문을 이해하고 있는 것이다." 하니, 돈인이 아뢰길 "김가가 이미 우리나라 말에 익숙하니 또한 반드시 우리나라 언문도 알 것입니다. 그 옆에는 또한 한문도 달려 있습니다."라고 하였다. 임금께서 "과연 한문이 옆에 달려 있구나." 하였다.

임금께서 말씀하시길 "이놈이 이미 우리나라 사람과 비슷한데, 무엇 때문에 중국 배와 소식을 주고받는가." 돈인이 아뢰길 "몇 해 전에 서양인 옥사에 이미 (유)진길,[34] (정)하상[35] 무리와 연락하며 서로 이어져 있었으니 이 또한 어찌 소굴과 서로 통하는 자가 없다고 할 수 있겠습니까." 하니, 임금께서 이르시길 "그때에는 비단 우리나라 사람이 들어갔을 뿐만 아니라 서양인 또한 들어왔다가 돌아간 자가 있었다고 한다."라고 하였다.

13. 『비변사등록』 병오 5월 30일 (양력 1846년 6월 23일)

금 5월 30일 대신과 비국당상(備局堂上)을 불러 입시하였을 때, 영의정

---

[34] 유진길(劉進吉, 아우구스티노, 1791~1839) : 성인. 역관 출신으로 정하상 등과 함께 북경에 왕래하였고, 유방제, 모방, 샤스탕 신부, 앵베르 주교를 조선으로 인도하였다. 1839년 9월 22일(음 8월 15일) 서소문 밖 형장에서 순교하였다.

[35] 정하상(丁夏祥, 바오로, 1795~1839) : 성인. 조선 교회의 밀사가 되어 유진길 등과 함께 활동하였다. 1839년 9월 22일(음력 8월 15일) 서소문 밖 형장에서 순교하였다.

金大建事 誠一變怪 邪術之尙不寢熄 凶徒之去益醞釀 固已駭惋 而如無周旋嚮導之漢 主張容接之類 豈可異國萬里之蹤 無難犯越 多年潛伏於輦轂之下 以至遍覽諸道 付書唐船 若是之全無顧忌乎 雖以海査觀之 大建之恃頑肆毒 一直抵賴 尤萬萬痛惡

而昨日海啓所推納之書札 都是洋書 固莫知爲何辭 而初非通信於家屬 皆是往復於徒黨 況其胎入地圖 釋以諺書 則可知其稔於東俗 非止渠一人 此若不到底盤査 打破根窩 則又不知幾大建 隱漏於何地 而何樣變怪 接踵而起 寧不凜然

未知捕廳合坐 果有所端緖之次次掀露 而各別鉤覈 期於得情 俾爲蕩其藪穴 以絶根委之地 應問各人譏捕之節 終不免稽緩 捕廳事亦甚可歎 竝爲嚴飭 何如

上曰 年前洋人之獄 終未窮治 至有今日此事 極爲變怪矣 況書付地圖於唐船 誠爲叵測 嚴飭捕廳 各別究覈 期於打破根窩 可也

권(돈인)이 아뢰기를 "죄인 김대건의 일은 진실로 하나의 변괴이며, 사술을 숭상하는 일이 사그라지지 않고 흉악한 무리가 갈수록 더욱 늘어나니 참으로 놀랍고 한탄스럽습니다. 만약 주선하고 인도하는 놈과 주재하여 맞아들인 부류가 없었다면 어찌 이국만리의 종적으로 어려움 없이 국경을 넘어 여러 해를 서울에 숨어 지내고, 여러 도(道)를 두루 다니며, 중국 배에 편지를 전하고서도 이같이 전혀 거리낌이 없을 수 있겠습니까. 비록 황해도에서 조사한 것만 보더라도 대건이 완악함을 믿고 독한 성미로 한결같이 신문에 복종하지 않으니 너무 통탄스럽고 악랄합니다.

어제 황해 감영 장계에 찾아 납부한 서찰은 모두 서양 편지로 참으로 무슨 말인지 알지 못하겠으나, 애초부터 집안 식구들에게 소식을 전한 것이 아니라 모두 도당과 주고받은 것입니다. 하물며 편지 안에 들어 있는 지도를 언문으로 풀었으니 그가 우리나라 풍속에 익숙하다는 것을 알 수 있습니다. 그 한 사람에 그치지 않으므로 만약 바닥까지 조사하여 근거지를 타파하지 않으면 또 얼마나 되는 대건과 같은 자가 어느 땅에 숨어들지, 어느 모양의 변괴가 연이어 일어날지 알 수 없으니 어찌 두렵지 않겠습니까.

포도청에서 합좌하여 과연 단서가 차차 드러나게 될지 아직 모르지만, 각별히 조사하여 기어코 실정을 얻어내 (그로) 하여금 그 늪 구덩이를 허물어 뿌리가 끊어지게 할 것입니다. 응당 각 사람을 문초하여 기찰하고 체포하는 절차는 끝내 지체됨을 면치 못하여 포도청의 일도 매우 탄식할 만하니 아울러 엄히 신칙하는 것이 어떻겠습니까."

임금께서 이르시길, "몇 해 전 서양인의 옥사를 끝내 다 다스리지 못하여 오늘날 이러한 일이 있게 되었으니 대단한 변괴이다. 하물며 중국 배에 지도를 써 보낸 것은 진실로 헤아리기 어렵다. 포도청에 엄히 신칙하여 각별하게 속속들이 조사하여 기어코 근거지를 타파하도록 하는 것이 좋겠다."라고 하였다.

14. 『日省錄』 丙午 五月 三十日

1) 行次對于重熙堂
領議政權敦仁曰 此是異國人 故慮有問答之難解 定送譯官矣 金漢慣解我國言語 不必用譯舌 故譯官則還來 而傳聞金漢似是我國人物云 而此說亦未可的然矣 予曰 果未可準信 而年前洋人三漢出來之時 未知無我國人之入去者否也

予曰 地圖中 山名以諺書懸之 此必是洋人之亦解我國諺書矣 敦仁曰 金漢旣慣我國之言語 則亦必知我國諺文 而其旁又有眞書懸之者矣 予曰 果有眞書旁懸者矣

予曰 此漢旣似我國人 則何以交通唐船乎 敦仁曰 年前洋獄 旣有眞(進)吉夏相輩脈絡相連 則此亦安知無窩窟之相通者乎 予曰 其時非但我國人之入去 洋漢亦有出來還入者云矣

2) 嚴飭捕廳 究覈罪人金大建
領議政權敦仁啓言 罪人金大建事 誠一變怪 邪術之尙不寢熄 凶徒之去益醞釀 固已駭惋 而如無嚮導容接之類 豈可使異國萬里之

14. 『일성록』 병오 5월 30일 (양력 1846년 6월 23일)

1) 중희당(重熙堂)에 나가 차대(次對)를 행하였다.

영의정 권돈인이 아뢰기를, "이는 외국인이므로 문답에 난해한 점이 있을까 염려하여 역관을 정해 보냈는데, 김가가 우리나라의 언어를 잘 알아서 통역해 말할 필요가 없으므로 역관이 돌아왔습니다. 전해 듣건대 김가는 우리나라 사람과 유사하다고 하는데, 그 말 또한 꼭 그러한 것은 아니라고 합니다."라고 하니, 내가 이르기를, "과연 그대로 믿을 것은 아니다. 전에 서양인 3명이 나왔을 때는 우리나라 사람으로 들어간 자가 있는지 없는지 알지 못하였다."라고 하였다.

내가 이르기를, "지도 가운데 산 이름을 언문으로 써서 단 것은 필시 서양인 또한 우리나라의 언문을 이해하고 있는 것이다."라고 하니, 돈인이 아뢰기를, "김가가 이미 우리나라의 언어에 익숙하니 또한 반드시 우리나라의 언문을 알 것입니다. 그 곁에는 또 진서(眞書, 한문)가 달려 있습니다."라고 하니, 내가 이르기를, "과연 한문이 곁에 달려 있다."라고 하였다.

내가 이르기를, "이자가 이미 우리나라 사람과 유사한데, 어찌 중국 배와 상통하였느냐?"라고 하니, 돈인이 아뢰기를, "전에 서양인 옥사에 이미 (유)진길, (정)하상 무리가 서로 통하고 연결된 적이 있었으니, 이 또한 어찌 소굴이 되어 상통한 자가 없다고 이해하겠습니까."라고 하여, 내가 이르기를, "그때에는 단지 우리나라 사람이 들어갔을 뿐만 아니라 서양인이 또 들어왔다가 돌아간 자가 있었다고 한다."라고 하였다.

2) 포도청에 엄히 신칙하여 죄인 김대건을 핵실하라고 하였다.

영의정 권돈인이 아뢰기를, "죄인 김대건의 일은 실로 하나의 변괴라. 사악한 술수를 숭상하는 일이 아직 사라지지 않고, 흉악한 무리가 갈수록

蹤 無難犯越 多年潛伏於輦轂之下 以至遍覽諸道 付書唐船 若是無顧忌乎 雖以海査觀之 大建之恃頑肆 毒一直抵賴

所推書札 都是洋書 莫知爲何辭 而初非通信於家屬 皆是往復於徒黨 況其胎入地圖 釋以諺書 可知其稔於東俗 若不到底盤查 打破根窩 則又不知幾大建隱漏於何地 寧不懍然

未知捕廳合坐 果有端緖之掀露 而應問各人 譏捕之節 終不免稽緩 請竝嚴飭

敎以年前洋人之獄 終未窮治 至有今日此事 極爲變怪矣 況書付地圖於唐船 誠爲叵測 嚴飭捕廳 各別究覈 期於打破根窩

15. 『右捕廳謄錄』丙午 閏五月 初一日

昨日備局堂上引見入侍時 領議政權所啓 罪人金大建事 誠一變怪 邪術之尙不寢熄 凶徒之去益醞釀 固已駭惋 而如無周旋嚮應之

더욱 자라나니 진실로 해괴하고도 한탄스럽습니다. 만일 이끌어 들여 용이하게 안접케 한 무리가 없다면, 어찌 이국만리에서 온 족적으로 하여금 어려움 없이 국경을 넘어와서 여러 해를 서울에서 잠복하고, 여러 도를 유람하고, 중국 배에 편지를 전하고도 이와 같이 거리낌이 없을 수 있겠습니까. 비록 황해도에서 조사한 것으로 보더라도 (김)대건은 완악함을 믿고 독한 성미로 한결같이 신문에 복종하지 않았습니다.

찾아온 서찰은 모두 서양 편지로 어떤 말인지 알지 못하겠으나, 애초부터 집안 식구에게 소식을 전한 것이 아니라 모두 도당과 왕복한 것입니다. 하물며 편지 안에 들어 있는 지도를 언문으로 해석하였으니, 그가 우리나라의 습속에 익숙하다는 것을 알겠습니다. 만일 근저까지 조사하여 근본 소굴을 타파하지 않는다면 또 얼마나 되는 대건 같은 자가 어느 땅에 숨어들지 알 수 없으니, 어찌 두렵지 않겠습니까?

포도청에서 합좌한 것에서 과연 단서가 드러날지는 아직 모르지만, 응당 그들 각자를 문초하고 기찰하여 체포하는 절차는 끝내 지체됨을 면하지 못하였습니다. 청컨대 아울러 엄히 신칙하옵소서.

전교하기를, "앞서 있었던 서양인의 옥사를 끝내 철저히 다스리지 못하여 금일에 이러한 일이 있게 된 것은 대단한 변괴인데, 하물며 중국 배에 편지와 지도를 전한 것은 진실로 헤아리기가 구구하다. 포도청에 엄히 신칙하여 각별히 핵실하고 기어이 근본 소굴을 타파하도록 하라."고 하였다.

15. 『우포청등록』 병오 윤5월 초1일 (양력 1846년 6월 24일)

어제 비국당상을 불러들여 입시하였을 때, 영의정 권(돈인)이 아뢰기를 "죄인 김대건의 일은 진실로 하나의 변괴입니다. 사술을 숭상하는 것

漢 主張容接之類 豈可使異國萬里之蹤 無難犯越 多年潛伏於輦轂
之下 以至遍覽諸道 付書唐船 若是之全無顧忌乎 雖以海查觀之 大
建之悖頑肆毒 一直抵賴 尤萬萬痛惡

而昨日海啓所推納之書札 都是洋書 固莫知爲何辭 而初非通信
於家屬 皆是往復於徒黨 況其胎入地圖 釋以諺書 則可知其稔於東
俗 非止渠一人 此若不到底盤查 打破根窩 則又不知幾大建 隱漏於
何地 而何樣變怪 接踵而起 寧不凜然

未知捕廳合坐 果有所端緒之次次掀露 而各別鉤覈 期於得情 俾
爲蕩其藪穴 以絶根委之地 應問各人譏捕之節 終不免稽緩 捕廳事
亦甚可歎 竝爲嚴飭 何如

上曰 年前洋人之獄 終未窮治 至有今日此事 極爲變怪矣 況書付
地圖於唐船 誠爲叵測 嚴飭捕廳 各別究覈 期於打破根窩 可也

이 사그라지지 않고 흉악한 무리가 더욱 늘어나 다른 생각을 은밀히 품으니 진실로 놀랍고 개탄스럽습니다. 만약 주선하고 향응하는 놈과 주재하여 맞아들인 부류가 없었다면, 어찌 이국만리의 종적으로 어려움 없이 국경을 넘어 여러 해를 서울에 숨어 지내고, 여러 도를 두루 다니며, 중국 배에 편지를 부치고서 이같이 전혀 거리낌이 없을 수 있겠습니까. 비록 황해 감영에서 조사한 것을 보더라도 대건의 완악함과 독한 성미로 하나같이 신문에 복종하지 않으니 더욱 통탄스럽고 악랄합니다.

어제 황해 감영이 찾아 바친 편지는 모두 서양의 글로, 진실로 무슨 말인지 알 수 없으나 처음부터 가족에게 소식을 전한 것이 아니라 모두 도당과 주고받은 것입니다. 하물며 편지에 들어 있는 지도는 언문으로 풀었으니 우리나라 풍속에 익숙하다는 것을 알 수 있습니다. 그 한 사람에 그치지 않으니 만약 바닥까지 조사하여 근거지를 깨부수지 않으면 다시 몇 명의 대건이 어느 땅에 숨어들지, 어느 모양의 변괴가 연이어 일어날지 알 수 없으니 어찌 두렵지 않겠습니까.

포도청에서 합좌하여 과연 단서가 차차 드러나게 될지 아직 알 수 없지만 각별히 조사하여 기어코 사정을 밝혀내 (그로) 하여금 그 늪 구덩이를 허물어 뿌리가 끊어지게 할 것입니다. 응당 각 사람을 문초하여 기포(譏捕)하는 절차가 끝내 지체됨을 면치 못하였으니 포도청의 일 또한 매우 한탄스럽습니다. 아울러 엄히 신칙하심이 어떠하십니까."

임금께서 이르시길 "몇 해 전 서양인의 옥사를 끝내 철저히 다스리지 못하여 오늘날 이런 일이 있게 되었으니 엄청난 변괴이다. 하물며 중국 배에 편지와 지도를 부친 일은 진실로 헤아리기가 어렵다. 포청에 엄히 신칙하여 각별히 자세하게 조사하여 기어코 근거지를 타파하도록 하는 것이 좋겠다."라고 하였다.

1. 『日省錄』丙午 五月 三十日

　左右捕廳 以邪學罪人金大建等供初 啓
　該廳啓言 黃海監營上來罪人金大建林成龍嚴秀林君執金重秀等 合坐究問取招 在逃李哥 多歧詗探 則其三寸叔基元 以年前背敎之人 居在永宗地云 故發遣譏校捉來 亦爲查問取招

　1) 大建初招 以爲渠本以大國廣東省吳門縣人 姓于名大建 學習天主學 旣長欲遊翫列國山川 自湘江船行 到遼東下陸周覽

　甲辰十一月 轉往柵門 幻着朝鮮衣服 自鴨綠江合氷處出來 乙巳八月 入京城逗遛各處 今四月 出麻浦江 則林成龍持商船往海西 故厚給船價登船 至海州延平島 因往蘇江 則胡船五六隻來到 故裁札付之還泊登山 該鎭將執捉渠所騎船隻 言詰起鬧 至於被捉 而當初出來 別無率引伴行者 上京亦無住着處云

다. 포도청에서의 1·2차 문초

1. 『일성록』병오 5월 30일 (양력 1846년 6월 23일)

좌우 포도청에서 천주교 죄인 김대건 등의 공초를 아뢰었다.

해당 포도청에서 아뢰기를, 〈황해 감영에서 올라온 죄인 김대건, 임성룡, 엄수, 임군집, 김중수 등을 합좌하여 캐어묻고 취초하여 도망한 이가(李哥, 즉 이의창)를 여러 방향에서 정탐하였는데, 그 삼촌 숙부 (이)기원(李基元)[36]이 몇 해 전에 배교한 사람으로 영종(永宗) 땅에 살고 있다고 하므로 기찰포교를 보내 잡아다가 또한 조사해 묻고 취초하였습니다.

1) 대건의 첫 번째 공초에서 "저는 본래 중국 광동성 오문현(즉 마카오) 사람으로 성은 우(于)이고, 이름은 대건(大建)이며, 천주학을 학습하였습니다. 장성한 뒤 여러 나라의 산천을 유람하고자 하여 상강(湘江)에서 배를 타고 가서 요동에 도착한 뒤 하륙하여 두루 구경하였습니다.

갑진년(1844) 11월에는 책문으로 옮겨 가서 조선 의복으로 바꾸어 입었고, 압록강의 얼음이 얼어붙은 곳을 통해 나와서 을사년(1845) 8월에 서울로 들어와 각처에 머물다가 올 4월에 마포강으로 나갔는데, 임성룡이 상선을 가지고 황해도로 가므로 뱃삯을 후하게 주고 배에 올라 해주 연평도로 갔습니다. 이곳에서 소강(蘇江)으로 가니 중국 배 5~6척이 와

---

36 이기원(李基元, 마티아, 1794~1868) : 이승훈(李承薰, 베드로)의 아들로, 1839년의 기해박해 때 체포되었다가 석방된 후 1856년 3월 이후에는 이신규(李身逵)로 개명하였다. 그의 조카가 이재용(즉 이재의)이었는데, 당시 조정에서는 이재용을 도망간 이의창으로 잘못 파악하고 있었다.

2) 再招 以爲渠姓于哥本是稀姓 而金姓繁盛於朝鮮國云 故變姓以金云

3) 三招 以爲渠出來之時 藏蹤秘跡 豈有率引者 而轉向京城 四顧無親 住着於何處乎 果有如干銀兩 故備作行資 而諺冊及錦片所畫人物與心像 卽敬奉天主之意云

4) 四招 以爲渠嚴威之下 安敢一直掩諱乎 若辟左右 而使渠從容納告 則前後顚末 當從實陳告云

5) 五招 以爲以渠事或有蔓延者 勿爲捕捉 亦勿傷命之意書給 則當箇箇直告云

6) 六招 以爲渠本非他國人 卽朝鮮龍仁地胎生 姓金名再福 渠父

있었으므로 편지를 가지고 가서 부치고 등산(登山)으로 돌아와 정박했는데, 그곳 진장이 제가 타고 있던 배를 압류하기에 힐난하다가 소란이 일어나 체포되었습니다. 처음 (이 나라에) 나왔을 때 특별히 이끌어 인도하거나 함께 다닌 사람은 없었으며, 상경해서도 일정한 거처는 없었습니다."라고 하였습니다.

2) 두 번째 공초에서, "저의 성은 우가로 본래 드문 성씨인데, 김씨가 조선에서 흔하다고 하므로 김씨로 변성하였습니다."라고 하였습니다.

3) 세 번째 공초에서, "제가 (이 나라에) 나올 때 종적을 비밀히 감추었는데, 어찌 이끌어 인도한 사람이 있었겠으며, 서울로 옮겨 갔으나 사고무친(四顧無親, 사방을 돌아보아도 친척이 없음)한데 어느 곳에 일정한 거처를 두었겠습니까? 과연 약간의 은냥이 있었으므로 노자로 썼으며, 언문 책자 및 비단 조각에 그린 인물과 (예수 성)심상은 천주를 공경하여 봉행하는 뜻입니다."라고 하였습니다.

4) 네 번째 공초에서. "제가 엄한 위엄 아래서 어찌 감히 한결같이 숨기겠습니까? 만일 좌우를 물리치고 저에게 조용히 진술하도록 하신다면 전후의 전말을 마땅히 사실대로 모두 고하겠습니다."라고 하였습니다.

5) 다섯 번째 공초에서, "제 일에 혹 연루된 자가 있다고 해도 체포하지 말도록 하고 또한 목숨을 해치지 말도록 한다는 뜻으로 글을 써 주신다면 마땅히 낱낱이 직고하겠습니다."라고 하였습니다.

6) 여섯 번째 공초에서, "저는 본래 외국인이 아니고 조선의 용인(龍

粗解洋敎之致 自西洋出來之羅神父 欲以弟子率渠云矣 十五歲 洋人劉哥及馬頭趙信喆 率渠及果川崔永煥之子良業洪州崔漢之之子方濟 去于柵門入送中國

　　方濟病死 渠往在廣東吳門河哥家 學習景敎 因佛浪西亞國人李哥之指導 轉往小西洋講習 亦解方語至爲通官 而渠故國思慕之心 日復

㈡ 땅 태생으로,[37] 성은 '김(金)'이고, 이름은 '재복(再福)'입니다. 제 부친께서는 천주교를 조금 이해하셨으며, 서양에서 나온 나(羅) 신부(즉 모방 신부)께서 제자로 저를 데려가고자 한다고 하셨습니다. 그래서 15세 때 서양인 유가(劉哥, 즉 유방제 신부)[38] 및 마두(馬頭) 조신철(趙信喆)[39]이 저와 과천(果川) 최영환(崔永煥)[40]의 아들 양업(良業, 즉 최양업 신부), 홍주(洪州) 최(崔, 즉 최인호)라는 사람의 아들 방제(方濟)를 데리고 책문으로 가서 중국에 들여보냈습니다.

(최)방제는 병사하였고, 저는 광동 마카오에 있는 하가(河哥)의 집으로 가서 경교(景敎)[41]를 배웠으며, 프랑스 사람 이가(李哥)[42]의 지도에 따라 소

---

[37] 김대건 신부는 솔뫼(충남 당진군 우강면 송산리)에서 태어나 서울 청파(靑坡), 용인 한덕동(寒德洞 또는 閑德洞, 경기도 용인시 처인구 이동면 묵4리)을 거쳐 골배마실(경기도 용인시 처인구 양지면 남곡리)로 이주하였는데, 여기에서 말하는 용인은 그가 자라던 '골배마실'을 말한 것으로 생각된다.

[38] 유방제(劉方濟, 파치피코, 1795~1854) : 조선에 입국한 두 번째 중국인 신부. 본명은 여항덕(余恒德)이나, 조선 신자들에게는 유방제 신부로 더 알려졌다. 1834년 1월 3일 조선에 입국하여 만 3년간 활동하다가 1836년 12월 3일에 김대건, 최양업, 최방제 세 신학생을 마카오로 유학 보낼 때 중국으로 돌아갔다. 중국으로 돌아간 후 자신의 연고지인 섬서(陝西)·산서(山西) 대목구에서 사목하다가 1854년에 선종하였다.

[39] 조신철(趙信喆, 가롤로, 1795~1839) : 성인. 조선 교회의 밀사로 성직자 영입에 노력하다가 1839년 9월 26일(음 8월 19일) 서소문 밖 형장에서 순교하였다. 여기에서 조신철을 '마두'라고 한 이유는 그가 마부로 북경을 왕래하였기 때문이다.

[40] 최영환(崔永煥, 프란치스코, 1805~1839) : 성인. 최양업 신부의 부친. 관명은 경환(京煥). 보명은 영눌(榮訥). 수리산 뒤뜸이(현 안양시 만안구 안양9동의 담배촌)의 회장. 충청도 청양 다락골 새터에서 태어났고, 1838년경 뒤뜸이에 정착하였다. 이곳에서 장남 최양업을 신학생으로 보낸 그는 뒤뜸이를 교우촌으로 일구고 생활하던 중 기해박해 때 가족, 마을 사람들과 함께 체포되어 1839년 9월 12일(음력 8월 5일)에 서울에서 옥사로 순교하였다.

[41] 본래 당(唐)나라 때 중국에 전래된 그리스도교의 일파인 네스토리우스교(Nestorianism)를 가리키는 용어였다. 16세기 말, 중국에 천주교가 전파되기 시작할 무렵 중국의 지식인들은 이를 '경교'의 일파로 인식하였고, 이것이 그대로 조선에 전해져 조선 후기의 지식인들도 천주교를 경교에 비유하곤 하였다. 그러므로 위의 관찬 기록에서도 이를 따른 것 같다. 다만 본 자료집에서는 이해에 필요한 경우를 제외하고는 모두 '천주교'로 번역하였다.

[42] 김대건의 스승 신부였던 리브와(N. Libois, 李莫瓦, 1805~1872) 신부로 추정된다. 리브와 신부는 파리 외방전교회 선교사로, 1837년 파리 외방전교회의 마카오 대표부에 도착하여

益深 壬寅十一月 幻着衣服 潛到義州 則人皆疑惑 故不得已還入

癸卯十一月 又潛渡鴨綠江到義州 逢京居李哥於炭幕 仍爲作伴 上京 則李哥本無家舍 故渠以所持銀子 買家於石井洞 渠亦住接而衣食者 今四年云

7) 七招 以爲渠出來四年 潛踪隱身 未暇往渠家 渠母之存沒 果未聞知 渠入去時 同往果川崔哥之子 各散居接 不知所在處云

서양(小西洋)[43]으로 옮겨 가서 강습하였는데, 또 방언을 해득하여 통역관이 되기에 이르렀습니다. 제가 고국을 사모하는 마음이 날로 더 깊어지게 되어 임인년(1842) 11월에 의복을 갈아입고 몰래 의주에 이르렀지만, 사람들이 모두 의심하였으므로 부득이하게 되돌아갔습니다.

계묘년(1843) 11월[44]에 또 몰래 압록강을 건너 의주에 도착하여 서울 사는 이가(즉 이의창)를 탄막(炭幕)에서 만나 길동무 삼아 상경하였습니다. 그런데 이가가 본래 집이 없었으므로 제가 가지고 있던 은자로 석정동(石井洞, 즉 돌우물골)에 집을 샀으며, 저 또한 그곳에 거처하면서 입고 먹은 지가 이제 4년이 되었습니다."라고 하였습니다.

7) 일곱 번째 공초에서 "저는 나온 지가 4년이 되었지만, 자취를 감추고 몸을 숨겨 저희 집에 갈 겨를이 없었으니, 제 모친(고 우르술라)께서 살아 계신지 돌아가셨는지는 과연 아직까지 들어 알지 못합니다. 제가 (중국에) 들어갈 때 함께 간 과천 최가의 아들(즉 최양업 신부)은 각각 헤어져 생활하였으므로 있는 곳을 알지 못합니다."라고 하였습니다.

활동하였고, 1842년에는 대표부 대표(procureur)로 임명되었다. 신학생인 김대건과 최양업에게 라틴어, 교리 등을 가르치기도 했다.

[43] 전통시대 '소서양'은 바다를 지칭할 때에는 주로 오늘날의 '인도양(印度洋)'을 가리키는 의미로 사용되었다. 지역명으로는 오늘날의 인도나 동남아시아 섬 지역 중 주로 믈라카(Melaka)해협 서쪽을 가리키는데, 종종 이 지역을 점거한 유럽 세력을 가리키는 용어로도 쓰였다. 여기에서는 정황상 김대건 신부가 피신했던 '필리핀의 마닐라'를 말한 것으로 판단된다.

[44] 김대건 신부가 부제로 있을 당시 세 번째로 귀국한 사실을 말한 것으로 생각되는데, 그 시기는 1845년 1월 1일(음력 1844년 11월 23일)이었다.

8) 八招 以爲渠往在吳門河哥家多年 不無戀慕之心 送札探問安否 別無他事 山川圖畵 渠粗解畵法 故歷路果爲畵出 而亦景敎人之例習云

9) 九招 以爲渠之學以不告他人爲法誡 雖有敎友 不忍陳告 況無傳學處 豈有他敎友乎 別無可告云

10) 十招 以爲渠雖與李哥四年同居 不問其名字與來歷云

11) 十一招 以爲渠在登山浦時 李哥及沙工盧哥 先爲上去 而渠卽被捉 則李哥必當知機逃躱 至於恩津具順五 渠以敎友曾所親知 而廣設商業家頗豐足 故渠之如干錢逢授於具哥處 使林成龍推用云

12) 李基元招辭 以爲渠父名承薰 伏法於辛酉邪獄 渠侄之名在容字仲溫 渠兄八元之子也 流離京鄕 不得相面者今爲三年 異國人

8) 여덟 번째 공초에서 "제가 마카오 하가의 집에 가서 머문 지 여러 해가 되었으니, 그리운 마음이 없지 않아서 서찰을 보내 안부를 알아보려고 한 것이지, 특별히 다른 일은 없습니다. 산천을 그린 그림은 제가 약간 그림 그리는 법을 알았으므로 지나는 길에 과연 그림을 그려 냈는데, (이는) 천주교 하는 사람들의 습관입니다."라고 하였습니다.

9) 아홉 번째 공초에서 "저의 (천주)학에서는 다른 사람을 밀고하지 않는 것을 법계(法誡)로 삼고 있으니, 비록 교우가 있다 하더라도 차마 털어놓을 수 없습니다. 하물며 (천주)학을 전한 곳이 없는데, 어찌 다른 교우가 있겠습니까? 특별히 아뢸 것이 없습니다."라고 하였습니다.

10) 열 번째 공초에서 "저는 비록 이가와 4년을 함께 살았지만, 그 이름과 내력을 물어보지는 않았습니다."라고 하였습니다.

11) 열한 번째 공초에서 "제가 등산포에 있을 때, 이가와 사공 노가(盧哥, 즉 노언익)는 먼저 (서울로) 올라갔고 저는 체포되었으니, 이가가 반드시 기미를 알아채고 도피한 것입니다. 은진(恩津)의 구순오(具順五)는 제가 교우로서 일찍이 친하게 알았는데, 장사를 널리 벌여 집안이 자못 풍족하였으므로 제가 약간의 돈을 구가에게 맡겨 두고 임성룡으로 하여금 찾아 쓰게 하였습니다."라고 하였습니다.

12) 이기원(李基元, 즉 이신규)의 첫 번째 공초에서 "제 부친의 이름은 (이)승훈(李承薰)[45]인데, 신유사옥(辛酉邪獄)에 참수되었습니다. 제 조카의

---

[45] 이승훈(李承薰, 베드로, 1756~1801) : 호는 만천(蔓川). 1783년 겨울, 연행사(燕行使)의 서

率接等事 全然不知

渠己亥年背敎之後 下往永宗 以童蒙訓學資生 而搜來之冊子與物件 果是傳世之物 不能消滅藏置家中 安敢免向學之罪乎 有死而已云

金大建 初以中國廣東居生納招 終焉以我國龍仁胎生 隨入洋人 解得方語 而思慕故國 獨自出來納告 渠果是龍仁胎生 則卽金濟俊之子也 濟俊亦爲伏法 究其來歷 罪犯置于何辟

李在容 以辛酉邪魁承薰之種落 其所脉絡及於異類 不可晷刻容息 而竟致漏網 不勝惶悶 李基元與在容叔侄之間 則其去處必當知之 故多般詰問 一直抵賴 誠甚痛惋 姑爲嚴囚 以待在容之就捕 依律處斷

이름은 재용(在容, 즉 이재의)이고 자는 중온(仲溫)인데, 저의 형 팔원(八元)의 아들이온바, 서울과 지방을 떠돌아다녀 서로 만나지 못한 지가 이제 3년이 됩니다. 외국인을 이끌어 들여 거처케 한 등의 일은 전혀 모릅니다.

저는 기해년(1839)에 배교한 뒤로 영종(永宗)으로 내려가서 아이들을 가르치며 생활하였습니다. 수색해 온 (천주교) 책자와 물건은 과연 대대로 전해 오는 물건이므로 없앨 수 없어서 집안에 보관하였던 것이니, 어찌 감히 (천주)학을 흠모한 죄를 면하겠습니까? 죽음이 있을 따름입니다."라고 하였습니다.

(포도청에서 아뢰기를) 김대건은 처음에 중국 광동에서 살았다고 진술하였다가, 끝내는 우리나라 용인 태생으로 서양인을 따라 (중국으로) 들어가 방언을 해득하였고, 고국을 사모하여 홀로 나왔다고 진술하였습니다. 그가 과연 용인 태생이라면 곧 김제준(金濟俊)[46]의 아들입니다. 제준 역시 참수를 당하였으니, 그 내력을 궁구해 보건대 그가 지은 죄를 어느 형벌에 부치겠습니까?

이재용은 신유년의 천주교 괴수인 (이)승훈의 후손으로 그 맥락이 외국 무리에까지 미쳤으니, 한시라도 용서할 수 없는데, 필경 감시를 벗어났을 것이니 황송하고 민망함을 이기지 못하겠습니다. 이기원과 재용은 숙질 간이니, 그 거처를 반드시 알 것인데 여러 가지로 힐문하였으나 한결같이 저뢰(抵賴, 변명하며 신문에 복종하지 아니함)하니 실로 심히 통탄스

장관(書狀官) 부친을 따라 북경에 가서 선교사들을 만났고, 1784년 봄에 세례를 받았다. 귀국한 후에는 이벽(李蘗, 요한 세례자) 등과 함께 조선 천주교회를 설립하였다. 그러나 1791년의 진산사건(珍山事件) 이후 교회 활동에서 멀어졌고, 1801년의 신유박해 때 체포되어 4월 8일(음력 2월 26일) 서소문 밖 형장에서 참수되었다.

46 김제준(金濟俊, 이냐시오, 1796~1839) : 성인. 회장. 김대건 신부의 부친. 기해박해 때 체포되어 1839년 9월 26일(음 8월 19일) 서소문 밖 형장에서 순교하였다.

敎以在逃之李哥及恩津具哥 刻期譏捕 金大建之唐船付書與地圖胎送 甚是區測 必有根委 更加鉤覈得情

2. 『日省錄』丙午 閏五月 初三日

命 黃海水使李明學仍任
敎曰 本事旣係公罪 況地圖書札之還推 亦足可尙 前黃海水使李明學 拿勘分揀 特爲仍任

左右捕廳 以罪人金大建 供招啓
該廳啓言 在逃之李在容恩津具順五 別定譏校 刻期捕捉 而罪人金大建更加盤覈

1) 初招 以爲圖畵山川 別無他意 渠旣還本國 則敎友中或有願見之人 故畵出所見山川 伴札以送而已 渠敎友中 或曰 今此景敎無論

럽습니다. (이기원을) 잠시 엄히 가두어 두고 재용이 체포되는 것을 기다려 법에 따라 처단하십시오.〉하였다.

전교하기를, "도망간 이가(즉 이재용)와 은진의 구가(즉 구순오)를 기한을 정해 기찰하여 체포하도록 하라. 김대건이 중국 배에 편지와 지도를 부쳐 보낸 것은 심히 헤아리기 어렵다. 필시 근거가 있을 것이니, 다시 더 핵실하여 사정을 알아내도록 하라."고 하였다.

2. 『일성록』 병오 윤5월 3일 (양력 1846년 6월 26일)

황해 수사 이명학의 잉임(仍任)[47]을 명하였다.

전교하기를, "이번 일은 이미 공죄(公罪, 국가의 공익에 관련된 죄)에 관계되고, 하물며 지도와 편지를 다시 찾아온 일은 또한 충분히 높여 줄 만하다. 전 황해 수사 이명학을 잡아들이는 것은 형편을 보아 용서하고 특별히 잉임케 하라."고 하였다.

좌우 포도청에서 죄인 김대건의 공초를 아뢰었다.
해당 포도청에서 아뢰기를, 〈도망간 이재용, 은진 구순오는 별도로 기찰포교를 정해 기한을 정해 체포할 것이고, 죄인 김대건은 (다음과 같이) 다시 더 두루 핵실하였습니다.

1) (2차 문초) 첫 번째 공초에서 "산천을 그린 것은 특별히 다른 뜻이 없었습니다. 제가 이미 본국으로 귀국하였으니, (중국에서 알던) 교우 중

---

47 임기가 만료되었음에도 계속 그 관직에 임명함.

中國 與諸國擧皆不禁 而獨朝鮮一直嚴禁 數三船隻載書出送 期於施敎云 故渠防塞曰 雖出去 非但敎不行 必有大害 曉諭挽止

而渠還來本國之心 如矢難抑 故戊戌柵門開市時 裁書給付譯官 使之傳致朝鮮敎友 來待灣府 而壬寅初行 不逢敎友 故還爲入去 癸卯逢着李在容於灣府 同爲上來 如有他指導之人 焉敢不直告云

2) 再招 以爲書札中 蘭亭陸老相本是中國人 張老先生李老先生 佛浪西亞國人 梅老爺比如國人 此三人入居中原與渠親熟 故畵本及

에서 혹 이를 보기 원하는 사람이 있을까 하였으므로 제가 본 산천을 그려 편지와 함께 부쳤을 따름입니다. 저의 (중국) 교우 중에서 간혹 '이제 이 천주교가 중국은 말할 것도 없이 모든 나라에서 대부분 금하지 않는데, 오직 조선만이 한결같이 엄금하니, 배 3척 정도에 책을 싣고 나가 기어이 전교하겠다.'라고 하는 사람이 있으므로 제가 이를 막으며 말하기를, '비록 나온다고 해도 (천주)교를 전할 수 없을 뿐만 아니라 반드시 큰 해를 입을 것이다.'라고 하여 깨우쳐서 만류하였습니다.

저는 본국으로 돌아올 마음이 화살 같아서 억누르기 어려웠으므로, 무술년(1838)의 책문 개시(柵門開市)[48] 때 편지를 써서 역관에게 부치고, 그로 하여금 조선 교우에게 전하여 만부(灣府, 즉 의주)로 와서 기다리게 하였으며, 임인년(1842) 초에 (그곳으로) 갔으나 교우를 만나지 못하였으므로 돌아갔습니다. 계묘년(1843)에 이재용을 의주에서 만나 함께 상경하였는데, 만일 달리 인도해 준 사람이 있다면 어찌 감히 사실대로 말하지 않겠습니까?"라고 하였습니다.

2) 두 번째 공초에서 "편지 가운데 있는 난정(蘭亭) 육(陸) 어른[老相]은 본래 중국인입니다. 장(張) 노선생(老先生), 이(李) 노선생[49]은 프랑스 사람

---

[48] 이른바 외국과 조선 상인들 사이에서 이루어진 국경 무역으로서의 개시(開市) 중에서 '책문에서 열리던 개시'를 말한다. 개시 중에서 가장 먼저 이루어진 개시는 1593년(선조 26)에 의주(義州) 앞의 중강(中江, 즉 馬子臺)에서 시작된 중강 개시였는데, 이것이 1660년부터 바로 책문 후시(柵門後市)로 변경되었다. 한편 조선의 서북방 지역에서는 1637년(인조 15) 이후부터 회령 개시(會寧開市)가, 이어 경원 개시(慶源開市)가 허락되었다. 훗날 조선 천주교회에서는 이 개시가 열릴 때 밀사들을 파견함으로써 북경 교회와 연락하는 기회로 삼았다.

[49] 이 노선생(李老先生) : 상해를 떠나 요동으로 갈 때 김대건 신부와 동행했던 조선 선교사 메스트르(J.A. Maistre, 李, 1808~1857) 신부를 말한 것 같다. 메스트르 신부는 파리 외방전교회 선교사로, 1840년 파리 외방전교회의 마카오 대표부에 도착하여 부대표로서 활동했고, 신학생인 김대건과 최양업을 가르치기도 했다. 1852년 8월 조선에 입국하였고, 이듬해 페레올 주교가 선종하자 1856년 베르뇌 주교가 입국할 때까지 임시로 조선 교회를 이끌어

書札付給胡人 使之傳致 不過問安否 求資用之計 書字果是洋書中諺書云

3) 三招 以爲廣東有一景敎之人 其名范聊旺 爲渠探知我國景敎人入來 而柵門中又有進吉 往來時主人韓的爲稱者 渠癸卯冬往韓家 逢李在容與其使喚李博冟偕來 渠所持之物 分給李哥 如干金銀渠佩來 而實無他譯官指導云

4) 四招 以爲渠欲見敎友 昨年八月 與李在容林成龍同往恩津具順五家留連 林哥買得船隻 乘船同歸 故湖西山川歷歷記畵云

5) 五招 以爲渠之景敎邦禁至嚴 故不敢煩浼 別無他敎友 亦無他往來處云

이고, 매(梅) 노야(老爺, 어르신)는 비여국(比如國) 사람인데, 이들 3명이 중국에 들어와 저와 친숙하였으므로 그림과 편지를 청나라 사람에게 주어 그로 하여금 전달하도록 한 것이니, 안부를 여쭙고 비용을 구하려는 계획에 불과합니다. 글자는 과연 서양 책의 언문입니다."라고 하였습니다.

3) 세 번째 공초에서 "광동에 한 천주교인이 있었는데, 그 이름은 범요한(范聊旺)[50]으로 저를 위해 우리나라 천주교인을 탐지하러 들어왔으며, 책문 안에는 또 (유)진길이 있었고, 왕래할 때의 주인은 한가(韓哥)라고 칭하는 자입니다. 저는 계묘년 겨울에 한가의 집에 가서 이재용과 그의 심부름꾼인 이박돌(李博乭)을 만나 함께 (서울로) 왔는데, 제가 소지한 물건은 이가에게 나누어 주었고, 약간의 금은 제가 차고 왔으며, 실로 다른 역관이 가르쳐 인도한 것은 없습니다."라고 하였습니다.

4) 네 번째 공초에서 "저는 교우를 만나 보고자 작년 8월에 이재용, 임성룡과 함께 은진 구순오의 집에 가서 머물렀는데, 임가가 배를 사서 함께 배를 타고 돌아왔으므로 호서(湖西)의 산천을 역력히 기억하여 그렸습니다."라고 하였습니다.

5) 다섯 번째 공초에서 "저의 천주교를 나라에서 엄히 금하는 고로 감히 번다하게 누설하지 못하였으니, 특별히 다른 교우는 없으며, 또한 달

나갔다. 1857년 12월 20일에 선종하였다.
50 범(范) 요한 : 목평 신학교를 중퇴한 중국인으로, 사천성에서부터 앵베르 주교를 보좌했다. 앵베르 주교는 그를 류큐(琉球)의 전교회장에 추천했지만, 파견되지는 않았다. 범 요한은 조선으로 가는 페레올 주교와 동행했고, 주교의 지시에 따라 만주 대목구 지역과 조선의 국경 지역을 오가는 역할을 맡았다.

6) 六招 以爲渠雖孤踪 入彼之後 學術通熟 推之以神父 故受人敬待 周行列國 善解方語 爲列國通官 則彼人之不得忽待 可知云

7) 七招 以爲渠所告中 三隻船云云 大英佛浪國人 多居廣東 欲行商於朝鮮 而兼爲載敎出來 故渠極力挽止云

8) 八招 以爲渠之情節 如前所告而已 惟願速死云

圖畵山川之奸狀 付書唐船之隱情 屢度盤詰 終不直告 載敎三船之說 專出於要功之奸計 而但願一死 不憚刑杖 姑爲嚴囚 以待在容順五等捉來究覈

敎以姑待諸罪人就捕盤覈 而譏詗之節 刻期嚴急 毋敢一毫玩愒之地

리 왕래한 곳도 없습니다."라고 하였습니다.

 6) 여섯 번째 공초에서 "저는 비록 외로운 종적(踪跡)이지만, 다른 나라에 들어간 후 학술에 능통하여 신부로 추천되었으므로 다른 이에게 공경을 받았습니다. 여러 나라를 두루 돌아다니면서는 그 방언을 잘 이해하여 여러 나라의 통역관이 되었으니, 저들 나라 사람들이 홀대하지 못하였음은 가히 알 수 있을 것입니다."라고 하였습니다.

 7) 일곱 번째 공초에서 "제가 말씀드린 가운데 세 척의 배라고 한 것은, 대(大)영국과 프랑스 나라 사람들이 광동에 많이 사는데, 조선과 통상을 하고 아울러 교(천주교 서적)를 싣고 나가려고 하였으므로 제가 힘을 다해 만류한 것입니다."라고 하였습니다.

 8) 여덟 번째 공초에서 "저의 사정은 앞서 말씀드린 것과 같을 따름이니, 오직 빨리 죽기를 원합니다."라고 하였습니다.

 (포도청에서 아뢰기를) 산천을 그린 간교한 정황과 중국 배에 편지를 전한 은밀한 사정은 여러 번 두루 힐문하였으나 끝내 바른대로 말하지 아니하였고, '(천주)교를 실은 세 척의 배를 만류하였다는 설명'(載敎三船之說)은 오로지 공을 자랑하려는 간사한 계책입니다. 다만 한 번 죽기를 원할 뿐 형장(刑杖)을 겁내지 않는다고 하니, 잠시 엄히 가두어 두고 (이)재용, (구)순오 등이 체포되어 오기를 기다려 깊이 핵실할 것입니다.〉
 전교하기를, "잠시 모든 죄인을 체포하여 두루 핵실하기를 기다리고, 기찰 정탐의 절차는 기한을 정하여 엄하고 급히 하되, 감히 조금이라도 장난처럼 쉬는 양으로 하지 말라."고 하였다.

1. 『承政院日記』丙午 閏五月 初四日

　　備邊司言啓曰 海西道臣前啓中唐船人七名 爲其推出大建長淵所付書封而執留矣 今其書封 已爲推出 則執留唐人 決不可使之暫滯 以善言慰諭 卽地放送之意 星火知委於該道道臣

　　前後書封推出 事係莫重邊政 則其時效勞之輩 合有示意之擧 該營褊裨兪相殷特爲加資 譯學金龍男令該院論賞 將校黃吉昇賞加 其餘營邑校吏軍民輩之效力者 並自本道從優施賞之意 分付道臣何如 傳曰 允

2. 『備邊司謄錄』丙午 閏五月 四日

　　司啓曰 海西道臣前啓中 唐船人七名 爲其推出大建長淵所付書封 而執留矣 今其書封 已爲推出 則執留唐人 決不可使之暫滯 以善言慰諭 卽地放送之意 星火知委於該道道臣

라. 편지 추가 색출과 포도청에서의 3차 문초

1. 『승정원일기』 병오 윤5월 4일(양력 1846년 6월 27일)

    비변사의 말로 아뢰기를 "황해 감사가 전에 올린 장계 중에 중국 뱃사람 7명을 (김)대건이 장연에서 부친 편지를 찾기 위해 잡아 놓았다고 하였습니다. 지금 그 편지를 이미 찾아냈으니, 잡아 놓은 중국인을 결코 잠시라도 머무르게 할 수 없습니다. 좋은 말로 타일러 즉시 풀어주라는 뜻을 서둘러 해당 도(道) 관찰사에게 명령을 내려 주십시오.

    편지를 찾아낸 전후 사정은 막중한 변방의 일과 관계되니 그 당시에 힘쓴 자들 모두에게 성의를 보여주는 조치가 있어야 합니다. 해당 감영의 편비 유상은을 특별히 가자(加資, 벼슬을 올려 줌)하고, 역학 김용남은 사역원(司譯院, 통역을 담당하던 관청)에서 논하여 상을 주고, 장교 황길승은 상가(賞加)하고, 그 나머지 영읍(營邑)의 교리(校吏), 군민(軍民) 무리 중 힘쓴 자들은 아울러 본도(本道)에서 넉넉하게 상을 주라는 뜻을 관찰사에게 분부하시는 것이 어떠하십니까." 하니, 윤허하셨다.

2. 『비변사등록』 병오 윤5월 4일(양력 1846년 6월 27일)

    비변사에서 아뢰길 "황해 감사가 전에 올린 장계에 중국 뱃사람 7명을 (김)대건이 장연에서 부친 편지를 찾기 위해 잡아두었다고 하였습니다. 지금 그 편지를 이미 찾았으니 잡아둔 중국인을 결코 잠시도 머무르게 할 수 없습니다. 좋은 말로 타일러 즉시 풀어주라는 뜻을 서둘러 해당

前後書封之推出 事係莫重邊政 則其所效勞之輩 合有示意之擧 該營褊裨兪相殷 特爲加資 譯學金龍男 令該院論賞 將校黃吉昇賞加 其餘營邑校吏軍民輩之效力者 竝自本道 從優施賞之意 分付道臣 何如 答曰 允

3. 『日省錄』丙午 閏五月 初四日

　　命 海西執留唐人放送 效勞諸人施賞

　　備邊司啓言 海西道臣所啓中 唐船人七名 爲其推出大建長淵所付書封 而執留矣 今其書封已爲推出 則執留唐人 決不可使之暫滯 以善言慰諭 卽地放送之意 星火知委於該道道臣

　　前後書封之推出事 係莫重邊情 則其所效勞之輩合 有示意之擧 該營褊裨兪相殷 特爲加資 譯學金龍男 今該院論賞 將校黃吉昇 賞加 其餘營邑校吏軍民輩之効力者 竝自本道從優施賞之意 請分付道臣 允之

도 관찰사에게 명령하십시오.

편지를 찾아낸 전후 사정은 막중한 변방의 일과 관계되니 힘쓴 자들에게 모두 성의를 보여주는 조치가 있어야 할 것입니다. 해당 감영 편비 유상은에게는 특별히 가자(加資)하고, 역학 김용남에게는 사역원에서 논상하며, 장교 황길승에게는 상가(賞加)하고, 그 나머지 영읍의 교리, 군민 무리 중 힘쓴 자들에게도 아울러 본도에서 넉넉하게 상을 베풀어주라는 뜻을 관찰사에게 분부하심이 어떠하십니까." 하니, 답변하길, "윤허한다."고 하였다.

3. 『일성록』 병오 윤5월 4일 (양력 1846년 6월 27일)

황해 (감영)에 억류해 놓은 중국인은 방송하고, 일에 힘쓴 모든 사람에게 상을 주라고 명하였다.

비변사에서 아뢰기를, "황해 감사가 장계한 내용 중에, '중국 뱃사람 7명을 (김)대건이 장연에서 부친 편지를 찾기 위해 억류하였다.'고 하였습니다. 이제 그 편지를 이미 찾아냈으니, 억류한 중국 사람들을 결코 잠시라도 머물게 하는 것은 불가합니다. 좋은 말로 달래서 즉시 방송하라는 뜻을 빨리 황해 감사에게 명령을 내려 알려 주십시오.

편지를 찾아온 전후 사정은 막중한 변경 사정과 관계가 있으니, 힘쓴 사람들 모두에게 성의를 보여주는 조처가 있어야 할 것입니다. 황해 감영의 부장 유상은 특별히 가자(加資)하고, 역학 김용남은 이제 해당 사역원에서 의논하여 상을 주고, 장교 황길승에게는 상을 주고, 그 나머지 감영과 읍의 교리·군민들 중 힘쓴 사람들은 아울러 황해도에서 넉넉하게 상을 주라는 뜻으로 청하오니, 감사에게 분부하십시오."라고 하니, 윤허하였다.

4. 『右捕廳謄錄』 丙午 閏五月 初五日

　以司謁口傳下敎曰 此下金大建之書封 及向者甕津所來書封 自政院亦爲推入 發牌左右捕將 竝爲出給 而大建先試渠之書劃 則可知眞僞 各別嚴覈事 分付

5. 『承政院日記』 丙午 閏五月 六日

　寅永曰 近來人情頗僻 凶悖之徒 潛行邪學 豈有如此變怪乎 上曰 此謂金大建事乎 寅永曰 然矣 自己亥誅鋤以後 曾未幾年 又有此凶慝之漢 臣心驚憤萬萬矣

　上曰 地圖等事 尤是凶漢 而卽見黃海監司狀啓中書封 則間或有諺書 且其無撓還鄕之說 分明是朝鮮人也 敦仁曰 以今觀之 則己亥年失捕之李漢 似是渠魁矣 上曰 李漢是承薰之族云乎 敦仁曰 承薰之孫矣 上曰 承薰是辛酉年邪魁矣 敦仁曰 邪書出來 果是承薰之所爲也 寅永曰 己亥失捕之李漢 今又露出於啓本 而尙未詗捕 捕廳擧行 萬萬駭歎矣 上曰 申飭捕廳 可也

4. 『우포청등록』 병오 윤5월 5일 (양력 1846년 6월 28일)

사알(司謁)이 구전하교(口傳下敎, 승지가 입시하지 않은 상태에서 승전색[承傳色]이나 사알을 통해 하달되는 왕명)를 전하길 "하교에, '김대건의 편지와 지난번 옹진에서 온 편지를 승정원으로부터 이미 받았다. 좌우 포청에 발패(發牌, 2품 이상의 벼슬아치를 부르기 위하여 명패를 보냄)하여 아울러 (편지를) 내어주고, (김)대건에게 먼저 그의 글씨체를 시험하면 진위를 알 수 있을 것이니 각별히 엄히 조사할 것'이라고 분부하셨습니다."라고 하였다.

5. 『승정원일기』 병오 윤5월 6일 (양력 1846년 6월 29일)

(영부사 조)인영이 아뢰길, "근래 인정이 자못 궁벽하여 흉악한 무리가 천주교를 몰래 행하니 어찌 이 같은 변괴가 있겠습니까."라고 하였다. 임금께서 이르시길 "김대건의 일인가?" 하니, 인영이 아뢰길 "그러합니다. 기해년에 모두 죽여 없앤 이후, 몇 해가 채 되지 않는데 또 흉악하고 간특한 놈이 있어 신의 가슴이 떨리고 몹시 분합니다."라고 하였다.

임금께서 이르시길 "지도를 그린 일을 보니 더욱 음흉한 놈이며, 황해 감사의 장계에 있는 편지를 보니 간혹 언문도 있었다. 또한 고향에 돌려보낸다는 말에 동요하지 않으니 분명 조선인이다." 하니, (권)돈인이 아뢰길 "지금의 상황으로 본다면 기해년에 놓친 이가 놈이 이 괴수와 비슷합니다."라고 하였다. 임금께서 이르시길 "이가 놈은 (이)승훈의 친족을 이르는 것인가?" 하니, (권)돈인이 아뢰길 "(이)승훈의 손자입니다."라고 하였다. 임금께서 이르시길 "(이)승훈은 신유년의 천주교 괴수이다." 하니, (권)돈인이 아뢰길 "천주교 서적을 가져와 보니 과연 (이)승훈이 쓴 것입

6. 『日省錄』丙午 閏五月 六日

寅永曰 近來人情頗僻 凶悖之徒 潛行邪學 豈有如此變怪乎 予曰 此謂金大建事乎 寅永曰 然矣 自己亥誅鋤以後 曾未幾年 又有此凶慝之漢 臣心驚慣萬萬矣

予曰 地圖等事 尤是凶漢 而卽見黃海監司狀啓中書封 則間或有諺書 且其無撓還鄉之說 分明是朝鮮人也 敦仁曰 以今觀之 則己亥年失捕之李漢 似是渠魁矣 予曰 李漢是承薰之族云乎 敦仁曰 承薰之孫矣 予曰 承薰是辛酉年邪魁矣 敦仁曰 邪書出來 果是承薰之所爲也 寅永曰 己亥失捕之李漢 今又露出於啓本 而尙未詗捕 捕廳擧行 萬萬駭歎矣 予曰 申飭捕廳可也

니다." (조)인영이 아뢰길, "기해년에 놓친 이가 놈이 지금 다시 계본(啓本, 왕에게 중대한 일로 올리던 문서)에 드러났으나 아직 붙잡지 못하였으니 포도청의 거행이 매우 놀랍고 통탄스럽습니다."라고 하였다. 임금께서 이르시길 "포도청을 단단히 질책하는 것이 좋겠다."고 하였다.

6. 『일성록』 병오 윤5월 6일 (양력 1846년 6월 29일)

(조)인영이 말하길 "근래에 인정이 자못 궁벽하여 흉악한 무리가 몰래 천주교를 행하니 어찌 이와 같은 변괴가 있겠습니까." 하여, 내(임금)가 이르기를 "김대건의 일인가?" 하니, (조)인영이 말하길 "그러합니다. 기해년에 모두 죽여 없앤 이후, 몇 해가 채 되지 않았는데 또 흉악하고 간특한 놈이 있어 신의 가슴이 매우 떨리고 몹시 분합니다."라고 하였다.

내가 이르기를 "지도를 그린 일로 보아 더욱 흉악한 놈이며, 황해 감사의 장계에 있는 편지를 보니 간혹 언문도 있었다. 또한 고향에 돌려보낸다는 말에 흔들림이 없으니 분명 조선인이다." 하니, (권)돈인이 말하길 "지금의 상황으로 본다면 기해년에 놓친 이가 놈이 이 괴수와 비슷합니다."라고 하였다. 내가 이르기를 "이가는 (이)승훈의 친족을 이르는 것인가?" 하니, (권)돈인이 "(이)승훈의 손자입니다." 하여, 내가 이르기를 "(이)승훈은 신유년 천주교 괴수이다."라고 하였다. (권)돈인이 말하길 "천주교 서적을 가져오니 과연 (이)승훈이 쓴 것입니다." 하니, (조)인영이 말하길 "기해년에 놓친 이가 놈이 지금 다시 계본에 드러났으나, 아직 잡지 못했으니 포도청의 거행함이 매우 놀랍고 한탄스럽습니다." 하여, 내가 이르길 "포도청에 신칙함이 좋겠다."고 하였다.

7. 『海西文牒錄』 丙午 閏五月

金大建長淵牧洞浦唐船所付書封又爲推來上送狀啓 丙午 閏五月

犯越罪人金大建之唐船所付六張書一張圖 堅封上送備邊司一處 未推之書封 連加詗探 期於搜得緣由 纔已馳啓爲白有在果

卽接長淵縣監金春根所報內 以爲擇定伶俐校吏與浦民之慣水者 偵探遠近 杳無形影矣 二十六日 至於月乃島外洋 始逢唐船四隻 稱 以潛商多給紙扇等物種 得其歡心 百般探問 則始爲諱却 其中登州 府小平島居船主李士賢爲名漢答 以厥書若在我們同務中 則當推給 爲言 而渠相探問 覓給三封書 故大建付書時 與誰與受有何說話 更 爲質問 則答 以日不記 雲霧最深之曉頭 渠自來傳而已 別無他語云 而船在外洋誘之不來 脅之不得 實無淌詳究問之道 厥書三封 爲先 堅封上使是如 牒呈是白置有亦

7.『해서문첩록』병오 윤5월

김대건이 장연 목동포에서 중국 배에 전한 편지를 또 찾아내서 올리는 장계. 병오 윤5월.

국경을 넘어온 죄인 김대건이 중국 배에 전한 편지 여섯 장과 지도 한 장을 굳게 봉하여 비변사 한 곳으로 올리고, 아직 찾아내지 못했던 편지는 계속하여 더 정탐했는데, 기어이 수색하여 찾아낸 까닭으로 이제야 급히 장계합니다.

즉 장연 현감 김춘근(金春根)의 첩보(諜報) 안에 "민첩한 포교와 아전들과 포구의 백성 중 물에 익숙한 자를 택정(擇定)하여 원근(遠近)을 정탐하였는데, 향기는 나지만 형태와 그림자가 없었습니다. 26일에 월내도(月乃島) 난바다에 이르러 비로소 중국 배 4척을 만났으며, 잠상(潛商)을 가장하여 종이와 부채 등의 물건 종류를 많이 주고 환심을 사서 백방으로 탐문하니, 처음에는 꺼려 물리쳤습니다. 그러다가 그중 등주부(登州府) 소평도(小平島)에 거주하는 선주로 이사현(李士賢)이라는 이름을 가진 자가 대답하기를 '그 편지가 만일 우리들의 동무 중에 있다면, 마땅히 찾아내 줄 것입니다.'라고 말했으며, 그들이 서로 탐문하여 편지 3통을 찾아 주었습니다. 그러므로 (김)대건이 편지를 전할 때 누구와 더불어 주고받았는지, 어떤 대화를 하였는지 다시 질문하니, 답하기를 '날짜는 기억하지 못하나 운무(雲霧)가 가장 깊이 드리워진 새벽 머리에 그가 스스로 와서 전했을 따름으로, 특별히 다른 이야기는 없었습니다.'라고 하였습니다. 배가 난바다에 있었으므로 유인하였으나 오지 않았고, 위협했으나 이루지 못하여 실로 소상히 물어볼 도리가 없었습니다. 그 편지 3통을 우선 굳게 봉하여 올리고 첩정합니다."라고 하였습니다.

取見其書封 一封 則前面中間付紅紙 書陸老相台前親披 右邊書
內要信祈駕順至上海新碼頭交陸太順泰記苑行 左邊書名內具 後面
上下書謹封 左右書順風相逢 內有眞書片紙二張洋書二張地圖一張

又一封 則前面中間付紅紙 書杜老大爺台前親披 右邊書內要信
祈駕順至大莊河交德興號白家店 左邊書名內具 後面上下書護封
左右書順風相逢 內有眞書片紙一張洋書一張地圖一張

又一封 則前面中間付紅紙 書杜老大爺台前親被 右邊書內要信
祈駕順至德興號 左邊書名內具 後面上下書護封 左右書順風相逢
內有眞書片紙二張是白乎所

그 봉해진 편지를 가져다 보니, 한 봉투에는 앞면 중간에 붉은 종이를 붙였는데 '육 어른 대전 친전(陸老相台前親披)'이라 썼으며, 우변에는 '안의 중요한 소식이 잘 도착하게 되기를 기원한다', '상해 새 나루터의 육태순태기원행(陸太順泰記苑行)'이라고 썼고, 좌변에는 '이름은 안에 있음'이라고 썼습니다. 뒷면의 상하에는 '삼가 봉함'이라고 썼으며, 좌우에는 '순풍을 타고 서로 만나기를 바랍니다(順風相逢)'[51]라고 썼습니다. 안에는 진서(眞書) 편지 2장, 삐뚤삐뚤하게 쓴 편지 2장, 지도 1장이 있었습니다.

또 하나의 봉투에는 앞면 중간에 붉은 종이를 붙였는데 '두 노대야 대전 친전(杜老大爺台前親披)'이라 썼으며, 우변에는 '안의 중요한 소식이 잘 도착하게 되기를 기원한다', '대장하가 합쳐지는 덕흥이라 부르는 곳의 백가점(白家店)[52](大莊河交德興號白家店)'이라 썼고, 좌변에는 '이름은 안에 있음'이라고 썼습니다. 뒷면의 상하에는 '봉함(護封)'이라 썼고, 좌우에는 '순풍을 타고 서로 만나기를 바랍니다.'라고 썼습니다. 안에는 진서 편지 1장, 삐뚤삐뚤하게 쓴 편지 1장, 지도 1장이 있었습니다.

또 하나의 봉투에는 앞면 중간에 붉은 종이를 붙였는데, '두 노대야 대전 친전'이라 썼으며, 우변에는 '안의 중요한 소식이 잘 도착하게 되기를 기원한다', '덕흥이라 부르는 곳(德興號)'이라 썼고, 좌변에는 '이름은 안에 있음'이라고 썼습니다. 뒷면 상하에는 '봉함'이라 썼고, 좌우에는 '순풍을 타고 서로 만나기를 바랍니다.'라고 썼습니다. 안에는 진서 편지 2장이 있었습니다.

---

51 『해서문첩록』 병오 5월에는 '순풍을 타고 잘 전해지기를 바랍니다(順風相送)'라고 되어 있다.
52 지금의 장하시 용화산진(莊河市 蓉花山鎭)으로, 훗날 선교사들의 조선 입국 거점이 된 차쿠(岔溝) 이웃에 있던 교우촌이다.

以此書封觀之 非但彼人之潛越在此 亦有我國人來往彼地之跡
變怪疊出 愈往驚心 何幸陰圖不期 而次第呈露異類交通之路 由是
可以杜絶兇醜綢繆之徒 從此可以鋤劈是白如乎 同三封書堅封 上
送于備邊司爲白乎旀 緣由馳啓爲白臥乎事

8. 『右捕廳謄錄』 丙午 閏五月

海營啓本
犯越罪人金大建之唐船所付六張書一張圖 堅封上送于備邊司一
處 未推之書封 連加詗探 期於搜得緣由 纔已馳啟爲有在果

卽接長淵府使金春根所報內 以爲擇定伶俐校吏與浦民之慣水者
偵探遠近 杳無形影矣 二十六日 至於月乃島外洋 始逢唐船四隻 稱
以潛商多給紙扇等物種 得其歡心 百般探問 則始爲諱却 其中登州
府小平島居船主李士賢爲名漢答 以厥書若在我們同務中 則當推給
爲言 而渠相探問 覓給三封書 故大建付書時 與誰與受有何說話 更
爲質問 則答 以日不記 雲霧最深之曉頭 渠自來傳 而別無他語云 而
船在外洋誘之不來 脅之不得 實無淯詳究問之道 厥書三封 爲先堅
封上使是如 牒呈是白置有亦

이러한 편지들로 보건대, 그가 몰래 국경을 넘어와 이곳에 있었을 뿐만 아니라 또한 우리나라 사람으로 중국 땅을 내왕한 자취가 있으니, 변괴가 거듭되어 더욱 놀라운 마음뿐입니다. 다행인 것은 비밀스러운 계책을 기약할 수 없었는데 차제에 외국인과 통하는 길이 드러나, 이로 인하여 흉악하고 추하게 얽힌 무리들을 단절시킬 수 있고, 이제부터 제거해 버릴 수 있기에 동 3통의 편지를 굳게 봉하여 비변사로 올리오며 연유를 급히 장계하는 일입니다.

8. 『우포청등록』 병오 윤5월[53]

황해 감영 계본(啓本)
〈죄인 김대건이 중국 배에 부친 편지 여섯 장과 지도 한 장을 굳게 봉하여 비변사에 한데 보내고, 아직 찾지 못한 편지는 계속하여 더 탐색하였는데, 기어코 수색하여 찾아낸 연유로 이제야 급히 장계합니다.
접수한 장연 부사 김춘근의 첩보 안에 "민첩한 교리(校吏)와 포구의 백성 중에서 물에 익숙한 자를 가려 뽑아 가깝고 먼 곳을 정탐하게 하였는데, 향기는 나지만 형태와 그림자가 없었습니다. 26일 월내도 난바다에 이르러 비로소 중국 배 4척을 만나, 밀무역 상인이라 칭하고 종이와 부채 등의 물건을 주며 환심을 샀습니다. 백방으로 탐문하니 처음에는 꺼려하며 물리쳤습니다. 그중 등주부 소평도에 사는 선주 이사현이라 이름하는 자가 답하길 '그 편지가 만약 우리 동무 중에 있다면, 마땅히 찾아내어 줄 것'이라고 말했으며, 서로 탐문하여 편지 3통을 찾아내 주었습니다. 그러

---

[53] 『우포청등록』에는 병오년 5월 30일로 잘못 기재되어 있다.

取見其書封 一封 則前面中間付紅紙 書陸老相台前親披 右邊書
內要信祈駕順至上海新碼頭交陸太順泰記苑行 左邊書名內具 後面
上下書謹封 左右書順風相送 內有眞書片紙二張胡書二張地圖一張

　又一封 則前面中間付紅紙 書杜老大爺台前親披 右邊書內要信
祈駕順至大莊河交德興號白家店 左邊書名內具 後面上下書護封
左右書順風相送 內有眞書片紙一張胡書一張地圖一張

　又一封 則前面中間付紅紙 書杜老大爺台前親披 右邊書內要信
祈駕順至德興號 左邊書名內具 後面上下書護封 左右書順風相送
內有眞書片紙二張是白乎所

　以此書封觀之 非但彼人之潛越在此 亦有我國人來往彼地之跡
變怪疊出 愈往驚心 何幸陰圖不期 而次第呈露異類交通之路 由是

므로 (김)대건이 편지를 줄 때 누구와 주고받았는지 무슨 말을 하였는지 다시 질문하니 답하길 '날짜는 기억하지 못하나 운무가 가장 심한 꼭두새벽에 그가 스스로 와서 전했고, 별도로 다른 말은 없었습니다.'라고 하였습니다. 배가 먼바다에 있어 유인하였으나 오지 않았고, 위협도 통하지 않아 실로 소상하게 물어볼 방법이 없었습니다. 그 편지 3통을 우선 굳게 봉하여 올리고 첩정합니다."라고 하였습니다.

그 편지를 보니, 한 봉투에는 앞면 중간에 붉은 종이를 붙였는데 '육 어른 대전 친전'이라 썼으며, 우측 변에는 '안의 중요한 소식이 잘 도착하게 되기를 기원한다', '상해 새 나루터의 육태순태기원행(陸太順泰記苑行)'이라고 썼습니다. 좌측 변에는 '이름은 안에 있음', 뒷면 상하에는 '삼가 봉함', 좌우에는 '순풍을 타고 상송(相送)하기를 바란다.'라고 썼습니다. 안에는 진서(眞書) 편지 2장, 삐뚤삐뚤하게 쓴 편지 2장, 지도 1장이 있었습니다.

또 하나의 봉투에는 앞면 중간에 붉은 종이를 붙였는데, '두 노대야 대전 친전'이라 썼으며, 우측 변에는 '안의 중요한 소식이 잘 도착하게 되기를 기원한다', '대장하가 합쳐지는 덕흥이라 부르는 곳의 백가점'이라 썼습니다. 좌측 변에는 '이름은 안에 있음', 뒷면 상하에는 '삼가 봉함', 좌우에는 '순풍을 타고 상송하기를 바란다.'고 썼습니다. 안에는 진서 편지 1장, 삐뚤삐뚤하게 쓴 편지 1장, 지도 1장이 있었습니다.

또 하나의 봉투에는 앞면 중간에 붉은 종이를 붙였는데, '두 노대야 대전 친전'이라 썼으며, 우측 변에는 '안의 중요한 소식이 잘 도착하기를 기원한다', '덕흥이라 부르는 곳'이라 썼습니다. 좌측 변에 '이름은 안에 있음', 뒷면 상하에는 '삼가 봉함', 좌우에는 '순풍을 타고 상송하기 바랍니다.'라고 썼습니다. 안에는 진서 편지 2장이 있었습니다.

이러한 편지들로 보건대, 비단 저자가 몰래 국경을 넘어 이곳에 있었을 뿐만 아니라, 또한 우리나라 사람이 저 땅에 오고 간 자취가 있으니 변괴가

可以杜絶兇醜綢繆之徒 從此可以鋤劈是白如乎 同三封書堅封 上送于備邊司爲白乎旀 緣由馳啓

9. 『日省錄』閏五月 初七日

左右捕廳 以罪人金大建供招 啓
該廳 啓言 罪人金大建 試寫洋書各別嚴覈

1) 初招 以爲渠能解洋諺 故九張札自手書之 眞書則幼年入去 未得熟習 故五張札借手於同船之李哥 而書辭渠敎之 書面渠書之云

2) 再招 以爲當依問目 以洋諺書納云

3) 三招 以爲原本以鐵筆寫之 今以翎筆寫之 字畫安得不稍大云

거듭됨이 더욱 놀랍습니다. 다행인 것은 비밀스러운 계책을 기약할 수 없었는데, 차제에 외국인과 통하는 길이 드러나 이로 인해 흉악하고 추악하게 얽힌 무리를 끊어버릴 수 있고, 이제부터 제거할 수 있습니다. 동 3통의 편지를 굳게 봉하여 비변사에 올려보내오며 연유를 급히 장계합니다.〉

9. 『일성록』 병오 윤5월 7일(양력 1846년 6월 30일)

좌우 포도청에서 죄인 김대건의 공초를 아뢰었다.
좌우 포도청에서 아뢰기를, 〈죄인 김대건에게 시험 삼아 서양 글[洋書]을 쓰도록 하고 각별히 엄히 핵실하였습니다.[54]

1) (3차 문초) 첫 번째 공초에서 "저는 서양 언문[洋諺]을 할 수 있으므로 아홉 장 편지를 제 손으로 썼고, 한문은 어릴 때 (중국에) 들어가서 깊이 익히지 못했으므로 다섯 장 편지는 함께 배에 타고 있던 이가(이의창)의 손을 빌려 썼는데, 편지 말은 제가 가르쳐 주었으며 서면(書面, 편지 봉투)은 제가 썼습니다."라고 하였습니다.

2) 두 번째 공초에서 "당연히 문목(問目, 문초 내용)에 의거하여 서양 언문을 써서 바치겠습니다."라고 하였습니다.

3) 세 번째 공초에서 "(편지) 원본은 철필로 쓴 것인데, 지금은 깃털

---

54 이에 대하여는 김대건 신부의 1846년 8월 26일 자 서한, 『성 김대건 안드레아 신부의 서한』, 한국교회사연구소, 2020, 230쪽을 참조.

4) 四招 以爲自書之札 何難讀之 而洋諺與我音不同 何以解聽云

5) 五招 以爲張老先生 本是佛浪國人 故諺書眞書各書分付者 恐有闕失之慮也 其外沈老大任白杜三位陸先生杜老大爺 雖爲景敎 俱是中國人不解洋諺 故眞書書送云

6) 六招 以爲渠自彼地出來時 張老先生許助財物 所管事云云 卽所求物之謂也 今年開市時 因便付送 不然則三月間山東漁船來到 白翎海邊時 付送之意云

7) 七招 以爲渠在彼國時 以金安德行世 故年月下 果以安德書之 更無他人云

8) 八招 以爲渠粗解畵法 故沿海山川 自手畵之 送覽于親熟人者 不過難於空札之故云

붓으로 썼으니 자획이 어찌 조금 굵지 않겠습니까?"라고 하였습니다.

4) 네 번째 공초에서 "자신이 쓴 편지를 어찌 읽기 어려울까마는, 서양 언문이 우리나라의 음과 같지 아니하니 어떻게 이해하여 듣겠습니까?"라고 하였습니다.

5) 다섯 번째 공초에서 "장(張) 노선생은 본래 프랑스 사람이므로 (서양의) 언문 편지와 한문 편지를 각각 써서 나누어 부쳤으니, 편지가 분실될 염려가 있지 않을까 해서였습니다. 그 밖에 심(沈) 노대(老大)와 임(任)·백(白)·두(杜) 3명, 육(陸) 선생, 두(杜) 노대야(老大爺)는 비록 천주교를 하지만 모두 중국 사람으로 서양 언문을 이해하지 못하므로 한문 편지를 써서 보냈습니다."라고 하였습니다.

6) 여섯 번째 공초에서 "제가 중국 땅에서 나올 때 장 노선생이 재물을 도와주겠다고 하였는데, '맡은 일' 운운한 것은 곧 물건을 구하는 것을 말한 것이니, 금년 개시(開市)가 열릴 때 편한 대로 부쳐 주거나 그렇지 않으면 3월 중에 산동(山東) 어선이 백령도 해변에 올 때 보내 달라는 뜻입니다."라고 하였습니다.

7) 일곱 번째 공초에서 "저는 중국에 있을 때 김 안드레아(金安德)로 행세하였으므로 연월을 쓴 아래에 과연 안드레아라고 쓴 것이니, 또 다른 사람이 아닙니다."라고 하였습니다.

8) 여덟 번째 공초에서 "제가 그림 그리는 법을 대강 알기 때문에 연해(沿海)의 산천을 제 손으로 그려 잘 아는 사람들에게 보내서 보도록 한

9) 九招 以爲雖不得鐵筆 當用翎筆畫納云

10) 十招 以爲佛浪國人 多接於中國 朝鮮出送之神父輩 銀金與物件暗地送給 故昨年李在容以商賈樣入柵門 范聊旺王孫伊等 銀子洋布載車來傳云

11) 十一招 以爲洋國之法 必欲廣布景敎於天下 故以神父出送他國 某條助給 前此出來朝鮮之人 次第就戮 而今又送渠 不惜所費 渠死又當以神父主敎等人出來 如是之際 恐無以永禁將奈何 日本國亦有神父潛入暗敎云

12) 十二招 英吉利國人恒言 以中國之大 不能抗我 朝鮮小國 終始禁敎者可乎 將以三四船隻 出往朝鮮云 故渠以出去不利之說 屢屢言解云

13) 十三招 以爲海西同船之李哥 當初李在容率來 付托同居 彼

것으로, 텅 빈 편지를 보내기 어려웠기 때문입니다."라고 하였습니다.

9) 아홉 번째 공초에서 "비록 철필을 얻지 못했을지라도 마땅히 깃털 붓을 사용하여 써서 바치겠습니다."라고 하였습니다.

10) 열 번째 공초에서 "프랑스 사람이 중국에 많이 거처하는데, 조선에 나온 신부들에게 금은과 물건을 비밀리에 부쳐 주므로 작년에 이재용이 장사꾼인 양하여 책문으로 들어가자 범 요한과 왕손이(王孫爾) 등이 은자와 서양 포목을 수레에 싣고 와서 전해 주었습니다."라고 하였습니다.

11) 열한 번째 공초에서 "서양 나라의 법은 반드시 천주교를 천하에 널리 펴고자 하므로 신부를 다른 나라에 보내고 아무쪼록 도와줍니다. 이전에 조선에 나온 사람들이 차례로 죽임을 당했는데, 이제 또 저를 보내고 비용을 아까워하지 아니하니, 제가 죽으면 또 당연히 신부·주교 등의 사람들이 나올 것입니다. 이 같은 때에 아마 영영 금할 수 없으니 장차 어떻게 하시겠습니까? 일본 역시 신부가 몰래 들어가 비밀리에 전교합니다."라고 하였습니다.

12) 열두 번째 공초에서 "영국 사람은 언제나 말하기를 '중국처럼 큰 나라도 우리에게 항거하지 못했는데, 조선같이 작은 나라가 끝내 교를 금지할 수 있을 것인가? 장차 배 3~4척을 조선에 보내겠다.' 하므로 제가 (배를) 내보내는 것이 불리하다는 말을 누차 이야기하여 이해시켰습니다."라고 하였습니다.

13) 열세 번째 공초에서 "황해도로 함께 배를 타고 간 이가(즉 이의창)

在外廊 渠居內室矣 到登山鎭被捉之前 先爲由陸上京 故獨免云

14) 十四招 以爲景敎人被捉 皆出於敎友中告引 故來歷居住 不相問聞 但知向學之人 則受置而已 雖四年同居 但知李生員 不問何許人 由陸先送者 爲其看檢家事衣服造置等事云

大建之書札與畵本 使渠書劃 則自手借手 渠皆自服 而筆劃之不同 歸之鐵筆翎筆之異 英吉佛浪之船隻 出於語窮虛妄 神父之連送 亦豈容易 屢度嚴覈 去益緘口 仍爲嚴囚 試劃書畵封上

敎以今此試劃之書畵三張 生熟不同 被捉之書札辭意 非但有疑怪之跡 亦不無年條相左處 更爲反覆鉤問 所謂借筆之同船李哥 嚴加盤覈 另速譏詗 向來發捕諸漢 刻期督促

는 애초에 이재용이 데리고 와서 부탁하기에 함께 거처하였으니, 그는 외부 행랑채에서 거처하고 저는 내실에서 거처하였는데, 등산진에 이르러 체포되기 전에 먼저 육지로 해서 상경하였으므로 그 혼자만 면하였습니다."라고 하였습니다.

14) 열네 번째 공초에서 "천주교인이 체포되는 것은 모두 교우 중에서 고발하는 데서 나오기 때문에 내력과 거주를 서로 묻거나 듣지 아니하고, 단지 (교를) 배우는 사람이라는 것을 알면 받아들일 따름이니, 비록 4년을 함께 살았지만 단지 이 생원(李生員)이라는 것만 알고 어떤 사람인지는 묻지 않았습니다. 육지로 해서 먼저 보낸 것은, 가사를 보살피고 의복을 지어 두는 등의 일을 살펴보도록 하기 위해서였습니다."라고 하였습니다.

(포도청에서 아뢰기를) (김)대건의 서찰과 그림은 그가 쓰고 그린 것이니, 그가 직접 한 것과 남의 손을 빌려 한 것은 그가 모두 자복하였으며, 글자의 획이 같지 아니한 것은 철필로 쓴 것과 깃털 붓으로 쓴 것이 다르다는 데로 돌렸습니다. 영국과 프랑스의 배는 말이 궁하여 허망해진 데서 나온 것으로, 신부가 연이어 나온다는 것 또한 어찌 용이하겠습니까? 여러 차례 엄히 핵실하였는데도 갈수록 더욱 입을 다무니, 엄히 가두어 두고 시험 삼아 쓰게 한 글씨와 그림을 봉하여 올립니다.〉

전교하기를, "지금 시험 삼아 쓰게 한 글씨와 그림 3장은 그 서투름과 익숙함이 서로 같지 않다. 압수된 서찰의 말뜻은 의심스러운 자취가 있을 뿐만 아니라 또한 연조(年條)가 서로 다른 곳이 없지 아니하니, 다시 되풀이하여 핵실하고 캐어묻도록 하라. 이른바 (편지를) 대신 글을 써 준, 함께 배에 탄 이가에 대해서는 엄히 더 자세히 캐어묻고, 별도로 속히 기찰 정탐하도록 앞서 내보낸 포졸 놈들에게 기한을 정해 독촉하라."고 하였다.

1. 『日省錄』丙午 閏五月 初八日

    左右捕廳 以罪人金大建等供招 啓
    該廳啓言 同船李哥之去處 不可不究問於在囚罪人等 故一體嚴覈

    1) 金大建 初招 以爲所管之事 一則出來本國景敎 不能廣布 二則所用物財乏絶 銀子洋布等物出送 以爲資用之計云

    2) 再招 以爲李哥本是生面 而聞在容言 則色目南人 其父進士 年可三十三歲云 而不問名字與居住云

    3) 三招 以爲任白杜三位許 旣敍寒暄 又問近間賣買之如何 而渠同事諸友 安過之意書之 而所謂諸友 卽渠家中所在諸人云

    4) 四招 以爲渠之出來癸卯十一月 卽甲辰十二月昨年十二月爲

마. 포도청에서의 4~6차 문초

1. 『일성록』 병오 윤5월 8일(양력 1846년 7월 1일)

좌우 포도청에서 죄인 김대건의 공초를 아뢰었다.
좌우 포도청에서 아뢰기를, 〈함께 배에 탔던 이가의 거처를 옥에 갇혀 있는 죄인들에게 묻지 않을 수 없으므로 모두 엄히 핵실하였습니다.

1) (4차 문초) 김대건의 첫 번째 공초에서 "맡은 일이란 첫째, 본국으로 나와 천주교를 전하는 일인데 널리 전하지 못했다는 것이고 둘째, 쓰는 물건과 비용이 없어져 은자와 서양 포목 등의 물건을 내보내 비용으로 삼도록 하는 계획이었습니다."라고 하였습니다.

2) 두 번째 공초에서 "이가(즉 이의창)는 본래 처음 만난 사람인데, (이)재용(즉 이재의)의 말을 들으니 당색 종류[色目]는 남인(南人)으로 그 부친(즉 이승훈)은 진사였고, 나이는 33세쯤 된다고 했습니다. 이름과 거주하는 곳은 물어보지 않았습니다."라고 하였습니다.

3) 세 번째 공초에서 "(편지 안에서는) 임(任)·백(白)·두(杜) 세 분에게 안부를 적고, 또 근래의 매매가 어떠한지 물었고, 제가 함께 일을 하는 여러 벗들이 편안히 지낸다는 뜻을 썼는데, 이른바 여러 벗이란 저희 집에 있는 여러 사람입니다."라고 하였습니다.

4) 네 번째 공초에서 "제가 나온 것은 계묘년(1843) 11월인즉 갑

周年 而今四月付書 故尋常以一周書之云

5) 五招 以爲字劃之大小生熟 果非鐵筆所寫之致 而洋諺非人人可解 則豈有他借手云

6) 李基元 初招 以爲書冊 非但渠父之所留 文法極高 故不忍卽火云

7) 再招 以爲在容去處 設或有知 不得直告 情理之固然 而至於無名李哥 有何顔私乎 近來班族之有名於邪學者 幾盡死亡 渠姪與宜昌外 恐無他人 問於大建 何敢不直告云

8) 三招 以爲今聞容貌年歲文筆南人進士等說 如畵出李宜昌全身 似無他如許人云

李哥之誰某去處 雖不盡吐 參以兩囚所供 則似是李龎德之子宜昌 故別定譏校詗捕 金大建更爲試劃書畵封上

진년(1844) 12월과 작년(1845년) 12월이 주년(周年)이 되는데, 올 4월에 편지를 부쳤으므로 그냥 '일 주년'이라고 쓴 것입니다."라고 하였습니다.

5) 다섯 번째 공초에서 "자획의 굵기와 익숙함 여부는 과연 철필로 쓴 것이 아니기 때문이고, 서양 언문은 사람마다 모두 이해할 수 있는 것이 아니니 어찌 다른 사람의 손을 빌릴 수 있겠습니까?"라고 하였습니다.

6) 이기원(마티아)의 첫 번째 공초에서 "서책은 제 부친이 가지고 있던 것일 뿐만 아니라 문법(文法)이 아주 높으므로 차마 불사를 수 없었습니다."라고 하였습니다.

7) 두 번째 공초에서 "(이)재용의 거처를 설사 안다고 해도 직고할 수 없으니 도리가 본래 그러하며, 이름이 없는 이가(李哥, 즉 이재영)는 어떠한 사사로운 친분도 없습니다. 근래 양반으로 천주학에 이름이 있는 자는 거의 다 사망하였으니, 제 조카(즉 이재용)와 (이)의창(李宜昌) 외에는 아마도 다른 사람이 없을 것입니다. (김)대건에게 물어보면 어찌 감히 직고하지 않겠습니까?"라고 하였습니다.

8) 세 번째 공초에서 "이제 용모, 나이, 문필, 남인 진사 등의 말을 들었는데, 만일 이의창의 전신을 그려 낸다면 아마도 여느 사람과 다른 점이 없을 것 같습니다."라고 하였습니다.

(포도청에서 아뢰기를) 이가가 누구이고, 간 곳이 어디인지는 비록 모두 토설하지 않았을지라도 두 죄수의 진술을 참작하건대 아마도 이는 이

敎以發捕兩漢 刻期譏詗 待就捕盤覈得情

2. 『日省錄』丙午 閏五月 二十二日

召見摠護使于熙政堂
……又曰 俄於入來時 聞捕聽所傳 則李在容已爲捉得云矣

予曰 果捉得乎
敦仁曰 李漢本不在遠地 捉得於壯洞舊司圃署洞 而見其戶牌則書以李在永 此盖己亥年 進吉夏相等按獄時 變姓名逃躱 或稱李在容 或稱在永 而其本姓名 則玄錫文云矣

방덕(李龐德)⁵⁵의 아들 (이)의창인 듯하므로 별도로 기찰포교를 정해 정탐하여 체포하게 하였고, 김대건은 다시 시험 삼아 글씨와 그림을 그리게 하여 봉하여 올립니다.〉

전교하기를, "포졸을 내서 잡으려는 두 놈을 기한을 정해 기찰하며 정탐하고, 그들이 체포되기를 기다려 깊이 캐물어 사정을 얻어내도록 하라."고 하였다.

2. 『일성록』 병오 윤5월 22일 (양력 1846년 7월 15일)

희정당(熙政堂)에서 총호사(摠護使)를 소견(召見)하였다.

… (권돈인이) 또 아뢰기를, "갑자기 (궁으로) 들어올 때 포도청에서 전하는 것을 들으니 '이재용(李在容)⁵⁶을 이미 체포했다.'고 하였습니다."

내가 이르기를, "과연 잡았다고 하였느냐?"

(권)돈인이 아뢰기를, "이가라는 놈은 본래 먼 곳에 있었던 것이 아니라 장동(壯洞)의 옛 사포서동(司圃署洞)⁵⁷에서 체포하였는데, 그 호패를 보니 이재영(李在永)이라고 적혀 있었습니다. 이는 아마도 기해년에 (유)진길·(정)하상 등을 조사하여 가둘 때 변성명하고 도피하면서 혹은 이재용

---

55 이기양의 아들 '이방억(李龐億)'의 오기임이 분명하다. 이의창(베난시오)은 바로 이방억의 아들이었다.

56 다음의 본문에서도 알 수 있는 것처럼 현석문이 변성명한 '이재영(李在永)'을 '이재용'으로 잘못 파악한 것이 분명하다.

57 지금의 서울 종로구 통인동(通仁洞)에 있던 마을. 본래 궁중의 채마밭을 관리하던 사포서(司圃署)는 통인동에 있다가 수송동(壽松洞)으로 이전되었는데, 위에서 '장동(壯洞)의 옛 사포서동'이라고 한 것을 볼 때 통인동의 사포서동을 가리키는 것이 분명하다. 장동 또한 통인동에 있던 마을이다. 김대건 신부가 체포된 후 기찰 포졸들이 교우들을 찾아 나섰고, 윤5월에 현석문, 김임이(金任伊, 데레사), 이간난(李干蘭, 아가타) 등이 사포서동에서 체포되었다.

予曰 斯速合坐擧行 可也
敦仁曰 臣亦入來時 以草記後 卽爲合坐之意 已知委於捕廳矣

予曰 一漢尙未從得乎
敦仁曰 恩津居具順五 其時見機 卽乘小舟 不知所往 尙未捕得云 而嚴加譏詗 則豈有未捉之理乎

予曰連加申飭可也

左右捕廳 以邪魁玄錫文捉得 啓
該廳 啓以邪魁玄錫文 與伏法之進吉夏祥信喆等 情節一而二二而一者也 己亥邪獄時 逃躱終未捕捉矣 今始捉得 故爲先合坐取招

이라 칭하거나 혹은 재영이라고 칭한 듯하며, 본래의 성명은 현석문(玄錫文)[58]이라고 하였습니다."

내가 이르기를, "이는 속히 합좌하여 거행하는 것이 좋겠다." 하였다.

(권)돈인이 아뢰기를 "신 또한 들어올 때 초기(草記, 왕에게 보고할 때 사용한 문서) 뒤에 즉시 합좌하게 할 뜻이 있었으나 이미 포도청에 명령하셨습니다."

내가 이르기를 "한 놈은 아직 잡지 못하였는가?"

(권)돈인이 말하길 "은진에 사는 구순오는 그 당시 낌새를 알아채고 바로 작은 배를 타, 간 곳을 알지 못해 아직도 잡지 못했다고 합니다. 엄하게 더욱 염탐하였다면 어찌 아직도 잡지 못하였겠습니까."

내가 이르기를 "계속해서 신칙하는 것이 좋겠다."고 하였다.

좌우 포도청에서 괴수 현석문을 체포하고 아뢰었다.

좌우 포도청에서 아뢰기를, "천주교의 괴수 현석문은 참수된 (유)진길·(정)하상·(조)신철 등과 더불어 그 정절이 하나이자 둘이며 둘이자 하나로 똑같은 자입니다. 기해사옥(己亥邪獄) 때 도피하여 끝내 체포하지 못했는데, 이제 비로소 체포하였으므로 먼저 합좌하여 문초하겠습니다."라고 하였다.

---

[58] 현석문(玄錫文, 가롤로, 1797~1846) : 성인. 회장. 1837년에 샤스탕 신부가 입국하자, 그의 복사로 활동했다. 기해박해가 일어난 뒤, 앵베르 주교의 지시에 따라 순교자들의 행적을 수집하였다. 자신이 모은 자료와 이재의(李在誼, 토마스) 등이 수집한 자료를 토대로 순교자전 『기해일기(己亥日記)』를 완성하였다. 1845년 김대건 부제와 함께 상해에 갔다가 페레올 주교 등과 함께 귀국했다. 1846년의 병오박해 때 체포되어 9월 19일 새남터에서 순교하였다.

3. 『日省錄』丙午 閏五月 二十三日

左右捕廳 以罪人玄錫文等供招 啓

該廳 啓言 在逃諸漢跟捕之際 李在永爲名漢 以邪學被捉 故爲先査問 則渠之本姓名 卽玄錫文云

1) 初招 以爲渠之字號德昇 年纔五歲 渠父啓欽伏法於辛酉邪學 渠母率渠 往接於東萊 十四歲上京 藥局爲業 己亥邪獄 渠之姓名 出於諸招 故以李在永變姓名 逃接於湖西湖南 再昨年上京 隱伏於司圃署洞金召史家 竟至被捉云

2) 再招 以爲譯舌劉進吉馬頭趙信喆丁夏祥等 俱以敎友 凡事相議 劉神父自彼出來 四年後 率我國童蒙三人入去 渠護送於柵門

3. 『일성록』 병오 윤5월 23일 (양력 1846년 7월 16일)

좌우 포도청에서 죄인 현석문 등의 공초를 아뢰었다.

좌우 포도청에서 아뢰기를, 〈도망한 여러 놈들을 쫓아 체포하던 사이에 이재영(李在永)이라 이름하는 놈이 천주교로 인해 체포되었으므로 우선 신문하니, 그의 본래 성명이 곧 현석문이라 하였습니다.

1) (현석문의) 첫 번째 공초에서 "저의 자호는 덕승(德昇)입니다. 나이 겨우 다섯 살 때 저의 부친 (현)계흠(啓欽)[59]이 신유년에 천주교로 참수되자 제 모친은 저를 데리고 동래(東萊)로 가서 살았는데, 열네 살에 상경하여 약국을 업으로 삼았습니다. 기해사옥 때 저의 성명이 여러 초사에서 나왔으므로 '이재영'으로 변성명하고, 호서·호남으로 도망쳐 살았습니다. 재작년에 상경하여 사포서동 김소사(金召史, 김임이)[60] 집에 숨어 있다가 마침내 체포되기에 이른 것입니다."라고 하였습니다.

2) 두 번째 공초에서 "역관 유진길, 마부 조신철, 정하상 등은 모두 교우였으므로 모든 일을 상의하였습니다. 유(방제, 파치피코) 신부는 중국에

---

59 현계흠(玄啓欽, 플로로, 1763~1801) : 성 현석문과 현경련(玄敬連, 베네딕타)의 부친. 역관 집안에서 태어났으나, 역관의 길을 택하지 않고 약방을 운영하였다. 일찍 천주교에 입교하여 초기 교회에서 많은 활동을 하였으며 1801년에 체포되어 12월 10일(음력 11월 5일) 서소문 밖 형장에서 순교하였다.

60 김임이(金任伊, 데레사. 1811~1846) : 성녀. 동정을 지키면서 신앙생활을 하였다. 김대건 신부의 처소를 돌보다가 병오박해 때 체포되어 1846년 9월 20일(음력 8월 1일) 포도청에서 순교하였다.

癸卯冬 渠往柵門韓的家探問之際 金大建亦於開市中出來 巧湊相逢大建 謂渠曰 吾之學術大進洋國敎化 皇封神父之位 使之廣布景敎 我國禁令 雖嚴期於還歸云 故渠答以神父 猝地出來 延接供饋 猝難辦備 吾當先歸通及於諸敎友 待來年冬出來似好云 則大建許諾

甲辰冬 渠與李在容同往灣府 多日留連 使在容留待 渠還平壤 在容果與金神父同來 渠偕行入京 同爲居接 今四月 大建與李宜昌往海西 敎友金亨重通奇曰 神父與船人被捉於海營云 故渠仍隱避於金女敎友家 金女及鐵艶同爲被捉云

서 나와 4년 후에[61] 우리나라 어린이 3명을 데리고 들어갔는데, 제가 책문까지 호송하였습니다.

계묘년(1843) 겨울에 제가 책문의 한가(韓哥)네 집으로 가서 탐문하는 사이에 김대건 또한 개시 중에 나와서 교묘히 만나 상봉하였습니다. 제게 이르기를 '내 학문이 서양 국가의 교화로 크게 나아가 교황이 신부의 지위를 내려 주었습니다. 천주교를 널리 알리고자 하여 우리나라의 금령(禁令)이 비록 엄하나, 기어코 돌아왔습니다.'라고 하였습니다. 그러므로 제가 답하길 '신부께서 갑자기 오시게 되어 이바지할 것들을 서둘러 마련하기가 어렵습니다. 제가 먼저 돌아가 우리 교우들에게 알릴 것이니 내년 겨울을 기다렸다가 나오는 것이 좋을 것 같습니다.' 하니, (김)대건이 허락하였습니다.

갑진년(1844) 겨울에 제가 이재용과 함께 의주로 가서 여러 날을 유숙하다가 (이)재용으로 하여금 머무르며 기다리라 하고, 저는 평양(平壤)으로 돌아왔는데, (이)재용이 과연 김(대건) 신부[62]와 함께 왔습니다. 저희 모두는 서울로 들어와 함께 거처하였습니다. 올 4월에 (김)대건이 이의창과 함께 황해도로 갔는데, 교우 김형중(金亨重)이 통지하여 이르기를, 신부께서 뱃사람과 함께 해주 감영에 체포되었다고 했습니다. 까닭에 저는 교우 김여(金女, 김임이) 집에 숨었으나, 김여, (정)철염(鐵艶)[63]과 함께 붙잡히게 되었습니다."라고 하였습니다.

---

61 이는 사실과 다르다. 유방제 신부는 1834년 1월 3일 정하상 등의 인도로 조선에 입국하여 만 3년간 활동하다가 1836년 12월 3일에 김대건, 최양업, 최방제 세 신학생을 마카오로 유학 보낼 때 중국으로 돌아갔다.

62 정확히 말하면, 신부가 아니라 부제였다.

63 정철염(鄭鐵艶, 가타리나, 1814~1846) : 성녀. 일명 덕이. 수원 출생으로 서울에 올라와 신자들의 집에서 살면서 신앙생활을 하였다. 김대건 신부의 처소를 돌보다가 1846년 7월 15일에 체포되었고, 9월 20일(음력 8월 1일) 포도청에서 순교하였다.

3) 三招 以爲神父蹤跡之隱秘 恐惑漏泄 初不酬接 別無他敎友之來往云

4) 四招 以爲圖畫山川付書胡船事 不爲目覩 同船李哥其名宜昌 而神父被捉後 更不相逢 則其所去處 何以知之云

5) 五招 以爲搜來物件中 胡服絲冠 大建之持來 其外物種 又是大建所置云

6) 金大建 初辭 以爲敎友玄錫文 姓字旣是稀姓 則恐爲人所知 以李在永變幻 而其人學術甚高 敎友中所恃者 與在容宜昌輩 不可同日而語 故前招時 果不吐出 而今則渠命在朝夕 與之同死 實無餘恨云

玄錫文 以伏法啓欽之子 漏網於己亥 犯越彼地 逢見大建 約年出來 同居一室 邪獄之窩主 捨渠伊誰 出招諸漢 更加嚴飭 譏校刻期詗捕

3) 세 번째 공초에서 "신부님은 종적을 은밀히 감추었으나 혹 누설될까 두려워하여 처음부터 객을 맞이하지 않았으니, 특별히 내왕한 다른 교우는 없습니다."라고 하였습니다.

4) 네 번째 공초에서 "산천을 그리고 중국 배에 편지를 전한 일은 목도하지 못했습니다. 함께 배에 탔던 이가는 이름이 의창(宜昌)인데, 신부님이 체포된 후에는 다시 만나지 못했으니 거처하는 곳을 어찌 알겠습니까?"라고 하였습니다.

5) 다섯 번째 공초에서 "수색하여 가져온 물건 중 중국 옷과 사관(絲冠)은 (김)대건이 가져온 것이고, 그 밖의 물건들 또한 대건이 맡겨 놓았던 것입니다."라고 하였습니다.

6) (5차 문초) 김대건의 첫 번째 공초에서 "교우 현석문은 성이 드문 성씨이므로 남이 알까 두려워 이재영이라고 변개하였는데, 그는 학술이 아주 높아 교우 중에서 믿는 사람으로, (이)재용·(이)의창과는 같은 날에 말할 수 없기 때문에 앞의 진술에서 과연 토설하지 않았습니다. 이제 제 목숨은 조석(朝夕)에 달려 있는데, 그와 함께 죽는다면 실로 여한이 없겠습니다."라고 하였습니다.

(포도청에서 아뢰기를) 현석문은 참수된 (현)계흠의 아들로 기해년에 법망을 벗어나, 중국 땅으로 범월(犯越)하였습니다. (김)대건을 만나 보고, 기약한 해에 나와서 한집에서 함께 살았으니, 사옥(邪獄)의 소굴 주인은 그를 제외한다면 누구이겠습니까? 초사에서 나온 여러 놈들은 더 엄히 신칙하고, 기찰포교는 기한을 정해 정탐하고 체포토록 하였습니다.〉

敎以觀此啓目 甚多疑眩 所謂李在永者 卽玄錫文之變姓名 則當初發捕之李在容 果是別人 而的出於大建之招乎 抑以只憑李哥之稱 而斷之以在容者 其於獄體當乎否乎 更爲詳細修啓目 李在容期於不日譏捕 而若復如前玩愒 則斷當嚴處 知悉擧行

4. 『日省錄』丙午 閏五月 二十六日

左右捕廳 以罪人金大建等供招 啓
該廳啓言 罪人大建等 更爲究問

1) 大建 招辭 以爲渠家恒居人 不過李姓三人 一則玄錫文之爲李在永者 一則李在容也 一則李宜昌也 宜昌貧窮無依 故造給衣服 愛其文筆 海西之行 果與同船云

2) 玄錫文 招辭 以爲渠以李哥變姓 則不知本姓者 皆稱李生員 自買家之初 着冠恒居 家主之目 自歸於渠 在容宜昌 不過敎友中往來之人云

전교하기를, "이 계목(啓目)을 보건대, 심히 의심되는 것이 많다. 이른바 이재영은 곧 현석문이 변성명한 것이라면, 애초에 체포하라고 보냈던 이재용은 과연 다른 사람이며, 틀림없이 (김)대건의 진술에서 나왔는가? 또한 단지 '이가'라고 하는 것을 빙자하여 (이를) 이재용이라고 단정하는 것은 옥사(獄事, 반역·살인 등의 중대한 범죄를 다스리는 일)에 당연한 것인가, 부당한 것인가? 다시 상세히 고쳐서 계목(啓目)하라. 이재용을 기어이 며칠 안으로 기찰하여 체포하겠다고 하는데, 만일 다시 전과 같이 장난처럼 쉬는 양하면 결단코 당연히 엄히 처리할 것이니 빠짐없이 알아서 거행하라."고 하였다.

4. 『일성록』 병오 윤5월 26일 (양력 1846년 7월 19일)

좌우 포도청에서 죄인 김대건 등의 공초를 아뢰었다.
좌우 포도청에서 아뢰기를, 〈죄인 김대건 등을 다시 캐어물었습니다.

1) (6차 문초) 대건의 첫 번째 공초에서 "저희 집에 항상 머물던 사람은 이씨(李氏) 성을 가진 3명에 불과하였는데, 1명은 현석문으로 이재영이라 하였고, 1명은 이재용이었고, 1명은 이의창이었습니다. (이)의창은 빈궁하여 의탁할 곳이 없었으므로 의복을 지어 주었으며, 그 문필을 사랑하여 황해도로 갈 때 과연 함께 배를 탔습니다."라고 하였습니다.

2) (2차 문초) 현석문의 첫 번째 공초에서 "제가 이가로 변성하였으니, 본래 성을 모르는 사람들이 모두 이 생원(李生員)이라 하였고, 집을 산 처음부터 관(冠)을 쓰고 항상 거처하였으므로 집주인을 지목하면 자연히

3) 女鐵艶 招辭 以爲渠本居水原 十八歲受學景敎 今三十三歲 尙未出嫁 上京留接於鑄洞南履灌家 轉接於花開洞金召史發發兒家 與李召史同爲學習

甲辰冬 金李兩女移寓於石井洞金神父家 渠亦隨往使喚兼爲景敎 神父家恒居不離者李生員 故但知其李生員 今日査庭 始聞其爲玄 哥 又有種種往來李生員爲稱者 雖認敎友中人 而其姓一不問聞云

저에게로 돌아왔습니다. (이)재용과 (이)의창은 교우 가운데서 왕래한 사람에 불과합니다."라고 하였습니다.

   3) (정)철염(鐵艶)의 첫 번째 공초에서 "저는 본래 수원에 살았는데, 18세 때 경교를 배웠으며, 이제 나이 33세가 되었으나 아직 출가하지 않았습니다. 상경해서는 주동(鑄洞) 남이관(南履灌)[64]의 집에 거처하다가 화개동(花開洞) 김소사(金召史) 바르바라의 집으로 옮겨 살면서 이소사(李召史)[65]와 함께 학습하였습니다.

   갑진년 겨울에 김소사(金召史)[66]와 이소사[67] 두 여자가 석정동(石井洞) 김(대건) 신부의 집으로 옮겨 거처하였는데, 저 또한 따라가서 심부름하면서 천주교를 하였습니다. 신부의 집에 항상 거처하며 떠나지 않던 사람은 이 생원이었으므로 단지 그가 이 생원이라고만 알고 있었는데, 오늘 조사하는 마당에 비로소 그가 현가(玄哥)라는 것을 들었습니다. 또 종종 왕래하는 (또 다른) 이 생원이라고 하는 자는 비록 교우 중의 한 사람이라는 것은 알았을지라도 그 성명을 한 번도 물어보지는 않았습니다."라고 하였습니다.

---

64 남이관(南履灌, 세바스티아노, 1780~1839) : 성인. 1801년 신유박해 때 경상도 단성(丹城)으로 유배되었다가 1832년에 풀려났다. 성직자 영입 운동에 참여하여 유방제 신부를 영접하였고, 회장으로 활약하였다. 1839년 9월 17일에 체포되었고 9월 26일(음력 8월 19일) 서소문 밖 형장에서 순교하였다.

65 이간난(李干蘭, 아가타, 1814~1846) : 성녀. 유방제 신부에게서 세례를 받았고 우술임(禹述任, 수산나)과 함께 신앙생활을 하였다. 1846년 7월 15일에 체포되었고, 9월 20일(음력 8월 1일) 포도청에서 순교하였다.

66 김소사(金召史) : 김대건 신부의 처소를 돌본 사람이라면 성녀 김임이(데레사)가 분명하다. 그러므로 바로 위에서 나온 김소사(바르바라)는 아닌 것 같다.

67 이소사(李召史) : 김소사와 함께 김대건 신부의 처소를 돌본 사람이라면 성녀 이간난(아가타)을 가리키는 것이 분명하다.

4) 再招 以爲今四月 只聞神父下鄕之說 而不知同船之誰某云

發捕之李哥兩人 只是在容宜昌而已 李在永卽玄錫文也 號牌所刻 又是永字 而分庭取招 一辭同然 李在永之非李在容 明白無疑 在容則又爲別定譏校 不日譏捕

敎以今以跋辭見之 李在永外 若有李在容之尙未就捕者 然設或就捕 而同是大建之敎友 當初發捕之不有的招 摸索斷定者 已極獄體之失當 而今於獄老之後 況此文辭粧撰 疑眩愈往愈甚 李在容就捕之前 出場無期 譏詗遲速 關係非細 另加着意 無至抵罪

5. 『右捕廳謄錄』丙午 六月　日

黃海道觀察使爲相考事 移弊道登山鎭 逢授是在 麻浦林成龍船隻與汁物 依備局所報 修成冊一一出給於本營 將校朴龍得處 別定

4) 두 번째 공초에서 "금번 4월에 다만 신부님께서 시골로 내려갔다는 말만을 들었으며, 함께 배를 타고 간 사람이 누구인지는 알지 못합니다."라고 하였습니다.

(포도청에서 아뢰기를) 포졸을 내어 잡으려던 이가(李哥) 두 사람은 다만 (이)재용과 (이)의창뿐입니다. 이재영은 곧 현석문입니다. 호패에 새겨진 것도 또 '영(永)'자이며, 법정을 나누어 문초해도 하나같이 말이 같으니, 이재영이 이재용이 아닌 것은 명백하여 의심할 것이 없습니다. 재용(즉 이재의)은 또 별도로 기찰포교를 정해 며칠 안으로 기찰하여 체포하겠습니다.〉

전교하기를, "이제 발문을 보건대, 이재영 외에 이재용이라는 아직 체포되지 않은 자가 있는 것 같다. 그러니 설혹 체포되었다고 할지라도 마찬가지로 (김)대건의 교우일 것인데, 당초에 포졸을 낸 것은 정확한 문초도 없이 (생각대로) 모색하여 단정한 것이니, 이미 옥사 자체가 마땅함을 잃은 것이 지극하다. 이제 옥사가 이미 오래 지났는데도 하물며 말과 글을 꾸며 지어내니 의혹이 갈수록 심해지게 되었다. 이재용을 체포하기 전에는 무기한으로 출장을 나가도록 하고, 정탐하는 일에서 늦고 빠름의 관계는 작은 것이 아니니 특별히 더욱 마음에 두어 죄를 당함에 이르지 않도록 하라."고 하였다.

5. 『우포청등록』 병오 6월   일

황해도 관찰사가 상고할 일은 다음과 같습니다. 저희 도(道) 등산진에 (관문 내용을) 전달하여, 맡겨 둔 마포 임성룡의 선척(船隻)과 물건을 비

慣水沙格 使之領送于京江爲去乎 到卽捧後回移向事

6. 『右捕廳謄錄』丙午 六月 初六日

黃海監營了

爲相考事 卽到付關內 卽該罪人任成龍船隻與汁物 修成冊出付 營校使之領送事關是置有亦 同 船隻 來校朴龍得 領到京江 竝與汁物而 依成冊照數捧上爲去乎 相考施行爲宜向事

변사 통보에 따라 성책하여 본 감영에 일일이 제출하였습니다. 장교 박용득(朴龍得)에게 별도로 물에 익숙한 사격(沙格, 사공과 그 곁군)을 정하여 한강에 영송(領送, 영솔하여 보냄)하게 하였으니, 도착하는 즉시 받은 후 회답하실 일입니다.

6. 『우포청등록』병오 6월 초6일 (양력 1846년 7월 28일)

황해 감영에 보냄.

상고하는 일은 다음과 같습니다. 방금 도착한 관문에 "즉시 해당 죄인 임성룡의 선척과 물건을 성책하여 부쳤으며, 감영의 장교에게 영솔하여 보내게 하였다."라고 하였습니다. 이 선척을 장교 박용득이 가져와 한강에서 물건과 함께 수령하였습니다. 성책에 의거하여 수를 대조하고 바쳐 올렸으므로 상고하여 시행함이 마땅한 일입니다.

1. 『承政院日記』丙午 七月 十五日

　　上曰 金大建事 何以處之乎 敦仁曰 金大建事 不可一刻假貸矣 自托邪敎 誑惑人心 究厥所爲 專出疑眩煽亂之計 而非特邪術而已 渠本以朝鮮人 背本國而犯他境 自稱以邪學 其所云云 有若恐動者 然 思之不覺骨顫而膽掉 此若不按法誅之 則適足爲藉口之端 又不免示弱矣 上曰 當處分矣

2. 『憲宗實錄』丙午 七月 十五日

　　上曰 佛朗國書見之乎 領議政權敦仁曰 果見之 而其書辭 頗有恐動底意 且出沒於外洋 藉其邪術 煽亂人心 此與所謂暎咭唎 皆是西洋之類矣

　　上曰 金大建事, 何以處之乎 敦仁曰 金大建事 不可一刻假貸矣

바. 어전 회의와 군문 효수 판결

1. 『승정원일기』 병오 7월 15일(양력 1846년 9월 5일)

임금께서 말씀하시길 "김대건의 일은 어떻게 처리할 것인가." 하니, (권)돈인이 아뢰길 "김대건의 일은 조금도 용서할 수가 없습니다. 스스로 천주교에 의탁하여 인심을 속이고 현혹하였습니다. 그 행한 바를 보면 오로지 의심을 미혹시키고 선동하여 소란을 일으키려는 계획에서 나온 것이니 오직 사술(邪術)뿐만이 아닙니다. 그는 본래 조선인으로 본국을 배반하여 타국의 경계를 침범하였습니다. 스스로 천주교를 칭하며 그가 말하는 바가 마치 두렵게 하여 선동하려는 듯하니, 생각하면 저도 모르게 등골이 오싹하고 간담이 서늘합니다. 만약 법대로 처벌하지 않으면 구실로 삼을 단서가 되기에 알맞고 또한 약함을 보이는 것을 면하지 못할 것입니다."라고 하였다. 임금께서 말씀하시길 "마땅히 처분하겠다."고 하였다.

2. 『헌종실록』 병오 7월 15일(양력 1846년 9월 5일)

임금께서 말씀하시길 "불랑국(佛朗國, 프랑스)의 글은 보았는가?" 하니, 영의정 권돈인이 아뢰길 "과연 보았는데, 그 글에는 자못 겁을 주어 동요하게 하려는 저의가 있었습니다. 또한 외양에 출몰하고, 그 사술에 의지하여 인심을 선동하여 소란을 일으킵니다. 이는 이른바 영길리(暎咭唎, 영국)와 함께 서양의 무리입니다."라고 하였다.
임금께서 말씀하시길 "김대건의 일은 어떻게 처리할 것인가?" 하니,

自托邪敎 誑惑人心 究厥所爲 專出疑眩煽亂之計 而非特邪術而已 渠本以朝鮮人 背本國而犯他境 自稱邪學 其所云云 有若恐動者然 思之不覺骨顫而膽掉 此若不按法誅之 則適足爲藉口之端 而又不免示弱矣 上曰 當處分矣

3. 『承政院日記』丙午 七月 二十五日

敦仁曰 佛夷櫃書 昨已回下 纔令輪示諸宰 書中辭意 人皆見之 則自當無騷訛之端 而金大建事 向筵 伏承卽下處分之敎矣 尙無發落 臣未敢知聖意之攸在矣 上曰 方欲以此言之矣 何以處之則爲好耶

(권)돈인이 아뢰길 "김대건의 일은 조금도 용서할 수가 없습니다. 스스로 천주교에 의탁하여 인심을 속이고 현혹하였습니다. 그 행한 바를 헤아리면 온전히 의심을 미혹시키고, 선동하여 소란을 일으키려는 계획에서 나온 것이니 오직 사술뿐만이 아닙니다. 그는 본래 조선인으로 본국을 배반하고 타국의 경계를 넘었습니다. 스스로 천주교를 칭하며 말하고 다니는 바가 겁을 주어 선동하려는 것과 같으니, 생각하면 저도 모르게 등골이 오싹하고 간담이 서늘합니다. 만약 법에 따라 처벌하지 않으면 구실로 삼을 단서가 되기에 알맞고 또한 약함을 보이게 됨을 면하지 못할 것입니다."라고 하였다. 임금께서 말씀하시길 "마땅히 처분하라."고 하였다.

3. 『승정원일기』 병오 7월 25일 (양력 1846년 9월 15일)

돈인이 아뢰기를 "프랑스 오랑캐[68]가 궤에 넣어 보낸 편지[69]는 어제 이미 회하(回下, 임금이 안건에 대한 답을 내림)하시어 방금 모든 재상이 회람하여 편지 속의 뜻을 모두 보았으니, 마땅히 잘못된 소문을 일으키는 단초는 없을 것입니다. 김대건의 일은 지난번 연석[70]에서 즉시 처분하라는 명을 받았습니다. 아직 판결이 없어 신은 감히 전하의 뜻이 어느 곳에 있는지 알지 못하겠습니다." 하니, 임금께서 말씀하시길 "마침 이 말을 하려고 하였다. 어떤 처분을 내리는 것이 좋겠는가?"라고 하였다.

---

68 프랑스 함대 사령관 세실(J.-B. Cécille, 瑟西爾)을 말한다(다음 제2장 중 '페레올 주교의 서한'을 참조).
69 세실이 조선에 전한 편지에 대하여는 다음의 제2장을 참조.
70 여기에서 말하는 '지난번 연석'[向筵]은 7월 15일에 있었던 차대(次對)를 말한다(『일성록』 병오 7월 15일).

敦仁 以此事 外間不無岐貳之論 或曰用法無有早晚 夷情亦多難測 姑俟來頭 以觀動靜而用法 亦未晚也 此亦出於深遠之謨 臣亦不謂之非 而第以國體則反國之賊 邪術之魁 顧何可一刻容貸 假使日後有意外之事 此漢之與彼夷肝肚之相連 昭不可掩 則留置此漢 適足爲日後之慮 臣意則以經法從事 實爲至當 而不可以臣一言 遽爲決定 下詢于登筵大臣及諸宰處之 何如 上曰 一入西洋 則罪已不容誅 此若生置 亦當有繼入者矣

晦壽曰 金大建事 揆以國體與經法 俱不可尙今假息 所謂邪術 在渠餘事 渠以我國人 背本國而從外夷十年而歸 此是反國之賊 此而不按法誅之 其可曰國有法乎 雖以佛朗書觀之 聲氣之相通 昭不可掩 邪徒之增氣藉口 將不知至於何境 決不可晷刻容貸 伏願亟下處分焉

秉鉉曰 大建置辟當否 旣有大臣所奏 臣無容他議 亟降處分焉

(권)돈인이 "이 일로 외간에서는 여러 가지 논의가 없는 것이 아닙니다. 혹자는 '법을 집행하는 데에 빠르고 늦음은 없으며, 오랑캐의 정황 또한 헤아리기 어려운 점이 많다. 앞으로 닥칠 일을 기다려 동정을 살피고 법을 집행해도 늦지 않다.'라고 합니다. 이 또한 심원한 계책에서 나온 것이니 신도 그르다고 생각하지는 않으나, 다만 국체로서 나라를 배반한 역적이자 사술의 우두머리이니 돌아보건대 어찌 잠시라도 용서할 수 있겠습니까. 가령 일후(日後)에 뜻밖의 일이 있게 되면 이놈과 저 오랑캐가 속마음이 서로 연결되어 있음이 밝혀져 가릴 수 없게 되니 이놈을 가두어 두는 것은 훗날의 근심이 될 뿐입니다. 신의 뜻은 경법(經法)으로 일을 처리하는 것이 실로 지당하다는 것이지만 신의 한마디 말로 급히 결정하는 것은 불가합니다. 등연(登筵)한 대신과 모든 재상에게 하문하시어 처리하시는 것이 어떻겠습니까." 하니, 임금께서 이르기를 "한 번 서양에 들어갔으니 그 죄는 이미 죽음으로도 용납할 수 없다. 만약 살려 두면 또 다시 잇달아 들어가는 자가 있게 될 것이다."라고 하였다.

(박)회수(朴晦壽)가 아뢰기를 "김대건의 일은 국체와 경법으로 헤아려 보건대 모두 지금까지 살려 둔 것도 불가한 일입니다. 이른바 사술은 그에게 중요하지 않은 일이며, 그는 우리나라 사람으로 본국을 배신하고 오랑캐를 따른 지 10년 만에 돌아왔으니 이는 나라를 배반한 역적입니다. 이를 법에 따라 죽이지 않는다면 나라에 법이 있다고 말할 수 있겠습니까. 비록 프랑스의 편지만 보더라도 마음과 뜻이 서로 통하고 있음이 드러나 가릴 수 없습니다. 천주교 무리가 기운을 더하고 핑계를 대는 것이 장차 어느 지경에 이르게 될지 알 수 없으니 결단코 잠시도 용서할 수 없습니다. 엎드려 바라건대 속히 처분을 내려 주십시오." 하였다.

(조)병현(趙秉鉉)이 아뢰기를 "(김)대건을 사형에 처하는 것의 옳고 그름은 이미 대신이 아뢴 바 있으니 신은 다른 의견이 없습니다. 서둘러 처분

左根曰 大臣諸宰所奏 允合國體 臣亦無容他議矣

興根曰 金大建罪犯之置辟當否 無容更議 而今此下詢 特趁卽酌處與追後擬律也 以若凶頑 尙此假息 大是失刑 卽速勘斷 以嚴國法 恐不可已

若愚曰 大建之罪犯 尙今容貸 實違於國體經法 大臣諸宰之奏 正爲合當 伏望亟降處分焉

憲球等曰 臣等俱無異見矣

上曰 何以決處爲宜乎 敦仁曰 其罪則當爲大逆不道 實合推鞫 而自前如此罪人 出付軍門 多有已例 今亦依此例處之 恐好矣 仍奏曰 金大建染邪之罪 反國之律 實不可一刻容貸 而登筵大臣諸宰之論 俱無異辭 捕囚金大建 出付軍門 梟首警衆 何如

上曰 依爲之[1] [出擧條]

---

1 일성록 7월 25일 중복.

을 내리십시오."

(김)좌근(金左根)이 아뢰기를 "대신과 모든 재상이 아뢴 바가 국체에 합당하니 신 또한 다른 의견이 없습니다."

(김)흥근(金興根)이 아뢰기를 "김대건이 범한 죄의 사형 여부는 다시 논할 것이 없고, 지금 하문하신 것은 특별히 바로 처벌하느냐, 추후에 법을 적용하느냐는 것인데, 이같이 흉악한 자를 오히려 살려 두는 것은 크게 형률을 잃은 것이니 속히 처단하시어 국법을 엄히 하시는 일을 그만두어서는 안 될 듯합니다."

(이)약우(李若愚)가 말하길 "(김)대건의 범죄를 이제까지 용서한 것은 실로 국체와 경법에 어긋납니다. 대신과 모든 재상의 아룀이 아주 합당하니, 엎드려 바라건대 속히 처분을 내려 주십시오."

(이)헌구(李憲球) 등이 아뢰길 "신 등은 모두 다른 의견이 없습니다." 하였다.

임금께서 이르기를 "어떻게 처결하는 것이 마땅한가?" 하니, (권)돈인이 아뢰길 "그 죄는 대역부도(大逆不道, 다른 나라와 몰래 통하여 반역을 도모하는 죄)에 해당하니 실로 추국(推鞫)하는 것이 합당합니다. 전에 이 같은 죄인을 군문(軍門)으로 내보낸 사례가 이미 많습니다. 지금 또한 이 예에 의거하여 처리하는 것이 좋을 것 같습니다." 이어 아뢰기를 "김대건이 천주교에 물든 죄는 나라를 배반한 법률로, 실로 잠시라도 용서할 수 없습니다. 연석에 오른 대신과 여러 재상의 논의가 모두 다른 말이 없으니, 포도청에 가둬 둔 김대건을 군문으로 내보내 효수(梟首)하여 대중을 일깨우시는 것이 어떠합니까." 하였다.

임금께서 이르시길 "그렇게 하라."고 하였다. [거행조건을 내었다.]

敦仁曰 大建事 旣下處分 刑政得當 而捕廳事 亦當有處分矣

4. 『備邊司謄錄』丙午 七月 二十五日

又所啓 金大建染邪之罪 反國之律 實不可一刻容貸 而登筵大臣 諸宰之論 俱無異辭 捕囚金大建 出付軍門 梟首警衆 何如 上曰 依爲之[2]

5. 『右捕廳謄錄』丙午 七月 二十五日

大臣備局堂上引見入侍時 領議政權敦仁所啓 金大建染邪之罪 反國之律 實不可一刻容貸 而登筵大臣諸宰之論 俱無異辭 捕囚金大建 出付軍門 梟首警衆 何如 上曰 依爲之

---

2 일성록 7월 25일 중복.

(권)돈인이 아뢰기를 "(김)대건의 일은 즉시 처결하는 것이 형정(刑政)에 마땅하니, 포도청의 일 또한 마땅히 처분이 있을 것입니다."

4. 『비변사등록』 병오 7월 25일 (양력 1846년 9월 15일)

아뢰길 "김대건이 천주교에 물든 죄는 나라를 배반한 율(律)이라서 실로 조금도 용서할 수 없습니다. 연석에 오른 대신과 여러 재상의 논의 또한 다른 의견이 없으니 포청에 가두어 둔 김대건을 군문에 내보내 효수하여 뭇 사람들을 일깨우시는 것이 어떠하겠습니까." 하니, 임금께서 "그리하라."고 하였다.

5. 『우포청등록』 병오 7월 25일 (양력 1846년 9월 15일)

대신과 비국당상(備局堂上)을 불러 인견하였을 때, 영의정 권돈인이 아뢰길 "김대건이 천주교에 물든 죄는 나라를 배반한 율이니 실로 조금도 용서할 수 없습니다. 연석에 오른 대신과 모든 재상의 논의 모두 다른 의견이 없으니, 가두어 둔 김대건을 군문에 내보내 효수하여 뭇 사람들을 일깨우시는 것이 어떠하십니까." 하니, 임금께서 "그리하라."고 하였다.

6. 『日省錄』丙午 七月 二十五日

行次對于熙政堂

敦仁曰 佛夷櫃書 昨已回下 纔令輪示諸宰 書中辭意 人皆見之 則自當無騷訛之端 而金大建事 向筵伏承卽下處分之敎矣 尙無發落 臣未敢知聖意之攸在矣

予曰 方欲以此言之矣 何以處之則爲好耶

敦仁曰 以此事 外間不無岐貳之論 或曰 用法無有早晩 夷情亦多難測 此俟來頭 以觀動靜而用法 亦未晩也 此亦出於深遠之謨 臣亦不謂之非 而第以國體 則反國之賊 邪術之魁 顧何可一刻容貸 假使日後有意外之事 此漢之與彼夷 肝肚之相連 昭不可掩 則留置此漢 適足爲日後之慮 臣意則以經法從事 實爲至當 而不可以臣一言 遽爲決定 下詢于登筵大臣及諸宰 處之 何如

予曰 一入西洋 則罪已不容誅 此若生置 必有繼入者矣

6. 『일성록』 병오 7월 25일 (양력 1846년 9월 15일)

희정당에 나가 차대하였다.

… ㈜돈인이 아뢰기를, "프랑스 오랑캐가 궤에 넣어 보낸 편지는 어제 이미 도로 내려 주시어 방금 모든 재상에게 돌려보게 하였으니, 편지 안의 뜻을 사람들이 모두 보았을 것인즉 당연히 스스로 소란을 떨며 잘못 전하는 단초는 없을 것입니다. 김대건의 일은 지난번 연석에서 즉시 처분한다는 전교를 엎드려 받들었는데, 아직까지 발표하여 내린 것이 없으니 신은 아직 감히 성의(聖意)가 어떠한지를 알지 못하겠습니다."

내가 이르기를, "마침 이 말을 하려고 하였다. 어떻게 처리하는 것이 좋겠는가?"

㈜돈인이 아뢰기를, "이 일로 밖에서 여러 가지 의론이 없는 것은 아니온데, 혹자는 '법을 집행하는 일에는 빠르고 늦음이 없으며, 오랑캐의 정황 또한 헤아리기 어려운 점이 많다. 다가올 일을 기다려 동정을 살피고 법을 집행해도 늦지 않다.'라고 합니다. 이 또한 심원한 계책에서 나온 것이니 신 또한 그렇다고 생각하지는 않으나, 다만 국체로서 보면 나라를 배반한 역적이자 사술(邪術)의 수괴이니 생각건대 어찌 일각이라도 용서할 수 있겠습니까? 가령 일후에 의외의 일이 있게 되면, 이놈이 저 오랑캐와 함께 간(肝)과 위(胃)를 서로 잇고 있다는 것이 드러나 가릴 수 없을 것이니, 이놈을 가두어 두고 있는 것은 다만 일후의 근심이 되기에 족할 따름입니다. 신의 뜻은 경법(經法)으로써 일을 처리하는 것이 실로 지당하지만, 신의 한마디 말로써만 급히 결정하는 것은 불가하다는 것입니다. 어전에 모인 대신과 모든 재상에게 하문하시어 처리하는 것이 어떻겠습니까?"

내가 이르기를, "한 번 서양에 들어갔으니 그 죄는 이미 죽음으로도 용납할 수 없다. 이를 만일 살려 두면 반드시 잇달아 들어가는 자가 있게

右議政 朴晦壽曰 金大建事 揆以國體與經法 俱不可尙今假息 所謂邪術 在渠餘事 渠以我國人背本國 而從外夷十年而歸 此是反國之賊 此而不按法誅之 其可曰國有法乎 雖以佛朗書 觀之 聲氣之相通 昭不可掩 邪徒之增氣藉口 將不知至於何境 決不可晷刻容貸 伏願亟下處分焉

行禮曹判書 趙秉鉉曰 大建置辟當否 旣有大臣所奏 臣無容他議 亟降處分焉

行兵曹判書 金左根曰 大臣諸宰所奏 允合國體 臣亦無容他議矣

興根曰 金大建罪犯之置辟當否 無容更議 而今此下詢 特趁卽酌處與追後擬律也 以若凶頑 尙今假息 大是失刑 卽速勘斷 以嚴國法 恐不可已

水原留守 李若愚曰 大建之罪犯 尙今容貸 實違於國體經法 大臣

될 것이다."

우의정 박회수가 아뢰기를, "김대건의 일을 국체와 경법으로 헤아려 보건대, 모두 지금까지 살려 둔 것도 불가한 일입니다. 이른바 사술은 그에게 있어 하찮은 것일 뿐이며, 그가 우리나라 사람으로 본국을 배반하고 외국 오랑캐를 따른 지 10년 만에 귀국하였으니 이는 나라를 배반한 역적입니다. 이를 법을 시행하여 죽이지 않는다면, 나라에 법이 있다고 할 수 있겠습니까? 비록 프랑스의 편지만을 보더라도 서로 소리와 기운을 통하였다는 것이 드러나 가릴 수 없을 것이니, 사악한 무리가 기운을 더하고 핑계를 대는 것은 장차 어느 지경까지 이를지 알 수 없으며, 결코 한 시각이라도 용서하지 못할 것입니다. 엎드려 바라건대 급히 처분을 내려 주십시오."

행(行)[71] 예조 판서 조병현이 아뢰기를, "(김)대건에게 죄를 주는 가부는 이미 대신들이 아뢰었으니, 신은 달리 의론할 것이 없습니다. 빨리 처분을 내려 주십시오."

행 병조 판서 김좌근이 아뢰기를, "대신과 모든 재상이 아뢴 것은 국체에 아주 합당하니, 신 또한 달리 의론할 것이 없습니다."

(좌참찬) (김)흥근이 아뢰기를, "김대건의 범죄에 죄를 주는 가부는 다시 의론할 것이 없고, 이제 하문하신 것은 특히 즉시 처분할 것이냐 추후에 법률을 적용할 것이냐에 관계된 것인데, 이같이 흉악하고 완악한 놈을 이제까지 잠시라도 숨 쉬게 한 것조차 크게 형률을 잃은 것이니, 속히 처단하시어 국법을 엄히 하는 것을 그만둘 수 없을 듯합니다."

수원 유수 이약우가 아뢰기를, "(김)대건의 범죄를 지금까지 용서한 것

---

[71] 행수법(行守法)에서의 '행'을 말한다. 다시 말해 '행'이란 높은 품계를 가지고 있으나 관직이 낮은 경우(階高職卑)를 말하며, '수'는 품계는 낮으나 관직이 높은 경우(階卑職高)를 말한다.

諸宰之奏 正爲合當 伏望亟降處分焉

  知敦寧 李憲球曰 臣等 固無異見矣
  予曰 何以決處爲宜乎
  敦仁曰 其罪則合爲大逆不道 實合推鞫 而自前如此罪人 出付軍門多有已例 今亦依此例處之 恐好矣

  ……命 邪學罪人金大建 梟首警衆

  領議政 權敦仁 啓言 金大建 染邪之罪 反國之律 實不可一刻容貸 而登筵大臣諸宰之論 俱無異辭 捕囚金大建 請出付軍門梟首警衆 從之

7. 『憲宗實錄』丙午 七月 二十五日

  上御熙政堂 引見大臣備局堂上 命邪學罪人金大建梟首 大建以龍仁人年十五 逃入廣東 學洋敎 癸卯 結玄錫文輩 潛還爲敎主於都下 是年春 往海西 遇漁採唐船 要寄書于廣東洋漢 爲土人所捉 始稱中國人 終首實其本末

은 실로 국체와 경법에 어긋납니다. 대신과 모든 재상이 아뢴 것은 아주 합당하니, 빨리 처분을 내려 주시도록 엎드려 바라옵니다."

지돈녕(知敦寧) 이헌구가 아뢰기를, "신 등은 실로 다른 의견이 없습니다."

내가 이르기를, "어떻게 처결하는 것이 마땅하겠는가?"

(권)돈인이 아뢰기를, "그 죄는 대역부도에 해당하니, 추국하는 것이 합당하고, 전에도 이런 죄인은 군문으로 내보낸 일이 많아 이미 전례가 되어 있으니, 이제 또한 이러한 예에 의거하여 처리하는 것이 좋지 않을까 합니다."

…명하기를, "천주교 죄인 김대건을 효수경중(梟首警衆, 머리를 베어 백성들을 경계토록 하는 사형의 하나)하라."

영의정 권돈인이 아뢰기를, "김대건이 천주교에 물든 죄와 나라를 배반한 법률은 실로 일각이라도 용서할 수가 없습니다. 연석에 오른 대신과 여러 재상의 논의가 모두 다른 말이 없으니, 포도청에 갇혀 있는 김대건을 군문에 내보내 효수경중하기를 청합니다."라고 하니, 임금께서 "그대로 따르라."고 하였다.

7. 『헌종실록』 병오 7월 25일 (양력 1846년 9월 15일)

임금께서 희정당에 나아가 대신과 비변사 당상관을 인견하였다. 천주교 죄인 김대건을 효수하라고 명하였다. (김)대건은 용인 사람으로 나이 15세에 광동에 들어가 서양 교리를 배웠다. 계묘년(1843)에 현석문 무리와 결탁하여 몰래 돌아와 서울에서 교주(敎主, 즉 성직자)가 되었다. 그해 봄, 황해도에 가서 고기 잡는 중국 배를 만나 광동에 있는 서양인에게 편지를 보내 달라고 부탁하다가 그 지방 사람에게 잡혔다. 처음에는 중국인이라 하였으나, 마지막엔 그 본말을 사실대로 자백하였다.

自捕廳閱月盤覈 其爲說極狡獪 挾洋舶之强而脅之謂 我國終不可禁渠敎 布散銀錢 京外爛用之貨 皆洋漢之由柵中輸送也 又自云能通洋外諸蕃話 故以神父而爲各國通事云 至是幷與玄錫文而同誅之 錫文辛酉邪徒伏法啓欽子也

8. 『承政院日記』 丙午 七月 二十六日

又以左右捕盜廳 言啓曰 本廳在囚罪人金大建 出付御營廳之意 敢啓 傳曰 知道

又以御營廳 言啓曰 罪人金大建 大會軍民於沙場 梟首警衆之意 敢啓 傳曰 知道

9. 『日省錄』 丙午 七月 二十六日

御營廳 以金大建梟首警衆 啓

포도청에서 한 달 동안 심문을 하였는데, 그 말이 매우 교활하였다. 서양 선박의 강함을 의지하고 협박하며 말하길 "우리나라에서 끝내 그 교(敎)를 금할 수 없을 것이다. 은전을 흩뿌려 서울과 지방에서 남용하는 재화는 모두 서양인이 책문에서 실어 보낸 것이다."라고 하였다. 또 스스로 말하길 "외국의 여러 나라 말에 능통하므로, 신부로서 각 나라의 통역을 하였다."고 하였다. 이에 이르러 아울러 현석문과 함께 목을 베었다. (현)석문은 신유년(1801) 천주교 무리로 처형된 (현)계흠의 아들이다.

8. 『승정원일기』 병오 7월 26일 (양력 1846년 9월 16일)

또 좌우 포도청에서 말로 아뢰기를, "본 청에 가두어 두고 있던 김대건을 어영청(御營廳)[72]으로 내보내겠다는 뜻을 감히 아룁니다."라고 하니, 전교하여 이르기를, "알았다."고 하였다.

또 어영청에서 말로 아뢰기를, "죄인 김대건을 많은 군인과 백성이 모인 사장(沙場, 즉 새남터)에서 효수경중하겠다는 뜻을 감히 아룁니다."라고 하니, 전교하여 이르기를, "알았다."고 하였다.

9. 『일성록』 병오 7월 26일 (양력 1846년 9월 16일)

어영청에서 김대건을 효수경중하였다고 아뢰었다.

---

72 조선 후기 중앙에 설치된 오군영(五軍營)의 하나로, 군문효수형을 시행할 때 어영청의 군사들을 자주 이용하였다.

제 2 장

페레올 주교의 서한과 가경자 문헌

1. Lettre de Mgr Ferréol à Mr Libois
   (vol. 579 ; f. 210)

A. M. Libois.

M. et c.c. Le P. André a dû expliquer bien des choses à ses juges : toute son histoire est connue d'eux. Ils l'appelaient souvent et avaient avec lui des entretiens secrets. Ils ont conçu une telle estime pour lui qu'ils lui ont dit : s'il ne tenait qu'à nous de vous mettre en liberté, vous y seriez déjà. Ils lui ont donné la map-monde[mappemonde] à tracer ;

가. 페레올 주교의 서한과 약전

1. 페레올[1] 주교가 리브와 신부에게 보낸 서한[2]

- 발신일 : 1846년 9월 6일
- 발신지 : 조선
- 수신인 : 리브와 신부
- 출 처 : AMEP vol. 579, f. 210

리브와 신부님께,

친애하는 신부님, (김대건) 안드레아 신부는 심문관들에게 많은 것들을 설명해야 했습니다.[3] 그리하여 그의 이야기가 그들에게 전부 알려졌습니다. 그들은 안드레아 신부를 자주 불러 비밀스러운 대화를 했습니다. 그들은 그에 대해 어떤 경의 같은 것을 품고 이렇게 말했습니다. "당신을 풀어주는 것이 단지 우리에게만 달린 문제라면 당신은 이미 그리되

---

1 페레올(J.J. Ferréol, 高, 1808~1853) : 파리 외방전교회 선교사. 제3대 조선 대목구장. 1840년 1월 마카오에 도착하였고, 만주에 가서 조선 입국을 시도했다. 1843년 12월 31일 양관 성당에서 주교로 서품되었다. 이후 상해로 건너가서 김대건 부제에게 사제품을 주었고, 그의 안내를 받아 1845년 10월 12일 다블뤼 신부 등과 함께 조선에 입국하였다. 순교자들의 약전 자료를 정리하고, 성모 성심회를 설립하는 등 활동하다가 1853년 2월 3일에 선종했다.
2 이 서한은 성 김대건 신부 전기 자료집 제2집, 『성 김대건 신부의 활동과 업적』, 1996, 295~299쪽에 실려 있던 것인데, 개정판을 간행하면서 이 책(제3집)으로 옮겨 싣는다.
3 그 내용은 김대건 신부의 1846년 8월 26일 자 서한, 『성 김대건 안드레아 신부의 서한』, 2020, 222~234쪽 참조.

et son ouvrage a été trouvé si bon qu'il a été proclamé le premier géographe et le plus grand savant de la Corée, amici, teneatis risum.

Chez les Coréens c'est crime capital de communiquer avec l'étranger. Les circonstances où nous nous trouvons me forcent d'adopter ce nouveau genre de lettre. Un ou plusieurs navires français ont paru sur les côtes de la Corée. D'après la rumeur publique, le commandant ou autre aurait eu avec un docteur coréen l'entretien suivant, dont je ne vous transmets que l'abrégé.

…

votre très humble et tout dévoué serviteur.

Ferréol, év. de Belline,

2 7bre 1846

6 Septembre. On a pu obtenir d'une personne du prétoire la lettre de M. Cécile.

…

었을 것이오." 그들은 그에게 세계 지도를 주고 그리게 했습니다.[4] 그가 그린 지도가 하도 훌륭해서 그는 조선에서 첫째가는 지리학자이자 가장 위대한 학자로 선포되었습니다. 친구들이여, 웃음을 참으시오.

조선에서 외국인과 관계하는 것은 사형에 처해지는 범죄입니다. 우리가 현재 처해 있는 상황 때문에 우리는 *이러한 새로운 형태의 편지를 쓸 수밖에 없습니다.*[5] 한 척 혹은 여러 척의 프랑스 선박이 조선 해안에 나타났습니다. 떠도는 소문에 의하면 함장인지 다른 누구인지가 조선인 학자와 다음과 같은 이야기를 대화로 나누었나 본데, 그 대화의 요약을 보내드립니다.[6]

…[중략]…

신부님의 지극히 미천하고 헌신하는 종,

벨리노 명의 주교, 페레올

1846년 9월 2일

9월 6일. 포청의 어떤 사람으로부터 세실 씨의 편지[7]를 입수할 수 있었습니다.

…[이하 생략]…

---

4   김대건 신부는 옥중에서 영국의 세계 지도 1장을 번역하였고, 채색한 2장의 지도를 만들었으며, 지리 개설서를 편찬하였다(김대건 신부의 1846년 8월 26일 자 서한 참조). 이뿐만 아니라 김대건 신부의 문초 기록에도 "김대건이 시험 삼아 그린 서화를 바쳤다."고 되어 있는데, 이것이 바로 세계 지도를 그린 사실을 말한 것 같다(『일성록』 헌종 병오 윤5월 7일 · 8일).

5   종이 한 장에 문단 구분이나 줄 바꿈 없이 작은 글씨로 빽빽하게 쓰여 있다.

6   이하의 대화는 내용으로 볼 때, 세실과 외연도(外延島)의 주민 사이에서 이루어진 대화인 것 같다.

7   프랑스 해군의 세실 함장이 1846년 8월 9일 클레오파트르(Cléopâtre)호, 빅토리외즈(Victorieuse)호, 사빈느(Sabine)호 등 군함 3척을 이끌고 충청도의 외연도 근처에 나타난 적이 있었다. 이때 세실 함장은 1839년에 3명의 프랑스 선교사를 학살한 일에 대해 조선 정부에 항의하는 서한을 전한 뒤 8월 10일에 그곳을 떠났다.

2. Lettre de Mgr Ferréol à M. Barran, Direct.
(AMEP vol. 577, ff. 961~971)

3 novembre 1846

Vallée de la province de Tchongtcheng, Souritsikol,

; cf. *Annales de la Propagation de la Foi*, t. 19, 1847, pp. 433~454

Histoire de l'Eglise de Corée, t. 2. pp. 317~321

1) Lettre d'André Kim du 26 août 1846

2) Arrivée de M. Cécile ; Espoir de délivrance du P. Kim André ; Lettre de M. Cécile

A cette nouvelle, M. André Kim conçut un instant l'espoir de sa délivrance. Il dit aux chrétiens captifs avec lui : «Nous ne serons pas mis à mort. — Quelle preuve en avez-vous, lui répondirent ceux-ci? — Des navires français sont en Corée. L'évêque et le P. An (nom

2. 페레올 주교가 바랑 지도 신부[8]에게 보낸 서한

- 발신일 : 1846년 11월 3일
- 발신지 : 충청도 지역의 산곡, 수리치골
- 출　처 : AMEP vol. 577, ff. 961~971
- 참　조 : 『전교회지』 제19권, 1847년, pp. 433~454,
　　　　『한국 천주교회사』 하, 115~121쪽

1) 김대건 신부가 옥중에서 쓴 1846년 8월 26일 자 서한 및 8월 29일 자의 추신[9]

2) 세실 함장[10]의 내한과 김대건 신부의 석방 희망, 세실 함장의 편지

(프랑스 군함이 조선 연안에 왔다는) 소식에 김 안드레아 신부는 자신이 석방되리라는 희망을 잠시 가졌습니다.[11] 그는 함께 갇혀 있는 신자들에게 "우리는 사형을 당하지 않을 겁니다."하고 말하였습니다. "무슨 근거로 말입니까?"하고 신자들이 물으니 그가 대답하였습니다. "프랑스의

8　바랑(J. Barran, 1798~1855) : 파리 외방전교회 회원. 1825년에 파리 신학교의 지도자로 임명되었고, 1851년 교장으로 선출되었다.

9　본 자료집 제1집 『성 김대건 안드레아 신부의 서한』, 2020, 222~234쪽을 참조.

10　세실(J.-B. Cécille, 1787~1873) : 프랑스 해군 장교로, 아편전쟁 중이던 1841년 중국에 파견되었고, 베트남 등지에서도 군사 활동을 전개했다. 프랑스에 귀국한 후에는 정치에 참여하여 런던 주재 프랑스 대사, 상원의원 등을 역임하였다.

11　김대건 신부가 프랑스 군함의 출현을 듣고 확신하게 된 것은 8월 29일이었다(본 자료집 제1집, 「1846년 8월 26일 자 서한 및 추신」 참조).

coréen de M. Daveluy) ne manqueront pas de leur faire connaître notre position. Je connais le grand chef, à coup sûr il nous délivrera.» Aussitôt qu'on annonnça la présence de ces navires, j'écrivis une lettre au commandant ; mais ils avaient déjà disparu, lorsqu'on m'apporta la nouvelle de leur arrivée. Le contre-amiral Cécile eut certainement délivré nos prisonniers. Il s'était servi de M. André Kim pendant quelques mois comme interprète en Chine, et il en conservait un bon souvenir. La lettre qu'il ecrivit aux ministres de la Corée peut avoir pour nous de grandes suites : Monsieur et cher confrère, vous la lirez avec intérêt. L'original était en chinois.

«Par l'ordre du ministre de la marine de France, le contre-amiral Cécile, commandant l'escadre française en Chine, est venu pour s'informer d'un attentat odieux qui a eu lieu le 14 de la 8ième lune

배들이 조선에 와 있습니다. (페레올) 주교님과 안(다블뤼) 신부님[12]이 틀림없이 우리의 처지를 그들에게 알리실 것입니다. 나는 그 함장을 알고 있는데, 그가 틀림없이 우리를 석방시켜 줄 것입니다." 이 배들이 와 있다는 소식을 듣자마자 저는 함장에게 편지를 썼습니다. 하지만 배들이 왔다는 소식을 제가 들었을 때 그들은 이미 떠나고 없었습니다. 세실 함장은 투옥되어 있던 우리 사람들을 틀림없이 석방시켰을 것입니다. 그는 김 안드레아 신부를 중국에서 여러 달 동안 통역인으로 데리고 있었고, 그에 대해 좋은 기억을 간직하고 있었습니다. 그가 조선의 대신들에게 쓴 편지는 우리에게 중대한 결과를 초래할 수도 있습니다. 친애하는 신부님, 이 편지를 관심을 가지고 읽어보시기 바랍니다. 편지 원문은 한문으로 쓰여 있었습니다.[13]

프랑스 해군성 장관의 명을 받아, 중국에 주재하는 프랑스 함대 사령관 세실 해군 소장은 기해년 음력 8월 14일(1839년 9월 21일)에 발생한 추악한 범죄행위에 대하여 알아보려고 왔습니다. 우리나라에서 그 지식

---

12 다블뤼(M.N.A. Daveluy, 安敦伊, 1818~1866) : 성인. 파리 외방전교회 선교사. 1845년 페레올 주교, 김대건 신부 등과 함께 조선에 입국했다. 1857년 3월 25일에 주교로 서품되었고, 부주교로서 베르뇌 주교를 보좌했다. 1866년 3월 7일 베르뇌 주교가 처형되자, 제5대 조선 대목구장이 되었다. 하지만 그해 3월 11일에 체포되어 3월 30일 충청남도 보령 갈매못에서 순교하였다.

13 당시 세실 함장은 애당초 조선 재상과 면담하고 선교사 학살에 대한 해명을 요구할 예정이었으나, 섬과 반도가 많은 서해안을 항해하기가 어려웠고, 무엇보다도 한강 입구를 발견하지 못하여 면담을 포기하고 다만 서한만을 남겨 두는 데 그치고자 하였다. 이를 위해 세실은 외연도 주민들에게 자신의 서한을 재상에게 전달해 달라고 요청했으나 거절당하자 그것을 작은 상자에 넣어 외연도에 남겨 두고 조선을 떠났다. 이 서한은 위의 페레올 주교 서한과 조선의 관찬 기록에 수록되어 있다(『헌종 실록』, 12년 7월 3일 ; 『일성록』 병오 7월 7일).

de l'année kei-hai (21 septembre 1839). Trois Français, Imbert, Chastan et Maubant, honorés dans notre pays pour leur science et leurs vertus, ont été, on ne sait pourquoi, mis à mort en Corée. Dans ces contrées de l'Orient, le contre-amiral ayant pour devoir de protéger les gens de sa nation, est venu ici s'informer du crime qui a mérité à ces trois personnes un sort aussi déplorable. Vous me direz peut-être : Notre loi interdit l'entrée du royaume à tout étranger ; or, ces trois personnes l'ayant transgressée ont subi la peine de leur transgression. Le contre-amiral vous répond : Les Chinois, les Mandchoux et les Japonais entrent quelquefois témérairement chez vous, loin de leur faire du mal, vous leur fournissez les moyens de retourner en paix au sein de leurs familles. Pourquoi n'avez-vous pas traité ces Français comme vous traitez les Chinois, les Mandchoux et les Japonais? Nous croyions que la Corée était la terre de la civilisation, et elle méconnait la clémence du grand empereur de la France. Si vous voyez des Français s'éloigner de milliers de lieues de leur patrie, n'allez pas vous imaginer qu'ils cessent pour cela d'être Français et qu'on ne se soucie plus d'eux. Il faut que

과 덕으로 인하여 존경받던 앵베르,[14] 샤스탕,[15] 모방[16] 이 세 명의 프랑스인이 무슨 이유인지 모르게 조선에서 사형을 당하였습니다. 이 동양 지방에서 조국의 동포를 보호할 책임을 가진 해군 소장은 어떠한 범죄로 이들 세 명이 그렇게도 비참한 운명을 맞게 된 것인지 알아보려고 온 것입니다. 귀관들은 아마 이렇게 말씀할지도 모르겠습니다. "우리나라 법은 어떤 외국인도 나라에 들어오는 것을 금하는데, 그 세 명은 이 법을 어겼으므로 그 위반에 대한 벌을 받은 것입니다." 그러나 해군 소장의 대답은 이렇습니다. "중국인, 만주인, 일본인들이 가끔 무턱대고 귀국에 들어오는 일이 있습니다. 귀관들은 그들에게 해를 끼치기는 고사하고, 그들이 가족들의 품으로 무사히 돌아가도록 편의를 제공합니다. 어찌하여 그 프랑스 사람들을 중국인, 만주인, 일본인들을 대우하듯이 대우하지 않으셨습니까?" 우리는 조선이 문명의 땅인 줄로 믿고 있었는데, 귀국은 프랑스 대황제의 관용을 무시하였습니다. 프랑스 사람들이 고국에서 수만 리 떨어진 곳으로 간다고 하여 그들이 더 이상 프랑스 사람이 아니고 우리가 그들을 더는 염려하지 않는다고 생각하지 마십시오. 우리 황제의 은혜는 그의 백성이 세상 어느 곳에 가 있든지 모든 백성에게 미친다는 것을 아셔야 합니다. 만일 그들 중에 다른 나라에서 살인이나 방화나 다른 무슨 벌을 받아야 할 범죄를 저지르는 사람이 있어

---

14 앵베르(L.-J.-M. Imbert, 范世亨, 1796~1839) : 성인. 파리 외방전교회 선교사. 제2대 조선대목구장. 1836년 4월 26일 조선 대목구 부주교로 임명되었고, 1837년 5월 14일 주교로 서품되었다. 1837년 12월 31일 서울에 도착하여 조선 대목구를 담당하다가 1839년 9월 21일 새남터에서 순교하였다.

15 샤스탕(J.H. Chastan, 鄭牙各伯, 1803~1839) : 성인. 파리 외방전교회 선교사. 1837년 1월 1일 조선에 입국하여 사목하였다. 1839년 9월 21일(음력 8월 14일) 새남터에서 순교하였다.

16 모방(P.P. Maubant, 羅伯多祿, 1803~1839) : 성인. 파리 외방전교회 선교사. 1836년 1월 12일 자정에 정하상, 유진길 등의 안내를 받아 조선에 입국하였다. 1839년 9월 21일(음력 8월 14일) 새남터에서 순교하였다.

vous sachiez que les bienfaits de notre empereur s'étendent sur tous ses sujets en quelque lieu du monde qu'ils se trouvent. Si parmi eux se rencontrent des hommes qui commettent dans un autre royaume des crimes punissables, tels que le meurtre, l'incendie ou autres, et qu'on les en châtie, notre empereur laisse agir la justice ; mais si, sans sujet et sans cause, on les met tyranniquement à mort, alors, justement indigné, il les venge de leurs iniques oppresseurs. Persuadé que pour le moment les ministres ne peuvent promptement me répondre sur le motif qui m'a amené dans ces parages, savoir la mort infligée par les Coréens à trois docteurs de notre nation, je pars. L'année prochaine des navires français viendront de nouveau, alors ils répondront. Seulement je leur répète qu'ayant été clairement avertis de la protection bienveillante que notre empereur accorde à ses sujets, si par la suite une pareille tyrannie s'exerce de la part des Coréens sur quelques uns d'entre eux, certainement la Corée ne pourra éviter d'éprouver de grands désastres, et quand ces désastres viendront fondre sur le roi, sur ses ministres et les mandarins, qu'ils se gardent bien de les imputer à d'autres qu'à eux-mêmes, et cela pour s'être montrés cruels, injustes, inhumains. L'an 1846 du salut du monde, le 8 de la cinquième lune (1er juin).»

벌을 받는다면 우리 황제께서는 사법(司法)이 하는 대로 둡니다. 그러나 죄명도 없고 이유도 없이 포악하게 그들을 사형에 처한다면, 그때에는 당연히 노하시어 그 불공평한 압제자들에게 보복을 하십니다. 내가 여기 오게 된 동기에 대하여, 즉 우리나라의 세 박사에게 조선 사람들이 가한 사형에 대하여 지금 당장은 대신들이 대답할 수 없으리라는 것을 확신하고 떠납니다. 내년에 프랑스 군함들이 다시 와서 회답을 받아 갈 것입니다. 다만 대신들에게 다시 말씀드리고자 하는 것은, 우리 황제께서 자신의 백성에게 베푸시는 친절한 보호에 대해 분명히 들어 아셨으니 만일 이다음에 조선 사람들이 프랑스인들에게 이와 같은 탄압을 가한다면 조선은 틀림없이 크나큰 불행을 겪지 않을 수 없을 것이며, 그런 불행이 임금과 대신들과 관리들에게 닥친다면 그것을 자신들이 아닌 남의 탓으로 돌리지 마시라는 것입니다. 그리고 그것은 포악하고 불의하고 몰인정한 일을 저질렀기 때문이라는 것입니다.

구세(救世) 1846년 음력 5월 8일(양력 6월 1일)[17]

---

17 『일성록』 병오 7월 7일. "大佛朗西國水師提督 欽命到印度與到中國各戰船元帥瑟西爾 爲究問無辜被害事 察得己亥年八月十四日 曾有佛朗西人卽安默爾沙斯當慕印三位 該三位者 吾國以爲大德望之士也 不期爲貴高麗所害等情 蓋於此東方本帥 有照護吾鄕士庶之職 玆故前來究問該三位罪犯何條 而應受如此慘死 或言貴高麗律法 禁革外國之人入境 該三位入境故耳害之 然本帥察得設或漢人滿州人日本人有冒入貴高麗之境者 不過提護解送出境竝無克苦加害等情 請問爲何不待該三位 如待漢人滿州人日本人一樣 想貴高麗身負重任之大君子者 未識吾大佛朗西皇帝之仁德也 吾國之士庶 雖離鄕萬萬里 不能爲其所棄 而不共沾其恩澤也 須知吾皇帝之隆恩廣佈 庇及其國士民於天下萬國 若其民於他國有爲非作歹者 如殺人放火等弊 審實治罪 則亦無容究也 如其民無辜而人虐害之者 是大辱吾佛朗西皇帝 而招怨必矣 蓋本帥所問吾國賢士三位 爲貴高麗所害等情 想貴輔相玆不能卽回答也 玆故復仰知悉 來年吾國戰船特爾來 此貴國彼時回覆之可也 本帥再告貴輔相 得知吾國皇帝覆庇其士民之仁德 玆已報明貴國矣 自玆而後 倘有再虐害吾國之士民等情 貴高麗必不能免大災害也 然則災害臨時 上自貴國國王 下至大臣百官 皆不能歸怨於他人 維能怨己之不仁不義而無禮也 維此仰知 救世一千八百四十六年烏月初八日云 皮封云高麗國輔相大人高陞"

Si on vient l'année prochaine, et qu'on exige réparation de la mort de nos confrères, il nous est permis d'espérer dans l'avenir une ère moins cruelle pour la religion ; mais si on s'en tient à ces menaces, le peuple coréen méprisera les Français, et le roi n'en deviendra que plus furieux contre les chrétiens. Déjà cette lettre, contre l'intention de M. Cécile sans doute, a été l'occasion de la mort de M. Kim, ou du moins l'a accélérée. M. Kim avait gagné l'affection de ses juges et des premiers ministres. Ceux-ci prièrent le roi de lui conserver la vie. Il a commis, lui dirent-ils, un crime digne de mort en sortant du royaume, et en communiquant avec les étrangers, mais il l'a expié en rentrant dans son pays. Ils lui présentèrent une copie de la map-monde[mappemonde] : le roi en fut très satisfait, et il était sur le point de leur accorder l'objet de leur demande, lorsqu'il reçut la lettre de M. Cécile. Quelques jours après ordre partit de la cour de battre les prisonniers, de relâcher ceux qui auraient apostasié et de mettre à mort ceux qui se montreraient rebelles.

3) Martyr du P. André Kim

M. Kim fut traité en ennemi de l'État, et exécuté de la même manière que Mgr Imbert et MM. Chastan et Maubant. Le 16 septembre,

그들이 내년에 와서 우리 동료 신부님들의 죽음에 대한 배상을 요구한다면 앞으로는 천주교에 덜 가혹한 시대가 오리라고 희망할 수도 있을 것입니다. 그러나 만일 이런 위협만 하고 만다면 조선 백성은 프랑스 사람들을 업신여길 것이고, 천주교인들에 대한 임금의 분노만 더욱 커질 것입니다. 세실 함장의 의도와는 다르게 이미 그 편지는 김(대건) 신부의 죽음을 가져오는 기회가 되었거나 적어도 그것을 재촉하였습니다. 김(대건) 신부는 심문관들과 정승들의 호의를 샀습니다. 이들은 임금에게 그의 목숨을 보전해 달라고 청하였습니다.[18] 그들은 임금에게 이렇게 말했습니다. '그는 나라 밖으로 나가고 외국인들과 교섭함으로 죽어 마땅한 죄를 지었습니다. 그러나 다시 나라에 돌아옴으로써 죄를 기워 갚았습니다.' 그들은 (김대건 신부가 옥중에서 그린) 세계 지도 사본 한 벌을 임금에게 바쳤습니다. 임금님은 매우 만족하였고 그들의 청을 들어주려는 찰나에 세실 함장의 편지를 받은 것입니다. 며칠 후 조정은 죄수들을 매질하여 배교하는 이들은 놓아주고 반항하는 이들은 즉시 사형에 처하라는 명령을 내렸습니다.

3) 김대건 신부의 순교

김(대건) 신부는 국사범(國事犯)으로 다루어져[19] 앵베르 주교, 샤스탕 신부, 모방 신부와 같은 방식(군문효수)으로 처형되었습니다. (양력) 9월

---

18   1846년 7월 15일(양력 9월 5일)과 7월 25일의 차대(次對)에서 세실의 서신에 대한 회신 여부와 김대건 신부의 사형 여부를 동시에 의논한 사실에서 볼 때, 당시 조정에서 이 두 사건을 서로 연관시키고 있음을 알 수 있다. 그러나 조정 대신들이 김대건 신부의 목숨을 살려 달라고 요청한 내용은 나타나지 않고, 7월 25일의 차대에서 나온 '동정을 살피고 법을 집행해도 늦지 않다'는 내용에서 그에 대한 구명 운동이 있었지 않나 추측될 뿐이다(이에 대하여는 앞의 제1장 중 '어전 회의와 군문 효수 판결'을 참조).

19   이에 대하여는 앞의 제1장 중 '어전 회의와 군문 효수 판결'을 참조.

une compagnie de soldats, le fusil sur l'épaule, se rendirent[rendit] sur le lieu de l'exécution, situé sur les bords du fleuve, à une lieue de la capitale. Un instant après une décharge de fusils et le son de la trompette annonça[annoncèrent] l'arrivée d'un grand mandarin militaire aux milieu d'eux. Pendant ce temps le prisonnier fut extrait de sa prison. Une chaise à porteurs avait été grossièrement préparée : c'étaient deux longs bâtons au milieu desquels on avait tressé un siége de paille. On y fit asseoir M. Kim, les mains attachées derrière le dos, et au milieu d'une foule on le conduisit au champ du triomphe.

Les soldats avaient planté dans le sable une pique au sommet de laquelle flottait un étendard, et s'étaient rangés en cercle tout autour. Ils ouvrirent le cercle et y reçurent le prisonnier. Le mandarin lui lut sa sentence ; elle portait qu'il était condamné à mort pour avoir communiqué avec les étrangers. M. kim s'écria d'une voix forte : «Je suis à ma dernière heure, écoutez-moi attentivement : si j'ai communiqué avec les étrangers, c'est pour ma religion, c'est pour mon Dieu ; c'est pour lui que je meurs. Une vie immortelle va commencer pour moi. Faites-vous chrétiens, si vous voulez être heureux après la mort, car Dieu réserve des châtiments éternels à ceux qui l'auront méconnu.»

Ayant dit ces paroles, on le dépouilla de sa chemise ; on lui perça les oreilles d'une flèche qu'on y laissa suspendue : on jeta de l'eau sur sa figure, et par dessus une poignée de chaux ; puis deux hommes passant un bâton sous ses bras, le prirent sur leurs épaules, et

16일, 한 중대의 군사들이 어깨에 총을 메고 서울에서 1리외(약 4㎞) 떨어진 강가(새남터)에 있는 처형장으로 갔습니다. 조금 후에 일제 사격과 나팔 소리가 높은 군관의 도착을 알렸습니다. 그 사이 죄수는 옥에서 끌려 나왔습니다. 투박하게 만들어진 들것이 준비되어 있었는데, 기다란 막대기 두 개 사이에 짚으로 자리를 엮어 만든 것이었습니다. 거기에 손이 등 뒤로 결박된 김 신부를 앉힌 후, 군중 사이를 지나 승리의 전장(戰場)으로 데려갔습니다.

군사들은 모래에 창을 하나 박았는데 그 꼭대기에는 깃발이 펄럭이고 있었고 군사들은 그 주위를 빙 둘러서 있었습니다. 그들은 원을 터서 그 안으로 죄수를 들였습니다. 관장이 그에게 선고문을 읽어 주었습니다. 그가 외국인들과 교섭하였기 때문에 사형에 처한다는 내용이었습니다. 김 신부는 크게 소리쳤습니다. "나는 이제 마지막 시간을 맞이하였으니 여러분은 내 말을 똑똑히 들으십시오. 내가 외국인들과 교섭을 한 것은 내 종교를 위해서였고 내 천주를 위해서였으며 나는 그분을 위하여 죽는 것입니다. 영원한 생명이 내게 시작되려고 합니다. 여러분이 죽은 뒤에 행복하기를 원하면 천주교를 믿으십시오. 천주께서는 당신을 무시한 자들에게 영원한 벌을 주시기 때문입니다."

이 말을 마치자, 형리들이 그의 웃옷을 벗겼습니다. 그리고 그의 양쪽 귀를 화살로 뚫고 화살을 그대로 매달아 두었습니다. 얼굴에 물을 뿌리고 그 위에다 횟가루 한 줌을 뿌렸습니다. 그런 다음 두 사람이 그의 겨드랑이에 몽둥이를 꿰어 자기들의 어깨에 얹어 들어 올리고는 원둘레

le promenèrent rapidement trois fois autour du cercle : après quoi ils le firent agenouiller, attachèrent une corde à sa chevelure, et la passèrent à un trou pratiqué sur la pique, la tirèrent par le bout et tinrent sa tête élevée. Pendant ces préparatifs, le martyr n'avait rien perdu de sa tranquillité. «De cette manière suis-je placé comme il faut, disait-il à ses bourreaux? Pourrez-vous frapper commodément? — Non, tournez-vous comme cela. Voilà qui est bien. — Frappez, je suis prêt.» Une douzaine de soldats armés de leurs sabres et simulant un combat, voltigèrent tout autour et en passant frappent sur le cou du martyr. La tête ne se détacha qu'au huitième coup. Un satellite la plaça sur une petite table et la présenta au mandarin qui s'en retourna avertir la cour de l'exécution.

Suivant les lois du royaume les corps des criminels doivent demeurer en place l'espace de trois jours. Ce terme écoulé, leurs proches ont la liberté de les enlever. Les restes de M. Kim ont été ensevelis dans l'endroit où il a été mis à mort. Les satellites font sentinelles tout auprès. Je n'ai pu encore les faire enlever pour les placer en lieu plus convenable.

Vous concevez aisément, Monsieur et cher confrère, combien la perte de ce jeune prêtre indigène m'a été cruelle. Je l'aimais comme un père aime son fils ; son bonheur seul peut me consoler de ne l'avoir plus.

를 빠르게 세 번 돌았습니다. 그 후 그의 무릎을 꿇리고 머리채를 새끼줄로 매어 (모래에 박아 놓은) 창 자루에 뚫린 구멍에 꿰어 반대쪽에서 그 끝을 잡아당겨 머리를 쳐들게 하였습니다. 이런 준비를 하는 동안 순교자는 조금도 침착함을 잃지 않았습니다. 그가 형리들에게 말하였습니다. "이렇게 하면 제대로 되었소? 마음대로 칠 수가 있겠소?" "아니오. 이렇게 몸을 조금 돌리시오. 이제 됐소." "자, 치시오. 나는 준비가 되었소." 칼을 든 군사 12명이 싸움하는 흉내를 내면서 주위를 빙빙 돌며 차례로 순교자의 목을 쳤습니다. 여덟 번째 칼을 맞고서야 머리가 떨어졌습니다. 포졸 하나가 머리를 소반에 올려놓고 관장에게 보여 주니, 그는 형 집행을 조정에 보고하기 위해 즉시 떠났습니다.

국법에 의하면 죄인들의 시신은 3일 동안 형장에 남아 있어야 합니다. 이 기한이 지나면 친지들이 마음대로 시신을 거둘 수 있습니다. 김(대건) 신부의 유해는 그가 사형당한 그 자리에 묻혔습니다. 포졸들이 그 주변에 보초를 섰습니다. 저는 아직도 그 유해를 거두어 보다 적합한 장소에 안치하지 못했습니다.[20]

친애하는 신부님, 이 젊은 방인 사제를 잃은 것이 내게 얼마나 가혹한 일이었는지 신부님은 쉽사리 생각하실 수 있을 것입니다. 나는 그를 아버지가 아들을 사랑하듯 사랑하였으므로 그의 행복만이 그를 잃는 데 대

20　자세한 내용은 부록의 '김대건 신부 유해 이장 과정'을 참조할 것.

C'est le premier de sa nation et le seul jusqu'à présent qui ait été élevé au sacerdoce. Il avait puisé dans son éducation cléricale des idées qui le mettaient bien au-dessus de ces peuples. Une foi vive, une piété franche et sincère, une facilité d'élocution étonnante lui attirait de suite le respect et l'amour des chrétiens. Dans l'administration il avait surpassé nos espérances et quelques années de pratique en devaient fait un prêtre très capable et précieux. A peine eût-on pu s'apercevoir de son origine coréenne. On pouvait lui confier tout espèce d'affaires, son caractère, ses manières et ses connaissances lui en assuraient le succès. Dans l'état actuel où se trouve la mission, sa perte devient immense et presque irréparable.

4) Notice biographique du P. André Kim

André Kim naquit au mois d'août de l'année 1821, dans la province du Tchoungtchong. S'il faut en croire la tradition, sa famille descendait d'un ancien roi qui régnait dans le midi de la Corée, alors que le pays était divisé en divers petits états. Malgré cette illustre origine, elle n'en est pas moins sans considération dans le royaume. La dynastie actuelle ne compte pas quatre cents ans d'existence,

한 위로가 될 수 있습니다. 그는 자신의 나라에서 사제품에 오른 첫 사람이자 지금까지 유일한 사람입니다. 그는 성직자 교육을 받은 덕에 이곳 백성들보다 훨씬 뛰어난 사상을 얻었습니다. 열렬한 믿음, 솔직하고 진실한 신심, 놀랄 만큼 훌륭한 언변으로 그는 대번에 신자들의 존경과 사랑을 얻었습니다. 성무를 행하는 데 있어서 그는 우리의 기대를 넘어섰으니 몇 해 동안만 수행하였더라면 지극히 유능하고 소중한 사제가 되었을 것입니다. 그가 조선 출신이라는 것을 알아차리기 힘들 정도였습니다. 그에게는 어떤 일이라도 맡길 수가 있었는데, 그의 성격과 태도와 지식이 성공을 보장해 주었습니다. [조선] 포교지가 처해 있는 지금의 상황에서 그의 죽음은 것은 엄청나고 거의 회복할 수 없는 손실입니다.

4) 김대건 신부의 약전[21]

김 안드레아는 1821년 8월 충청도에서 태어났습니다. 전해지는 바에 의하면 그의 가문은 조선이 아직 여러 작은 국가들로 나뉘어져 있을 때 조선 남쪽을 다스리던 어느 옛 왕가(김해김씨)의 후예라고 합니다. 이와 같이 저명한 혈통에도 불구하고 안드레아의 가문은 조선 왕국에서 존경을 받지 못하고 있습니다. 현 왕조는 존속한 지 400년이 안 되었는데, 그(김대건 안드레아)의 가문 사람 중 여럿은 낮은 계급에 속해 있고 심지

---

21   페레올 주교의 서한에 있는 김대건 신부의 약전이다. 김대건 신부 외에 병오박해 순교자 8명의 약전도 있다. 페레올 주교는 현석문(가롤로), 이재의(토마스) 등이 수집한 "기해박해 순교자들의 행적"과 함께 병오박해 순교자들의 약전을 프랑스어로 번역하여 파리 외방전교회 홍콩 대표부로 보냈다. 그곳에 있던 최양업 부제가 기해박해 순교자들의 약전을, 메스트르 신부가 병오박해 순교자들의 행적을 라틴어로 번역하였다. 이렇게 해서 만들어진 "기해·병오박해 순교자들의 행적"은 르그레즈와 신부를 거쳐 1847년 교황청에 제출되어 조선 순교자들의 시복 절차에 중요한 자료로 활용되었다.

et plusieurs de ses membres sont rangés dans la basse classe, voire dans celle des esclaves. Ils ne sont pas censés appartenir à la famille royale. La famille Kim a un autre mérite aux yeux de sa postérité, celui d'avoir donné à l'église beaucoup de martyrs. André fut formé à la piété dès son enfance ; M. Maubant, arrivé en Corée et trouvant en lui de l'intélligence le prit à sa suite, et en 1836 l'envoya à Macao avec deux autres jeunes gens pour y étudier le latin. Là élevé par d'excellents maîtres, il fit des progrès dans la science et la vertu.

En 1842 sur la fin de la guerre anglo-chinoise, M. Cécile, commandant la frégate l'Erigone, ayant manifesté l'intention d'aller visiter les côtes de la Corée, M. Libois lui céda le jeune André qui devait lui servir d'interprète dans ses rapports avec la Chine. A Ting-hai, à Chang-hai et dans les autres ports, ce jeune homme s'attacha à donner aux Chinois une haute idée de la générosité des Français et leur concilia l'estime de ce peuple. Dans cette position, il acquit de l'assurance et peu à peu une grande intrépidité se développa son âme et le disposa à remplir les vues que la Providence avait sur lui. Dès ce moment ses idées grandirent et les expéditions hazardeuses[hasardieuses], loin de l'effrayer, ranimaient son courage.

어 노비의 신분도 있습니다. 그들은 왕족에 속한 것으로 간주되지 않습니다. 그러나 김 안드레아의 가문은 그 후손들에게 다른 공적을 세워 보였는데, 즉 교회에 많은 순교자를 낸 것입니다. 안드레아는 어려서부터 신심 교육을 받았습니다. 모방 신부는 조선에 도착해서 안드레아의 총명함을 발견하고는 그를 선발하였고, 1836년 다른 두 젊은이와 함께 마카오로 보내 라틴어를 배우도록 했습니다. 거기서 훌륭한 선생들의 지도를 받은 그는 학문과 덕행에서 성장을 이루었습니다.

1842년 영국과 중국 간의 전쟁(아편전쟁)이 끝날 무렵, 프리깃함 에리곤 호의 세실 함장이 조선 해안을 방문할 의사를 표명하자 리브와 신부[22]는 세실 함장에게 안드레아를 양보하였고 중국과의 교섭에서 안드레아는 함장의 통역을 맡았습니다. 정해(定海), 상해, 그 밖의 다른 항구에서 이 젊은이는 중국인들에게 프랑스인의 관대함을 높이 평가하도록 하는 데 애썼고, 중국인들은 이 민족(프랑스인)을 좋게 받아들이게 되었습니다. 이러한 상황에서 안드레아는 자신감을 얻었고, 점차 그의 안에서 매우 대담한 성격이 자라나 하느님의 섭리가 계획하신 것을 완수할 준비가 되어 있었습니다. 바로 이때부터 그의 사고가 넓어졌고, 위험한 원정들은 그를 두렵게 하기는커녕 그의 용기를 북돋웠습니다.

---

22 리브와(N. Libois, 1805~1872) : 파리 외방전교회 선교사. 1837년 파리 외방전교회의 마카오 대표부에 도착하여 활동하였고, 1842년에는 대표부 대표(procureur)로 임명되었다. 신학생인 김대건과 최양업에게 라틴어, 교리 등을 가르치기도 했다.

Le navire français ne pouvant cette année là se rendre en Corée, André descendit à terre et s'embarqua sur une jonque chinoise et fit voile vers le Leaotong en la compagnie de deux missionnaires. Vers l'époque où l'ambassade coréenne se rend à Péking, il fut envoyé à Pien-men pour voir s'il y aurait moyen de renouer la correspondance interrompue depuis trois ans. Il y arriva trop tard, l'ambassade était déjà entrée en Chine. Il la rencontra en route et examina s'il ne reconnaitrait pas quelque chrétien. Voyant un jeune homme seul et un peu éloigné de la suite, il eut la confiance de lui demander s'il était chrétien ; il tomba juste, ce jeune homme était le courrier qui apportait les nouvelles. Il l'engagea à retourner et à l'introduire. Celui-ci lui représenta que seul et sans habits convenables, il ne pouvait lui faire faire le voyage sans être reconnu.

André ne consultant que son intrépidité, partit contre l'avis du courrier. Dans le désert qui sépare la Chine de la Corée, il cousut[cousit]

프랑스 배가 그해에 조선에 갈 수 없게 되자 안드레아는 배에서 내려 중국 정크를 타고 2명의 선교사(메스트르 신부[23]와 드 라 브뤼니에르 신부[24])와 함께 요동으로 향하였습니다. 그는 조선 사절단이 북경으로 향할 무렵 3년째 중단된 연락을 재개시킬 방법을 모색하기 위해 변문(즉 중국 측의 책문)으로 파견되었습니다. 그러나 너무 늦었습니다. 조선 사절단이 이미 중국에 입국한 것입니다. 안드레아는 길을 가다가 그 사절단을 만났는데, 혹시 알아볼 수 있는 교우가 있지 않을까 하여 살펴보았습니다. 한 젊은이[25]가 혼자서 사절단 일행에서 좀 떨어져 있는 것을 본 안드레아는 확신하여 그에게 교우가 아니냐고 물었는데 바로 적중하였습니다. 즉 그 젊은이는 (조선 교회의) 소식을 가지고 가던 밀사였던 것입니다. 안드레아는 그에게 돌아와서 자신을 입국시켜 줄 것을 권하였습니다. 그러나 그는 혼자서 적절한 옷도 없이 들키지 않고 여행할 수 없을 것이라고 안드레아에게 주의를 주었습니다.

그러나 안드레아는 자신의 대담성만 믿고 밀사의 의견을 무시한 채 떠났습니다. 중국과 조선의 경계를 이루는 황야에서 그는 자기 옷을 조

---

23 메스트르(J.A. Maistre, 李, 1808~1857) : 파리 외방전교회 선교사. 1840년 파리 외방전교회의 마카오 대부부에 도착하여 부대표로서 활동했고, 신학생인 김대건과 최양업을 가르치기도 했다. 1852년 8월 조선에 입국하였고, 이듬해 페레올 주교가 선종하자 1856년 베르뇌 주교가 입국할 때까지 임시로 조선 교회를 이끌어나갔다. 1857년 12월 20일에 선종하였다.

24 드 라 브뤼니에르(M.B. de la Brunière, 寶, 1816~1846) : 파리 외방전교회 선교사. 1842년 7월 프랑스 군함 파보리트(la Favorie) 호가 요동 해안을 방문할 것이라는 소식을 듣고 자신의 선교지인 만주로 가기 위해 최양업과 함께 승선하였다. 그해 10월에 요동 반도에 도착한 후에 선교 활동을 하다가 1846년에 지방민에게 피살되었다.

25 김 프란치스코 : 조선 교회의 밀사로 기해박해 이전부터 성직자 영입을 위해 노력하였다. 1836년 1월, 정하상 등과 함께 모방 신부를 영접하였다. 기해박해 후에는 거의 매년 중국을 왕래하였고, 1842년 12월에 변문에서 김대건을 만났다. 그 후에도 프란치스코는 1844년에 만주로 와서 봉천(奉天)에 있던 페레올 주교를 만났고, 그해 말에는 김대건 부제를 조선으로 영입하였다.

ses habits à la manière des Coréens et entra sous le manteau du mendiant. Arrivé à la frontière, il passa à la suite d'une quinzaine de personnes et la Providence permit qu'on ne lui demandât pas son passeport à la douane. Il s'avança à une journée dans le pays, mais à la première auberge, son langage, son accoutrement et sa chevelure le trahirent. Il lui fallut rebrousser chemin : le jour il se cachait dans les montagnes couvertes de neige, la nuit il voyageait. De retour il éluda la douane et rentra dans le désert. Depuis trois jours il n'avait pas aucune nourriture ; n'en pouvant plus de fatigue et de sommeil, il s'étendit sur la neige et voulut prendre du repos. Le froid était horrible, la nuit était sombre ; à peine s'était-il endormi qu'il fut éveillé par une voix qui lui dit : «Lève-toi et marche» ; et en même temps il crut voir comme une ombre qui lui indiquait la route au milieu des ténèbres. En me racontant ce fait, il me disait : «Je pris cette voix et ce fantôme pour un effet de mon imagination exaltée par un jeûne de trois jours et l'horreur de la solitude. Toutefois ils me furent très utiles ; car probablement j'aurais été glacé et me serais éveillé dans l'autre monde.» De retour à Pien-men il courut de nouveaux dangers ; il n'avait plus ni la forme coréenne, ni la forme chinoise, ses pieds glacés ne pouvaient le soutenir ; ses lèvres enflées par le froid, ne lui permettaient pas de prononcer des mots articulés. On voulut le saisir et conduire au mandarin ; sa présence d'esprit le sauva.

선식으로 만들어 입고 거지 차림으로 변장하고 들어갔습니다. 국경에 이르러 그는 열댓 명의 사람들을 뒤따라갔고, 하느님의 섭리로 세관에서는 그에게 통행증을 요구하지 않았습니다. 그는 하루 동안 내륙으로 전진하였지만, 첫 번째 주막에서 그의 말투와 이상한 옷차림과 머리 모양 때문에 그의 정체가 드러나고 말았습니다. 그는 되돌아와야만 했습니다. 낮에는 눈 덮인 산속에 숨었고 밤에는 여행을 계속했습니다. 돌아올 때 그는 세관을 피하고 황야로 들어갔습니다. 사흘째 아무것도 먹지 못한데다 피로와 잠을 이겨낼 수가 없어서 안드레아는 눈 위에 누워 쉬려고 하였습니다. 추위는 혹독하였고 밤은 칠흑 같았습니다. 그는 잠이 들자마자 "일어나 가라"는 소리에 깨어났는데, 그와 동시에 암흑 속에서 자신에게 길을 가리키는 그림자를 본 것 같았습니다. 그는 내게 이 이야기를 들려주며 "저는 이 목소리와 이 환영을 사흘간 먹지 못한데다 무서운 고독함으로 인해 생겨난 제 상상의 결과로 여겼습니다. 그러나 그것들은 제게 매우 유익하였습니다. 그것들이 아니었으면 저는 아마 얼어 죽어 다른 세상에서 깨어났을 것이기 때문입니다."라고 말하였습니다. 변문으로 돌아온 그는 다시 위험에 처하게 되었습니다. 그의 모습은 이제 중국인도 조선인도 아니었으며, 그의 발은 얼어서 몸을 지탱할 수가 없었고 입술은 추위로 부어올라 말을 할 수가 없었습니다. 사람들이 그를 붙잡아 관가로 데려가려 하였으나 그는 임기응변으로 빠져나왔습니다.

Au commencement de 1844, je l'envoyai à la frontière nord de Corée, pour essayer d'ouvrir cette voie aux missionnaires. Son voyage fut de deux mois à travers les vastes forêts de la Mandchourie et au milieu des glaces et de neiges. Il rencontra des chrétiens et convint avec eux qu'ils viendraient à Pien-men à la fin de l'année pour introduire le Vicaire Apostolique. A l'époque convenue, je le conduisis avec moi dans l'espérance de pénétrer tous les deux ensemble dans la mission. De sept courriers venus à la frontière, trois seulement purent la franchir et ne jugèrent pas possible d'introduire un européen. Le danger leur paraissait trop imminent. Je les forçais d'introduire du moins André, alors diacre, avec l'ordre pour celui-ci d'équiper une barque et de se rendre à Chang-hai. Pendant la nuit, il passa par les montagnes entre deux postes de douane, comme il avait fait deux ans auparavant, et attendit les courriers jusque au[jusqu'au] jour au lieu du rendez-vous. Soutenu par une foi vive et une grande confiance en Marie, il supporta les fatigues de tous ces voyages avec une grande patience.

Arrivé à Seoul, capitale de la Corée, il disposa de suite d'une barque, ramassa quelques laboureurs chrétiens qu'il improvisa matelots et sans communiquer son dessein à son équipage, il eut l'audace de s'embarquer sur un frêle esquif pour traverser une mer inconnue.

저는 1844년 초에 선교사를 입국시킬 길을 개척하도록 안드레아를 조선의 북쪽 국경으로 보냈습니다.[26] 그의 여행은 만주의 광활한 산림을 통과하고 얼음과 눈 속을 지나며 두 달이 걸렸습니다. 안드레아는 교우들을 만났고, 그들은 대목구장을 입국시키기 위해 연말에 변문으로 오기로 그와 합의하였습니다. 약속된 시기에, 저는 둘이 함께 포교지에 들어가길 기대하며 안드레아를 데리고 갔습니다. 국경까지 온 7명의 밀사 중에서 3명만이 국경을 넘을 수 있었는데, 그들은 서양인을 입국시키는 것이 불가능하다고 판단했습니다. 그들에게 너무나 위태해 보였기 때문입니다. 저는 적어도 당시 부제였던 안드레아만은 입국시키라고 그들에게 강요하였고, 안드레아에게는 배 한 척을 마련하여 상해로 오라고 지시하였습니다. 밤사이 그들은 안드레아가 2년 전에 하였던 것처럼 두 세관 사이의 산들을 넘어갔습니다. 그리고 날이 밝을 때까지 약속 장소에서 밀사들을 기다렸습니다. 그는 열렬한 신심과 성모님께 대한 깊은 믿음에 힘입어 이 모든 여행의 피로를 큰 인내로 이겨냈습니다.

조선의 수도인 서울에 도착한 안드레아는 즉시 배 한 척을 준비하고 농사꾼 교우 몇 명을 모아 임시변통으로 그들에게 뱃사공 일을 맡겼습니다. 그러나 뱃사공들에게는 자신의 계획을 알리지 않은 채, 미지의 바다를 횡단하기 위해 빈약하고 작은 배에 대담하게 올라탔습니다. 하느님

---

[26] 김대건 부제가 이때 한 여행에 대하여는 그의 "훈춘(琿春) 기행문" 즉 '페레올 주교에게 보낸 1844년 12월 15일 자 서한'에 잘 나타나 있다(본 자료집 제1집, 『성 김대건 안드레아 신부의 서한』, 2020, 92~112쪽의 '아홉 번째 서한' 참조).

Dieu voulut l'éprouver encore, le mauvais temps le força plusieurs fois de rentrer au port, et quand il fut en pleine mer il éprouva une violente tempête ; les mâts furent coupés, le gouvernail brisé et une partie des effets et vivres jetés à la mer. La Providence de laquelle seule il espérait son salut, lui fit renconter une jonque chinoise qui consentit à remorquer sa barque jusqu'à Chang-hai. Là il fut ordonné prêtre et deux mois plus tard, en déposant sur le rivage de la Corée deux missionnaires européens, il remplit heureusement la mission qu'il avait reçue d'en haut ; après quoi Dieu le retira à lui par la mort la plus glorieuse.

3. Lettre de Mgr Ferréol à M. Libois
(AMEP vol. 579, ff. 211~213)

Corée, 5 novembre 1846

은 그를 다시 시험하고자 하셨습니다. 나쁜 날씨로 인해 여러 번 항구로 되돌아와야 했고 큰 바다에 이르러서는 거센 폭풍우를 만났습니다. 돛대들이 부러지고 키가 부서졌으며 일부 물건과 식량들이 바다로 던져졌습니다. 안드레아에게 구원의 유일한 희망이던 하느님의 섭리는 중국 정크한 척을 만나게 해주셨습니다. 이 배는 안드레아의 배를 상해까지 끌고 가기로 동의하였습니다.[27] 상해에서 안드레아는 사제로 서품되었고, 두 달 후 그는 2명의 서양 선교사[28]를 조선 해안에 상륙시켜 하늘로부터 받은 사명을 무사히 완수하였습니다. 그런 후 하느님께서는 가장 영광스러운 죽음을 통해 그를 당신에게로 부르셨습니다.

3. 페레올 주교가 리브와 신부에게 보낸 서한[29]

- 발신일 : 1846년 11월 5일
- 발신지 : 조선
- 출　　처 : AMEP vol. 579, ff. 211~213

1846년 11월 5일, 조선

---

[27] 이 항해 내용에 대하여는 김대건 신부가 리브와 신부에게 보낸 1845년 7월 23일 자 서한에 잘 나타나 있다(본 자료집 제1집, 『성 김대건 안드레아 신부의 서한』, 2020, 135~142쪽의 '열여섯 번째 서한' 참조).

[28] 페레올(J.J. Ferréol, 高) 주교와 다블뤼(M.N.A. Daveluy, 安敦伊) 신부.

[29] 페레올 주교가 이 서한을 쓴 이유는 위의 서한과 그 안의 "병오박해 순교자들의 행적"을 파리로 부쳐 주도록 당부하기 위해서였다.

Monsieur et cher Confrère,

Comme de coutume, je vous envoie mes lettres non cachetées : vous y verrez en long l'état de notre mission. Je vous ai écrit au mois de Mars ; ma lettre est tombée entre les mains du gouvernement ; au mois de Septembre je vous ai écrit de même, le courrier que j'expédiai pour porter les nouvelles, trouvant le danger trop grand, n'a pas jugé à propos de se rendre à la frontière. Maintenant la persécution a cessé, j'espère qu'il aura le courage de suivre l'ambassade jusqu'à PienMen, et que Dieu aidant, il pourra sans fâcheux accident, remettre nos lettres. A dire vrai, il courra de bien grands dangers ; s'il est pris, c'en est fait de sa vie, c'en est fait de notre existence en Corée ; nous n'avons plus un second P. André pour donner aux juges la raison d'une lettre étrangère. Je vous prie, Mon cher Monsieur Libois, de faire passer nos lettres et les actes des martyrs de 1839 par Suez, le tout ensemble ; si la dépense vous effrayait, remboursez-vous sans crainte sur l'argent de notre mission. N'oubliez pas, je vous conjure, cette recommandation. Ces actes des martyrs sont admirables ; pour l'édification des fidèles, pour la gloire de Dieu et l'honneur de ses généreux soldats, il est à désirer qu'ils parviennent jusqu'en France ; nous ferons des prières pour cela.

Les satellites ont fait rafflé[raflé] sur notre viatique ; trois mille piastres

친애하는 신부님께,

관례대로 제 편지를 봉하지 않고 보냅니다. 그 편지에서 우리 포교지의 현황을 자세하게 보실 수 있을 것입니다. 지난 3월에 신부님께 편지를 썼습니다만 그 편지는 조정의 손에 들어갔습니다. 9월에 또 편지를 보냈습니다. 그런데 제가 소식을 들려 보낸 밀사가 위험이 너무 크다고 여기고 국경으로 가는 것이 적당하지 않다고 판단하였습니다. 이제 박해가 멈췄으니 밀사가 변문까지 사절단을 따라갈 용기를 갖게 되기를 기대합니다. 그리고 하느님의 도우심으로 그가 무사히 우리 편지를 전할 수 있기를 바랍니다. 솔직히 말씀드리자면 그는 큰 위험들을 무릅쓰게 될 것입니다. 잡히면 그는 목숨을 잃고 조선에서의 우리의 존재도 끝장이 날 것이기 때문입니다. 우리에게는 이제 외국 편지에 대해 재판관에게 설명할 수 있는 제2의 (김대건) 안드레아 신부가 존재하지 않습니다. 친애하는 리브와 신부님, 우리의 편지와 1839년 순교자 행적을 수에즈(Suez)를 통해 다 함께 보내 주십시오. 만일 경비가 많이 들면 걱정하지 마시고 우리 포교지 돈에서 빼내 가십시오. 이 부탁을 꼭 이행해 주십시오. 이 순교자 행적들은 훌륭합니다. 그리고 신자들의 교화, 하느님의 영광과 그분의 용사들의 명예를 위해 이 행적들이 프랑스에 도착하는 것이 바람직합니다. 이를 위해 기도 바치겠습니다.

포졸들이 우리 생활비를 약탈해 갔습니다. 대약 3,000피아스터[30]를

---

30 피아스터(piastre) : 16세기 초 베네치아 공화국을 비롯한 지중해 동부 연안 지역과 오스만 투르크 제국 등에서 사용된 화폐였다. 이후 스페인이 당시 식민지였던 멕시코에서 주조한

environ sont devenues leur proie. Malgré cette perte, nous pourrons vivre quelques temps encore ; sept à huit cents taels ont échappé, nous dit-on, au naufrage. Le nord et l'ouest de la Corée sont fermés à triple clé ; impossible pour le moment de faire passer des missionnaires par ces endroits : j'écris à M. Maistre de se rendre à Macao et d'attendre là l'occasion d'un navire de guerre qui vienne en Corée. Au printemps, si je puis, j'achèterai une barque de pêcheurs et la ferai monter pour quelques chrétiens qui devront communiquer avec le navire européen. Pour cela, il faudra que celui-ci demeure quelques temps sur les côtes de la Corée.

…

La perte du P. André me devient de jour en jour plus sensible ; perte cruelle, perte immense ; pauvre mission ! pauvres chrétiens !

…

빼앗아 갔습니다. 이 손실에도 불구하고 우리는 얼마 동안은 살아갈 수 있습니다. 700~800테일[31]을 난파 때 잃지 않고 건졌다고 합니다. 조선의 북쪽과 서쪽은 굳게 닫혔으므로 현재로서는 선교사들이 이 장소로 통과하는 것이 불가능합니다. 저는 메스트르 신부에게 마카오로 가서 조선 해안으로 오는 전함의 기회를 기다리라고 편지를 보냈습니다. 할 수 있다면 저는 봄에 어선 한 척을 사서 거기에 몇몇 교우를 태워 서양 배와 연락하도록 할 생각입니다. 그러기 위해서는 서양 배가 적어도 얼마 동안은 조선 해안에 머물러 있어야 합니다.

…[중략]…

김(대건) 안드레아 신부를 잃은 것이 날로 더욱 슬프게 느껴집니다. 쓰라린 상실이며 막대한 손실입니다. 조선 포교지가 불쌍하고 교우들이 불쌍합니다!

…[이하 생략]…

은화와 멕시코가 독립하고 나서 주조한 은화를 피아스터로 지칭하였다. 이 은화들은 발행량이 많고 가치가 안정적인 이유로 19세기까지 국제 무역 통화로 널리 통용되었다.

31 중국의 무게나 화폐 단위인 양(兩). 1테일(平兩)은 대략 은(銀) 36그램에 해당한다.

4. Lettre de Mgr Ferréol à Mr Libois
(vol. 579 ; ff. 222~225)

Séoul, le 25 Novembre 1847
le 3 juin 1848

Monsieur et cher Confrère,

…

S'ils veulent faire quelque chose d'utile à la religion et à l'humanité, qu'ils demandent la liberté de conscience, et qu'ils la demandent l'épée à la main, ils l'obtiendront. S'ils ne veulent pas cela, qu'ils nous laissent tranquilles et ne viennent pas perdre leurs navires, nous perdre nous-même et nos chrétiens. On dit qu'à la hauteur de la capitale il y a une rade frère pour des vaisseaux européens. L'année passée le P. André devait être envoyé par le roi pour traiter avec M.Cécile. On confectionnait des habits lorsque on apprit le départ des européens.

…

4. 페레올 주교가 리브와 신부에게 보낸 서한[32]

- 발신일 : 1847년 11월 25일
- 발신지 : 서울
- 수신인 : 리브와 신부
- 출   처 : AMEP vol. 579, ff. 222~225

1847년 11월 25일, 서울
1848년 6월 3일 수신

친애하는 신부님께,

…[중략]…

그들(프랑스 해군들)이 교회와 인류를 위하여 무엇인가 유익한 일을 하고자 한다면 그들은 신앙의 자유를 요구해야 하는데, 손에 칼을 쥐고 요구해야 합니다. 그러면 얻을 것입니다. 그럴 뜻이 없다면 우리를 조용히 내버려 두어야 합니다. 와서 그들의 배를 잃고, 또 우리로 하여금 우리 자신과 우리 교우들을 잃게 해서는 안 됩니다. 수도와 위도가 같은 곳에 유럽의 선박들이 안전하게 정박할 수 있는 곳이 있다고들 합니다. 지난해 (김대건) 안드레아 신부는 세실 씨와 교섭하도록 임금에 의해 파견될 예정이었습니다. (안드레아 신부의) 의복을 만들고 있을 때 유럽인들이 떠났다는 소식이 전해졌습니다.

…[이하 생략]…

---

[32] 이 서한은 성 김대건 신부 전기 자료집 제2집, 『성 김대건 신부의 활동과 업적』, 1996, 301쪽에 실려 있던 것인데, 개정판을 간행하면서 이 책(제3집)으로 옮겨 싣는다.

1. Acta Martyrum : Andreas Kim, Presbyter
(AMEP vol. 577, ff. 1033~1034)

Andreas natus anno 1821 mense Augusto in provincia Tchoungtcheng. Ipsius familiam ab uno regulo qui partem meridionalem Coreae occupabat, antequam universa regio in unum coalesceret regnum, originem ducere ferunt. Illa vero temporali nobilitate penitus amissa, familia Kim religione multo clarior evasit, ac plures Ecclesiae martyres genuit. Andreas statim ut doctrinam christianam audivit, ardenter amplexus est, et anno aetatis 14° baptismum suscepit. Ubi primum R. P. Maubant e regno Galliae profectus ad Coream pervenit, tres juvenes indigenes Thomam et Franciscum Tchoey necnon Andream Kim elegit, quos ad Macao mittit ut linguam latinam addiscerent atque sacris initiarentur.

나. 순교 행적과 가경자[33] 문헌

1. 김대건 신부의 순교 행적[34]

(김대건) 안드레아는 1821년 8월에 충청도에서 출생하였습니다. 그의 가문은 조선의 모든 지방이 하나의 왕국으로 통일되기 전에, 조선의 남쪽 지방을 다스리던 왕족으로부터 내려오는 집안이라 합니다. 김해 김씨 가문은 이제는 왕족의 존귀함은 다 없어지고, 종교적으로 훨씬 더 유명한 집안이 되었고 많은 순교자를 배출하였습니다. 안드레아는 천주교 교리를 듣자마자 곧 신봉하여 14세에 세례를 받았습니다.[35] 모방 신부님이 프랑스 왕국을 떠나 조선에 입국한 후, 우선 본방인 세 소년, 즉 최(양업) 토마스와 최(방제) 프란치스코 및 김(대건) 안드레아를 뽑아 마카오로 보냈습니다. 그들이 거기서 라틴어와 신학을 공부한 후, 성품(聖品)을 받게 하기 위함이었습니다.

---

[33] 가경자(可敬者) : '공경할 만한 (사람)'이라는 뜻의 라틴어 venerabilis에서 유래한 말. 시복 심사 중에 영웅적인 성덕이나 순교 사실이 인정되는 '하느님의 종'에게 교황청 시성성에서 부여하는 존칭이다.

[34] 이 행적의 원자료는 바로 앞에서 인용한 '페레올 주교의 1846년 11월 3일 자 서한'에 있는 김대건 신부의 약전이다. 내용이 약간 다른 부분도 있지만, 대체로 서로 유사하다. 다시 말해 이 행적은 페레올 주교가 프랑스어로 작성한 것을 메스트르 신부가 라틴어로 번역한 것으로(최양업 신부의 1847년 4월 20일 자 서한), 최양업 부제의 「기해·병오박해 순교자들의 행적」에 포함되어 있는 것이다.

[35] 김대건 신부는 태중 교우였고, 모방 신부에게 세례를 받은 것은 14세가 아니라 '만 15세' 때였다.

Quinquennio vix elapso, jam ad patriam suam erant remittendi ; tunc appulit Macao navis Gallica versus littus Coreanum vela facere intendens, et propter infirmam valetudinem prior mittitur Andreas cum uno Missionario Coreae missioni destinato. Bellum tunc inter Anglos et Sinenses urgebat, ideo navis exitum belli perpendere volens ad Coream pergere distulit, integraque aestate in littore provinciae Kiangnam remansit. Interea Andreas interpres fuit adhibitus inter Sinenses et Gallos nec parum profuit ut Galliarum potentiam ac generositatem in illis regionibus commendaret. Adveniente autumno illuc etiam pervenit. Thomas Tchoey alter alumnus coreanus cum uno missionario pro Manchuria, cumque iam periculosa evaderet navigatio, dux Gallus statuit ad insulas Philippinas navem reducere. Inito consilio, duo missionarii cum duobus alumnis ad terram descenderunt et cymbam sinensem conscendentes ad Leaotong feliciter pervenerunt, indeque de consilio Vicarii Apostolici Mantsouria[Mantsouriae], Andreas missus est in Pienmen in finibus Coreae, ut inquireret si qua forte pateret via ad illam missionem quae iam a tribus annis siluerat.

Factum est ut priusquam perveniret, obviam habuerit legatos Coreae Pekinum petentes, stansque et transeuntes considerans, advertit

다섯 해가 겨우 지날 즈음에, 조국으로 되돌려 보낼 예정이었습니다. 이때 프랑스 함선 하나가 조선 해안으로 진출하려고 마카오에 정박하고 있었습니다. (이 배를 이용하여 조선으로 돌아가려고 하는데,) 안드레아가 건강이 좋지 못하여 조선 선교지로 배정된 선교사(메스트르 신부) 한 명과 함께 안드레아를 먼저 태워 보내기로 하였습니다. 그러나 그때 영국인들과 중국인들 사이에 전쟁이 일어나자, 프랑스 함선은 전쟁의 결말을 자세히 관찰하기 위하여 조선 진출을 연기하고 온 여름 내내 강남의 해안에 머물러 있었습니다. 그동안 안드레아가 중국인들과 프랑스인들 사이에 통역을 맡았습니다. 이것이 그 지방인들에게 프랑스인들의 위력과 대담함을 과시하는 데 적지 않게 기여하는 계기가 되었습니다. 가을이 되자 다른 조선인 학생 최 토마스도 만주로 가는 선교사(드 라 브뤼니에르 신부) 한 명과 함께 그 함선으로 왔습니다. 그러나 조선으로 가는 항해가 위태롭게 되었으므로, 프랑스 함선의 (세실) 선장이 필리핀으로 뱃머리를 돌리기로 결정했습니다. 그래서 두 선교사가 두 신학생과 의논하고서 그 함선에서 육지로 내렸습니다. 일행은 중국인들의 범선을 타고 요동에 무사히 도착하였습니다. 거기서 만주 대목구장[36]의 의견에 따라, 안드레아를 조선 국경인 변문까지 파견하여, 조선 선교지에 들어갈 수 있는 길을 모색하게 하였습니다. 그때에는 벌써 3년째 조선과의 연락이 끊어져 있던 터였습니다.

안드레아가 변문에 도착하기 전에 길에서 북경으로 가는 조선의 사신 (동지사) 일행을 만났습니다. 안드레아는 서서 사신 일행이 지나가

---

[36] 베롤(E.J.F. Verrolles, 方若望, 1805~1878) : 파리 외방전교회 선교사. 1838년에 요동 대목구(1840년에 만주 대목구로 개칭)의 초대 대목구장이자 주교로 임명되었다.

juvenem ab aliis paulo sejunctum quem alloquitur, agnoscitque christianum qui nuntia diu desiderata et summe luctuosa deferebat. Is cum retrogredi non posset, Andreae suasit non ultra procedere ; at iuvenis adhuc prudentia expers, et mandati quod acceperat oblitus, in suam patriam penetrare tentat ; vestes antea praeparatas induit, primumque telonium cum aliis permixtus transiit, sed in proximo diversorio generalem excitavit admirationem, loquela, vestes, capillatura virum extraneum denotabant, ideoque retroducere coactus est et nonnisi cum magnis periculis et laboribus in Leaotong retrogredi potuit.

Anno sequenti missus est ad partem Coreae septentrionalem quo christiani convenerant, atque viam hanc facilem esse comprobavit. Sub fine ejusdem anni Vicarium Apostolicum comitatus est ad Pienmen, cumque prae timore christiani Europeum introducere recusarent, secum perduxerunt Andream, qui comparata cymba, accersitis etiam nonnullis agricolis christianis, magna fide ac pari constantia innumera obstacula superavit ac tandem ad Kiangnam, Deo protegente,

는 것을 구경하고 있었는데, 조선 사신 일행에서 조금 떨어져 걸어가는 청년(김 프란치스코) 한 사람이 눈에 띄었습니다. 안드레아가 그 청년에게 가까이 가서 말을 걸어 보니 그 청년은 천주교 신자였였습니다. 그한테서 오랫동안 고대하던 소식을, 그러나 지극히 슬픈 소식을 듣게 되었습니다. 그 신자 청년은 사신 일행에서 빠져나와 되돌아갈 수가 없었으므로, 안드레아에게 더 이상 변문으로 가지 말고 요동으로 돌아가기를 권하였습니다. 그러나 안드레아는 젊은 혈기에 슬기로운 경험도 없으면서, (베롤) 주교님한테서 받은 명령도 잊은 채, 독단으로 조국에 들어가기를 시도하였습니다. 안드레아는 준비해 가지고 갔던 옷으로 갈아입고, 여러 사람이 붐비는 북새통에 용케 관문을 통과하였습니다. 그러나 가장 가까운 여인숙에 들어가니 그의 말씨, 옷차림새, 머리 모양 등이 외국인으로 보여 모든 사람의 의심을 자아내게 하였기에 (정탐꾼이나 도둑으로 잡힐까 봐 두려워 중국으로) 되돌아올 수밖에 없었습니다. 큰 위험과 고생을 겪고서야 가까스로 요동으로 돌아올 수 있었습니다.

다음 해에는 국제 시장[37]이 열리는 조선의 북쪽(함경도 경원) 지방에서 천주교 신자들을 만나기로 되어 있어서 안드레아가 파견되었습니다. 안드레아는 그 길을 쉽게 개척하였습니다. 같은 해 말에 안드레아는 대목구장(페레올 주교)을 수행하여 변문까지 갔습니다. 그런데 조선에서 온 천주교 신자들이 서양 사람까지 모시고 입국하기를 두려워하여 주교님의 입국을 거절하고 안드레아만 데리고 조선으로 입국하였습니다. 안드레아가 범선을 마련하여 농사꾼 신자 몇 명을 데리고 큰 신앙과 항구심으

---

[37] '개시'. 여기에서는 그중에서도 경원 개시(慶源開市)를 말한다(이에 대하여는 제1장의 주 47 참조).

feliciter pervenit. lbi sacerdos factus duos missionarios in patriam suam secum reduxit, novaque impavide pericula suscipiens pro missionis utilitate et gloria Dei a satellitibus comprehensus multis fortiter toleratis suppliciis 16 Septembris 1846, glorioso martyrio ad Christum migravit.

2. EX PROCESSU 1857

(*Pro Corea Documenta* 朝鮮聖敎史料, pp. 4~8)

Anno 1839 cladibus violentiis suis id se assecuturos superabant religionis osores, ita vestigium omne christianae fidei deletum iri ut nedum quaelibet fidelium societas sed et nomen ipsum ac memoria penitus aboleretur. Oh! vana hominum consilia et spes inanes! Fremuerunt gentes, et populi meditati sunt inania. Astiterunt reges terrae et principes convenerunt in unum adversus Dominum et adversus Christum eius. Quid inde? Qui habitat in caelis irridebit eos et Dominus subsannabit eos. Dum enim supremi vindices ultro 1839 nefariae

로 무수한 장애를 극복한 후, 하느님의 보호하심으로 다행히 중국 강남까지 왔습니다. 거기서 안드레아는 사제품을 받은 후 두 분의 선교사(페레올 주교와 다블뤼 신부)를 모시고 조국으로 돌아왔습니다. 그는 조선 선교지의 유익과 하느님의 영광을 위하여 위험을 용감히 무릅쓰고 새로운 사명을 수행하다가, 포졸들한테 체포되었습니다. 그는 많은 형벌을 용감히 이겨낸 후, 1846년 9월 16일에 영화로이 순교하여 그리스도께로 갔습니다.

2. 1857년의 가경자 문헌[38]

1839년에 종교의 증오자들이 자기들의 난폭한 재앙으로써 그리스도교 신앙의 모든 흔적을 말소시키려던 목적을 초과 달성하여, 신자들의 단체뿐 아니라 이름도 기억도 온전히 제거되도록 하였던 것을 능가하여 성취하였습니다. 그러나 참으로 인간의 헛된 의견과 희망은 부질없는 것입니다. 백성들이 법석을 떨고 민중들이 공연한 것을 궁리한 것입니다. 이 세상의 임금들이 옆에서 거들고 군주들이 주님과 그리스도를 거슬러 하나로 모였습니다. 그 결과는 무엇입니까? 하늘에 계신 분이 그들을 비웃을 것이고 주께서 그들을 무시할 것입니다. 최상의 복수자들

---

[38] 이 글은 조선 순교자들의 시복 추진 과정에서 있은 '1857년 가경자 절차 문헌'의 발췌문, 즉 그중에서 "김대건 신부의 순교에 관한 신앙 촉구관의 진술"이다. 김대건 신부는 1857년 9월 24일 가경자로 선포되었다. 원문은, 파리 외방전교회 한국 선교사 피숑(L. Pichon, 宋世興, 1893~1945) 신부가 지은 *Pro Corea Documenta*(朝鮮聖敎史料), pp. 4~14에서 발췌한 것이다.

persecutionis praecipuos auctores perculit Ri et Tjo cum proditore Kim Ye-sang-i, Coreana Ecclesia vexatissima novis aucta viribus et martyrum sanguine foecundata uberiores protulit fructus et nova germina heroum qui certamine instaurato divinam Christi doctrinam ad mortem usque testarentur fortissime ac propugnarent. Quando quidem annorum quinque spatio interiecto rursus ille furor semisopitus exarsit, cumque auxilium perpetuum peregrinis sacerdotibus et magistris sese inflixisse gloriaretur persecutor incidit in Eum Virum qui eadem regione editus, culturam omnem et sapientiam praeceptorum suorum in se transtulerat, ac primus coreanus presbyter sacratus martyr una et Apostolus patriae suae doctrinam quam edocuerat sanguine consignavit.

Andreas Kim (sic enim ipse audiebat) ex familia martyrum natus numero illustri ortum duxerat labente anno 1821 a Beato lgnatio Kim qui anno 1839 pro Christo martyr occubuit. Optimis a puero imbutus moribus, socium ille anno 1836 se dederet beato P. Maubant

이 1839년의 흉악한 박해의 주요한 주동자들인 이 씨[39]와 조 씨[40]를 배반자 김여상[41]과 함께 거꾸러뜨리는 동안에, 처절하게 박해받던 조선 교회는 새로운 힘을 얻고 순교자들의 피로 비옥하게 되어 더욱 풍성한 열매를 맺고 영웅들의 새순이 돋아났습니다. 영웅들은 그리스도의 천상 교리를 위해 싸워서 재건하여 죽기에 이르도록 용감하게 증거하고 옹호하였습니다. 반쯤 수그러들었던 그 격렬한 박해가 5년 간격을 두고 또다시 불붙어 올랐습니다. 그때 영원한 천상의 도움이 박해받았던 외국인 사제들과 스승들을 현양하는 동안에, 박해자가 한 사람의 본방인 사제를 기습하였습니다. 그 사람은 이 나라 출신으로 자기 스승들의 모든 문화와 지혜를 자기 안에 이식시켰고, 또한 첫 번째 조선인 사제로 축성되었으며, 자기 조국의 순교자요 사도로서 자기가 가르친 교리를 피로써 보증하였습니다.

김 안드레아(그는 이렇게 불렸습니다.)는 1821년에 빛나는 순교자들의 집안에서, 1839년에 그리스도를 위하여 순교한 복자 김(제준) 이냐시오에게서 태어났습니다. 소년 시절부터 최상의 품행을 교육받은 그는 1836년에 복자 모방 신부님에게 동료와 함께 선발되었습니다. 복자 모

---

[39] 이지연(李止淵, 1777~1841) : 본관은 전주(全州). 1837년에 우의정이 되었고, 1838년에 영의정, 좌의정이 사직하면서 홀로 상신(相臣)의 자리에 있었다. 1839년에 천주교 박해를 주청했다. 1840년에 탄핵을 받아 함경도 명천(明川)에 유배되었고, 그 배소에서 사망하였다.

[40] 조병현(趙秉鉉, 1791~1849) : 풍양 조씨 세도정치의 중심인물이었고, 기해박해 때 형조 판서였다. 탄핵을 받아 1849년 7월(음)에 전라도 지도(智島)에 유배되었고, 8월에 사사(賜死)되었다.

[41] 기해박해 때의 배교자이자, 밀고자였던 김순성(金順性, 요한)을 말한다. 이름 한자가 淳性으로도 나오며, "여상"이라고도 불렸다. 기해박해 때 교회의 주요 신자들을 밀고했고, 정화경(안드레아)을 속여 앵베르 주교가 체포되기도 하였다. 이 일로 관직을 얻었으나 1840년에 전라남도 신지도(薪智島)로 유배되었다. 1853년에 풀려났으나 1862년에 역모 사건에 연루되어 8월 21일(음 7월 26일) 참수되었다.

qui adolescentis perspicaciam pietatemque suspiciens eumdem ut litterariis vacaret, Macaum adire jussit. Egregiis usus ibi magistris tam in virtutum exercitio quam in studiis optime progressus est ad annum usque 1842.

Mox hortatu praesulis non minus quam charitatis zelo roboratus varia, longa, periculorum omnium plena itinera terra marique suscepit, ut communicationem et commercium instauraret quod tribus abhinc annis cum coreano regno intermissum maximam christianis facturam damnaque gravissima afferebat. Haec ad annum 1846 gesserat. Tunc temporis Sacerdotii honorem coreanorum primus adeptus binos missionnarios in Coreani vicariatus fines impenso opere et mira prudentia introduxit. Hoc facto nova suscepit itinera Beatus Andreas ut novae Antistitis missioni satisfaceret. Tandem post ingentes diuturnosque labores pro Coreanae Ecclesiae bono exantlatus opportunitatem nactus est ut vitam operosissimam martyrii gloria coronaret.

Mandato quippe episcopi impleto, insulam Souney Beatus Andreas repetebat. Ecce autem praefecti rogatu, hoc illi est impositum officium ut navim regiae classi caederet quae infestas coreano littori cymbas propulsaret.

방 신부님은 청소년들에게 훌륭한 신심과 학문을 가르치고서 마카오로 가도록 명하였습니다. 그 소년들은 그곳에서 스승들로부터 훌륭한 덕행과 아울러 학문을 닦아서 1842년까지 최상으로 진보하였습니다.

이윽고 김 안드레아는 지도자의 격려뿐 아니라 애덕의 열정으로 강화되어 여러 가지 길고 위험천만한 육지와 바다의 여행을 강행하였습니다. 그는 3년 전(1839년)부터 중단되어서 신자들에게 최고의 막중한 손해를 끼쳐 왔던 조선 왕국과의 통신 왕래와 교역을 재건하기 위한 일을 1846년까지 수행하였습니다. 그때 조선의 첫 사제로서의 영광을 받은 그는 놀라운 현명함과 노력을 기울여 2명의 선교사(페레올 주교와 다블뤼 신부)를 조선 대목구로 인도하였습니다. 이 일을 마친 다음 복자 안드레아는 주교님의 새로운 사명을 수행하기 위하여 새로운 여행을 감행하였습니다. 마침내 조선 교회의 선익을 위하여 엄청나고 지루한 노고를 끝까지 다 치른 후 간난신고(艱難辛苦)로 가득 찬 일생을 순교의 영광으로 장식할 좋은 기회를 만났습니다.

복자 안드레아는 주교님의 명령을 수행하려고 순위도(巡威島)[42]에 내왕하였습니다. 그때 관장[登山鎭長]이 안드레아에게 청했습니다. 조선 해안에서 해를 끼치는 중국의 범선들을 격퇴시키는 우리나라의 함대에 안드레아의 배를 바치도록 의무를 부과하였습니다.

---

[42] 황해남도 강령군(康翎郡) 순위리에 있는 섬으로, 옹진반도 남동쪽에 있다.

Negavit ut par erat, iniquae postulationi se indulturum Beatus Andreas sed eiusdem renuentia ad iram concitatus miles nautarum aliquos ab eo abduxit. Tum suspicione concepta de vera Beati Andreae religione, Andream ipsum comprehensum verberibus ac contumeliis multis oppressum ad iudicium rapuit.

Iste ut primum coram tribunali constitutum respexit sic ore ac voce severissima exorsus est :

—Esne christianus?

—Utique christianus sum.

—Quare contra regis praeceptum hanc religionem sequeris? Illi renuntia.

—Hanc sequor meam religionem quia vera me docet Deum honorare et ducit ad felicitatem aeternam ; apostasiae nomen ignoro.

—Si non vis apostatare tibi faciam expiare hanc culpam?

—Ut tibi placebit, sed nunquam derelinquere possum Deum meum. Vultisne audire veritatem de religione mea? Attendite : Deum quem adoro, creator est caeli et terrae, hominum et omnium quae exsistunt, delicta punit, virtuti praemium dat. Unde omnes homines debent illum colere. Pro me autem Mandarine, gratias ago si pro amore illius me pati iubes. Uti-nam pro tanto beneficio det tibi praemium, Deus meus, dando tibi altiorem dignitatem.

당연히 복자 안드레아는 자기의 특전을 내세워서 그 부당한 청구를 거절하였습니다. 이 거절에 화가 치밀어 흥분한 군인이 안드레아로부터 선원 중 몇 명을 잡아갔습니다. 그때 복자 안드레아의 진정한 종교에 대한 혐의가 잡혔습니다. 안드레아는 체포되어 매질과 많은 모욕을 당하고 재판에 회부되었습니다.

재판관은 첫 재판을 받으러 대령한 그를 주의 깊게 관찰하면서 사뭇 엄숙한 어조로 서두를 꺼냈습니다.

"네가 천주교 신자냐?"

"네, 저는 천주교 신자입니다."

"어찌하여 너는 왕명을 어기고 이 종교를 따르느냐? 어서 배교하여라."

"제가 이 종교를 따르는 까닭은 이 종교가 하느님을 공경하라고 가르치고 영원한 행복으로 인도하기 때문입니다. 저는 배교라는 말조차 모릅니다."

"만일 네가 배교하지 아니하면 그 죗값을 치르게 하겠다."

"좋을 대로 하십시오. 그러나 저는 하느님을 결코 저버릴 수는 없습니다. 제 종교에 대한 진리를 듣고 싶으십니까? 잘 들어 보십시오. 제가 경배하는 하느님은 하늘과 땅, 그리고 존재하는 모든 사람과 만물의 창조주이십니다. 범죄인을 벌하시고 덕행자에게는 상을 주십니다. 그러므로 모든 사람은 하느님을 섬겨야 합니다. 하느님께 대한 사랑 때문에 저에게 고통을 받도록 명하신다면 사또께 감사드리는 바입니다. 원컨대, 이처럼 큰 은혜에 대하여 하느님께서 사또에게 상으로 더 높은 지위를 주시기를 바랍니다."

Strenua quidem confessio! generosa caritatis inclytae verba! Sed ea risu stultissimo barbarus excepit, et impedimento (quod cangam vocant) imposito e vestigio in carcerem Dei famulum detrudi iussit.

Paucis autem diebus in custodia exactis, ad urbem Hai-tjou, (海州) provinciae caput, multa militum manu septus, iter fecit Andreas noster, ubi pluribus eum praefecto interrogante, de religionis praestantia egregie disseruit. Dein iterata Fidei professione emissa atque apostasiae conditione reiecta, vinculis praeter cangam gravibus oppressus iterum in carcerem coniectus est.

Interea temporis capturae illius nuncium ad regem affertur urbemque principalem. Dei famulus adire iubetur, quo longo ac pedestri non sine multo labore cum militibus pervenit. Inibi tertio ad fidei desertionem ex regio iussu provocatus haec vir fortissimus obiecit :

"Supra regem est Deus qui praecipit ipsum adorare ; illi renuntiare est delictum quod mandatum regis iustificare non potest." Quin imo occasione arrepta de omnipotentis Dei exsistentia, de animae immortalitate, de infernis suppliciis deque coelesti gloria eloquenter adeo ac valide disseruit ut veritatis fulgore adacti iudices enunciatae doctrinae excellentiam debuerint confiteri.

Frustra tamen : nam religionis laudes capitis sententiam secu-

이 얼마나 굳센 신앙 고백입니까! 이 얼마나 이름난 애덕의 고결한 말입니까! 그러나 야만인은 이 말을 지극히 어리석은 비웃음으로 알아들었습니다. 그리고 하느님의 종(안드레아)의 목에 칼을 씌우고 감옥에 처넣도록 명했습니다.

우리 안드레아는 며칠 동안 감옥에 수감된 후 황해도의 수부(首府)인 해주(海州)를 향하여 많은 군인의 호위를 받으며 여행하였습니다. 해주에서 여러 가지로 심문하는 관장에게 그는 종교의 우수함에 대하여 훌륭하게 논증하였습니다. 그는 또다시 신앙을 선서하고 배교의 조건을 물리친 다음 포승에 묶이고 목에 무거운 칼을 쓴 채 또다시 감옥에 투옥되었습니다.

그동안 그의 체포 소식이 서울 장안과 임금에게까지 전달되었습니다. '하느님의 종'은 서울에 압송되도록 명령되었습니다. 그 먼 길을 걸어가느라고 군인들과 함께 많은 고생을 하며 도착하였습니다. 서울에서 세 번째로 신앙을 포기하도록 왕명으로 도전받았으나 이 사나이는 용감하게 거부하였습니다.

"임금님 위에 하느님이 계십니다. 하느님께서는 당신을 경배하도록 명하십니다. 하느님을 배반함은 왕명으로도 정당화될 수 없는 범죄입니다." 그뿐 아니라 안드레아는 기회를 틈타서 전능하신 하느님의 존재, 영혼의 불사불멸, 지옥의 형벌, 천당의 영광에 대하여 웅변으로 효과 있게 논증하였습니다. 진리의 광채로 눈이 부신 재판관들은 안드레아가 설명한 교리의 탁월함을 인정하지 않을 수 없었습니다.

그러나 아무 소용이 없었습니다. 종교에 대한 칭찬 다음에 사형 선고

ta est, ac decima sexta die septembris anni eiusdem 1846 invictus Christi athleta in locum adductus est.

Hic cum quidam ex ministris sententiam legeret qua ille (vetitae cum externis communionis obtentu) damnabatur, alta statim voce calumniam rejecit causamque simul mortis genuinam protulit. Etenim ad confertissimas paganorum turbas conversus, palam dixit :

"Ad ultimam meam perveni horam, attente me faveatis audire : si cum externis communicavi, pro mea religione est, pro Deo meo. Pro ipso morior. Vita immortalis pro me inceptura est. Si beati vultis esse post mortem, et vos Christiani debetis fieri Quia Deus igne aeterno punit qui illum non cognoverunt."

Dixerat atque nefario eodem mortis genere obtruncatus est ac Beati lmbert, Maubant et Chastan. Vestibus igitur ad indusium us que ac femoralia exutis, manibus revinctis post terga multa militum manu ad dissitum secus flumen locum perductus Beatus Andreas ibi palo sententiam edicenti in terram confixo aqua primum calceque eius os conspergitur : mox perticae diductis cruribus impositus coram instructis militibus per lusum atque ignominiam ridicula equitatione triplici ambitu circumfertur. Binis hinc sagittis Famuli Dei auribus infixis fune ad capillos convoluta, eiusdem iam in altum cernis pertrahitur. Duodecim exinde milites ense districto accedunt qui simulantes praelium inque omnem sese partem beatum circum cor-

가 뒤따랐고, 1846년 9월 16일에 그리스도의 무적의 용사가 사형장으로 끌려 나갔던 것입니다.

대신 중 한 명이 (그가 외국인과의 교류에 대한 금령을) 어겨서 단죄된다는 사형 선고문을 읽었습니다. 안드레아는 큰 소리로 자기에 대한 무고를 반박하고 죽음에 이른 진정한 이유를 폭로하였습니다. 빽빽이 들어선 외교인 군중을 향하여 안드레아는 분명하게 말했습니다.

"이제 나의 마지막 시간이 이르렀습니다. 내 말을 귀담아들으십시오. 내가 외국인과 교류한 것은 나의 종교 때문이요, 나의 하느님 때문이었습니다. 이제 나는 하느님을 위하여 죽게 되었습니다. 이제 나를 위하여 불멸의 생(生)이 시작되려 하고 있습니다. 여러분도 죽은 다음 행복하기를 원한다면 천주교 신자가 되어야 합니다. 하느님께서는 당신을 인정하지 않는 사람들을 영원한 불로 벌하십니다."

이 말을 마치자 안드레아는 복자 앵베르, 복자 모방, 복자 샤스탕과 같은 끔찍한 사형 방법(군문효수)으로 목이 잘렸습니다. 옷은 내복과 속바지까지 몽땅 벗겨지고 양손은 등 뒤로 묶인 채 복자 안드레아는 많은 군인들의 손에 이끌려 강가(즉 새남터)로 끌려갔습니다. 거기서 판결문을 매단 말뚝을 땅에 박고 나서 안드레아의 얼굴에 물을 뿌리고 석회 가루를 뿌렸습니다. 이윽고 막대기에 다리를 벌려서 익살스럽게 말을 태워 올려놓고 빙 둘러서 배치된 군인들 둘레를 세 바퀴 돌면서 희롱과 모욕을 주었습니다. 하느님의 종의 귀에 두 개의 화살을 뚫어서 꽂고 끈으로 머리카락을 칭칭 감아서 장대 꼭대기에 끌어당겨 매었습니다. 그다음 군인 12명이 긴 칼을 뽑아 들고 달려들어서 전투하는 흉내를 내면서 복자의 주변을 맴돌다가 각각 자기 차례대로 여러 번 여기저기 상처를 내면서

pus versantes, multis adeo hinc inde eiusdem collum plagis feriunt ut ipso iam penitus resecto exsangue tandem humi corrus corruerint.

Ita sanctissimus adsertor christianae fidei obiit agonem extremum deque hostibus suis et infanda barbarie glorisissime triumphavit!

Ex hoc pulcherrima et eloquentissima narratione a Promotore Fidei anno 1857 facta, nihil auferre nec et quidquam ei addere ausi sumus, ne digressione vel mutatione tam praeclari testimonii vim et efficaciam vel parum minuere videamur.

Tam crudelis et ignominiosae coedis Victima eloquentissime laudatur et vindicatur, tortorum vero immanitas et iniustitia proclamantur et damnantur, ab auctoritatem habente cuius sententia a multis quidem ubique terrarum christianis lecta et approbata fuit, tandem die 5 iuliianni 1925, solemniter confirmata Proclamatione Beatificationis P. Andreae.

Et nunc exaltatur non tantum in Corea, sed in toto orbe Catholico Beatus Andreas Kim Protosacerdos coreanus et Martyr, nunc propter ipsum illustratur et Corea, nunc et proclamatur ut decus Patriae et Cleri coreani et invocatur ut exemplar et Patronis Coreae Sacerdotum et Clericorum.

그의 목을 내리쳤습니다. 복자의 목이 온전히 절단되어서 피가 멎자 그 몸을 땅바닥에 쓰러뜨렸습니다.

이렇게 지극히 거룩한 그리스도교 신앙의 수호자는 그의 적들에 대한 최후의 시합을 완수하였습니다. 이루 말할 수 없는 야만을 영광스럽게 쳐 이긴 것입니다!

1857년에 신앙 촉구관이 (가경자 선포 절차 중에) 행한 이 지극히 아름답고 웅변적인 진술에서 빼거나 보탤 것이 아무것도 없습니다. 진실에서 벗어나거나 변질시킴으로써 이처럼 명백한 증거의 힘과 효력을 조금이라도 감소시키지 않기 위함입니다.

그처럼 잔인하고 모욕적으로 살해된 희생은 응당 교회 권위자에 의하여 웅변적으로 찬미되고 보상되어야 하는 한편, 고문한 형리들의 잔악함과 불의는 항변되고 단죄되어야 합니다. 교회 권위자의 판결은 온 세상 방방곡곡의 많은 신자들에게 읽히고 승인되었습니다. 마침내 1925년 7월 5일에 복자 안드레아의 선포로써 장엄하게 추인되었습니다.

이제 조선의 첫 번째 사제이며 순교자인 김 안드레아는 조선에서뿐만 아니라 온 세상의 모든 그리스도교 신자들로부터 현양되고 있고, 그 덕택으로 조선까지도 유명해졌습니다. 이제 그를 조선의 조국과 성직자들의 자랑으로 선포하고, 조선의 사제들과 성직자들의 주보요, 모범으로 모시는 바입니다.[43]

---

[43] 김대건 신부는 1949년 11월 15일에 '한국 성직자들의 대주보'로 결정되었다.

3. EPILOGUS

(*Pro Corea Documenta* 朝鮮聖教史料, pp. 8~14)

Etsi brevis esse debeat haec notitia, praeterire tamen non possumus, ad laudem et gloriam B. Andreae Kim ab inimicis Religionis persecuti et calumniati, ipsius mortem non tantum pro Eccleisia et christianis lugendam fuisse sed et pro ipsa Patria Coreana quam tantum diligebat, pro qua non dubitavit tot tanta facere et sustinere a pueritia usque ad mortem.

Desiderabat quidem totius Patriae christianam illuminationem, totius Coreae liberationem spiritualem, totius Coreae supernaturalem Resurrectionem, totam Coream volebat Christo et Ecclesiae ex toto corde, ex tota anima, ex totis viribus suis praeparare et offerre : ad illud obtinendum, ad Regnum Christi et Ecclesiae extendendum in tota Corea haec omnia sustinuit et fecit sponte et libenter, nec alia multa sustinere et facere recusavisset.

Illud recognoscendum et proclamandum est : in hoc praesertim est gloria Beati Andreae Kim, non tantum desiderio et voto, sed de re et facto ad martyrium usque, ut verus et bonus Christi discipulus, quotidianam suam crucem sponte et cum gaudio portavit ad extensionem maiorem Regni Dei et Ecclesiae in tota Corea : Hoc primo dicendum est ut omnes cognoscant verum et maximum titulum gloriae Beati Andreae inter Christianos.

3. 맺음말

이상에 언급한 글은 비록 짧을 수밖에 없지만, 천주교의 원수들로부터 박해받고 중상모략을 받은 복자 김 안드레아의 찬미와 영광을 위하여 그냥 지나칠 수 없습니다. 그의 죽음은 교회와 신자들을 위해서뿐만 아니라 그가 지극히 사랑한 조국 조선을 위해서도 애통한 것이었습니다. 그는 조국을 위하여 소년 시절부터 죽기까지 엄청나게 많은 것을 행하고 감수하기를 주저하지 않았습니다.

그는 조국 전체의 그리스도교의 광영을, 조선 전체의 영적 해방을, 조선 전체의 초자연적 부활을 원했습니다. 조선 전체를 그리스도와 교회에 봉헌하기를 진심으로 원하고 전심전력으로 준비하였습니다. 이 일을 성취하기 위하여, 그리스도와 교회의 나라를 조선 전체에 확장하기 위하여 이 모든 것을 자원하여 기쁘게 참아 받았고, 그 밖에도 많은 것을 행하고 감수하기를 마다하지 않았습니다.

그것을 재인식하고 선포하여야 합니다. 복자 김 안드레아의 영광은 특히 여기에 있습니다. 즉 그는 원의와 서원으로뿐만 아니라 실제와 사실로 순교에 이르기까지 그리스도의 참되고 착한 제자로서 하느님과 교회의 왕국을 조선 전체에 확장하기 위하여 날마다 자신의 십자가를 자원해서 기쁜 마음으로 짊어졌습니다. 우선 이것을 말해야 합니다. 모든 이가 신자들 중에서 빛나는 복자 안드레아의 진정한 최상의 영광의 칭호를 인식해야 합니다.

Voluerunt quidem inimici persecutores illam gloriam a Beato nosto auferre, vel saltem minuere. Nonne legitur in relatione 15 sept. 1846 : Minister Ton-in in regio consilio ausus est dicere contra Beatum Andream :

«Rebellis qui patriae suae renuntiat ; dux perversarum doctrinarum et actionum, quomodo vel et unico momento ei gratiam tribui potest?

Pak Hoi syou ; Magnus Consiliarius a dextris.

De perversis doctrinis nonnisi quasi supplimentum in istius causa, quomoso ipsi nostrae Regionis civis, propriae patriae renuntiavit ad Extros sequendum et post decennium aversus est : Proditor est, et Patriae suae rebellis : si non illum damnamus, poteritne fateri legem adhuc esse in regno nostro? Ipsa lectio sola Gallorum epistolae, complicitatem demonstrat ; evidens facta est nec abscondi potest···

Minister Rituum Tjyo Pyeng-hyen, Belli Minister Kim tja-keun i, Heunkeun i, Sou-ouen civitatis gubernator Ri Yak-ou reguliae familiae iudex Ri Hen-kou (李憲求) nomine aliorum omnium propter eamdem calumniam rebellionis et proditionis postulaverunt damnationem capitis sine mora. Ex hac fuit ultima sententia magni consilii Pra esidis Kouen Ton-in : (敦仁)

Kim Tai-ken cuius crimen imbutum esse doctrina perversa simul patriae suae proditorem cum sit, nec etiam momenti uno gratiam tribuere potest et post cognitam opinionem unanium consiliariorum et ministrorum S. M. postulamus ut remittatur militari

우리 원수 박해자들 중 어떤 이들은 우리 복자로부터 그러한 영광을 제거하거나 적어도 축소하려고 했습니다. 그래서 1846년 9월 15일 보고서에 보면 다음과 같이 기록되어 있습니다. 영의정 권돈인(權敦仁)은 회의에서 복자 (김) 안드레아를 거슬러 다음과 같은 억지소리를 하였습니다.

"그는 자기 조국을 배반한 반역자입니다. 사악한 가르침과 행동의 두목입니다. 어떻게 한순간이라도 그에게 온정을 베풀 수 있겠습니까?"

우의정 박회수(朴晦壽)가 말하였습니다.

"사악한 가르침[邪敎]에 대하여는 그 사건의 보충에 불과합니다. 어떻게 그를 우리나라의 백성으로 여길 수 있겠습니까? 그는 외국인들을 따르기 위해 자기 조국을 배반하였다가 10년 후에 돌아왔습니다. 그는 배반자요, 조국의 반역자입니다. 그를 단죄하지 않으면 어찌 우리나라에 아직도 법률이 있다고 말할 수 있겠습니까? 그 프랑스인들의 편지(프랑스의 세실 함장이 조선 조정에 항의한 편지)를 한 번 읽어만 보아도 그가 공범자임이 드러납니다. 사실이 그러하여 숨길 수 없이 명백합니다."

예조 판서 조병현, 병조 판서 김좌근(金左根), 김흥근(金興根), 수원 유수(留守) 이약우(李若愚), 지돈녕(知敦寧) 이헌구(李憲球) 등이 다른 모든 이름으로 이와 같은 반역죄와 배반죄의 참소로 지체 없이 사형을 선고하도록 청원하였습니다. 이에 대하여 회의 의장인 권돈인이 최후 판결을 내렸습니다.

"김대건은 사악한 가르침에 오염되었고 조국을 배반한 범죄를 범하였으므로 한순간이라도 온정을 베풀 수 없습니다. 회의의 대신과 재상들의 의견이 만장일치임을 확인하였습니다. 감금된 김대건을 군영으로 되돌려 보내어 백성들을 훈계하기 위하여 군문 효수에 처하기를 청원합

auctoritati incarceratus Kim Tai-ken ut occidatur cum suspensione capitis ad instructionem populi. S. M. consensum dedit.»

In ultima hac deliberatione regalis consilii sicut et in ultima sententia non negatur titulus gloriae Beati nostri ad verum et proprie dictum Martyrium, cum fateatur et pro crtminis "doctrinae perversae" ipsum damnari, sed et crimen rebellionis erga patriam suam false accusare voluerunt, et propter falsum illud crimen damnare voluerant aulici coreani.

Et etiam in hoc, ad mortem et ignominiam usque secutus est Andreas magistrum suum Christum, damnatum et crucifixum propter falsum crimen rebellionis contra Caesarem.

Quia extendere voluit Andreas regnum Dei et Ecclesiae in Coream, accusatus fuit rebellione et proditione : quia iudices pagani non poterant vel noluerant regnum spirituale Christi et Ecclesiae a regno temporali distinguere potestatem supernaturalem a terrena potestate discernere falso crediderunt, dixerunt et scripserunt, Andream reum esse crimine rebellionis et proditionis quia volebat, Christi et Ecclesiae spirituali et supernaturali potestati submittere mentes, corda et animas omnium Coreanorum : cuius crimen-si vere sit crimen-rei sunt ut Andreas non tantum olim sacerdotes et fideles sed et hodierni fideles et omnes et sacerdotes catholici in Corea. Sed sicut hodierni fideles et clerici in Corea omnes diligunt Coream et Ecclesiam, ita et

니다."

　임금님이 이를 재가하였습니다.

　회의의 이 최후 심의와 최후 판결문을 보면 진정한 의미의 순교자라는 우리 복자의 영광스러운 칭호를 부인하지 아니하고 있습니다. 그를 사악한 가르침의 범죄인으로서 단죄하였고, 자기 조국에 대한 반역죄는 허위로 고소하려 한 것입니다.

　궁전의 조신(朝臣)들은 그 허위의 범죄로 그를 단죄하기를 원했습니다. 죽음과 치욕까지도 안드레아는 황제를 거스른 반역죄라는 허위의 범죄로 단죄되었고, 십자가에 처형된 스승 그리스도를 따랐습니다.

　안드레아는 하느님과 교회의 나라를 조선에 확장하였기 때문에 반역죄와 배반죄로 고발되었습니다. 외교인 판관들은 그리스도와 교회의 영적 나라와 세속의 나라를, 초자연적 권력과 지상의 권력을 구별할 수도 없었고 구별하기를 원치도 않았습니다. 그들은 그릇되게 믿었고 말하고 썼습니다. 안드레아를 반역죄와 배반죄의 범인으로, 그가 그리스도와 교회의 영적·초자연적 권력에 모든 조선인의 정신과 마음과 영혼을 복종시키려 원했기 때문에, 그의 범죄가 진정으로 범죄라면, 옛날의 사제들과 신자들뿐 아니라 오늘날의 조선의 모든 신자와 사제들이 안드레아처럼 모두가 범죄자들일 것입니다. 오늘의 조선의 모든 신자와 성직자들이 조선과 교회를 사랑하는 것처럼 안드레아도 가장 오래되었으면서도 가장 새로우며, 역사를 모르는 교양 없는 야만인들 외에는 모르는 이가 없

Andrea Ecclesiam diligebat quidem sed et Coream et secundum leges religionis catholicae religionis quae antiquissimae, et notissimae sunt, nec ignotae nisi a rusticis et historiam ignorantibus barbaris.

Testimonia habemus etiam profana vel et ab acatholicis de cultura intellectuali Beati Andreae : vel etiam incarcerati superioritatem culturae intellectualis recognoverunt iniqui iudices : coram ipsis scribere potuit litteras europeanas, ipsis postulantibus vel cartas geographicas pinxit vel etiam accusatus fuit propter geographicas cartulas ab ipso in itineribus confectas. Quidam etiam dixerunt inter magnates regni "damnabile pro regno talem vitam terminare supplicio", et propter recognitam illam superioritatem saltem in Seoul nullum grave tormentum subire debuit ante damnationis sententiam, et videtur quod Andreas damnatus non fuisset si tunc temporis navis gallica non venisset. Nonne praefectus "politiae a sinistris" Ri Keunsik quotidie illum vocavit ad se, simulque sedentes super eadem matta, audiebat libenter Andream de religione christiana loquentem, et illum interrogabat de regionibus externis. Semel postulaverat : ad inquirendum de scientia et arte Andreae Kim :

—Numquid posses cartam delineare octo provinciarum coreanarum?

—Nec illas tantum delineare possum, sed etiam orbem terrae universum

Et etiam in Europa pro praeparanda delineatione geographica

는 가톨릭교회의 법률에 따라 교회와 조선을 사랑하였습니다.

또한 복자 안드레아의 지성적 교양에 대한 비신자들의 세속적 증거도 있습니다. 또한 투옥된 자들의 증거도 있습니다. 사악한 재판관들조차 그의 지성적 교양의 우월성을 인정하였습니다. 안드레아는 그들 앞에서 서양어를 써줄 수 있었고 지도를 그려 달라고 청하는 자에게 지도도 그려 주었습니다. 그는 여행 중에 작성한 지도 때문에도 고발당했습니다. 왕국의 고관들 중 어떤 이는 "왕국을 위하여 그렇게 유능한 생명을 형벌로 끊는다는 것은 손해입니다."라고 말하였습니다. 그러한 우월성의 인정 때문에 안드레아는 적어도 서울에서만은 사형 선고를 받기 전에 심한 고문을 당하지 않았습니다. 그때 프랑스 함선이 오지 않았더라면 안드레아는 처형되지 아니하였을 것으로 보입니다. 좌변 포도대장(左邊捕盜大將)인 이응식(李應植)이 날마다 안드레아를 자기 앞으로 불러서 같은 돗자리 위에 함께 앉아 안드레아가 천주교에 대하여 설명하는 것을 즐겨 듣기도 하고, 그에게 외국에 관하여 질문도 하곤 하였습니다. 한번은 안드레아의 지식과 기술을 알아보고 싶어서 다음과 같이 청했습니다.

"조선 8도의 지도를 그릴 수 있겠습니까?"

"조선 8도뿐 아니라 전 세계의 지도까지 그릴 수 있습니다."

사실 유럽에서도 지도 작성자들이 조선 왕국의 지도를 그리기 위하여

Coreanae regionis ust sunt delineatores cartulis ab Andrea Kim confectis : quae prima fuerunt authentica documenta geographiae coreanae regionis secundum moderna principia praeparata, nam antea de partibus internis Coreae nonnisi ex documentis a RR. Patribus Iesuitis Pekino confectis nota erat geographia Coreana.

Potuerunt quidem ignorantes et exculti iudices calumniam fingere, sed et illam edendo fateri debuerunt scientiam et culturam beati Andreae Kim et ita recognoscere superioirtatem intellectualis culturae ab ipso receptae.

Ad vero calumniam refutandam sufficiat hac vice scribere : non tantum lege Coreana civili vel lege pagana prohibitum est Patriam prodere sed et lege divina et christiana. Iudices civiles et pagani crediderunt, affirmaverunt, scripserunt et accusaverunt Andream proditorem esse et rebellem sed non probaverunt sententiam.

Iudices religiosi christiani aliud crediderunt et credunt, scripserunt et scribunt : Andream calumniatum fuisse dicunt et dixerunt : Andream iniuste accusatum et damnatum proclamarunt et proclamant. Vel etiam non dubitant quin maximum sit Coreanae patriae Ecclesiae decus et gloriosissimum et pulcherrimum exemplar amoris, generositatis et cultus heroici erga patriam et erga Ecclesiam quarum

김 안드레아가 작성한 지도[44]를 이용하였습니다. 이 지도가 현대의 원칙에 따라 제작된 조선 왕국의 첫 번째 권위 있는 지도입니다. 그 이전에는 북경에 주재하는 예수회 신부들이 작성한 문헌에서만 조선 국내의 부분들에 대한 지도가 알려졌을 뿐이었습니다.

무지하고 세련된 재판관들이 무고를 조작할 수는 있었지만, 그들이 그 조작문을 발행하면서 복자 김 안드레아의 지식과 교양을 실토하지 아니할 수 없었고, 따라서 그로부터 받은 문화의 지성적 우월성을 인정하지 않을 수 없었습니다.

그러나 그 무고를 물리치기 위하여 이번에는 다음과 같은 글을 쓰는 것만으로 충분합니다. 조국의 배반은 조선의 도시나 시골의 법으로 금지될 뿐 아니라 하느님의 법과 교회의 법으로도 금지됩니다. 도시나 시골의 재판관들은 안드레아를 배반자요 반역자라고 믿고 확인하며 기술하고 고발하였으나 그 판결을 입증하지는 못하였습니다.

그리스도교 재판관들은 그와는 달리 믿고 있으며, 달리 기술하였고, 기술하고 있습니다. 안드레아는 무고를 당하였다고 말했으며, 또 말하고 있습니다. 안드레아는 불의하게 고발되고 처형되었다고 공포하였으며, 또 공포하고 있습니다. 조선 교회에 가장 합당하고 영광스러우며 아름다운 모범임을 아무도 의심하지 아니합니다. 조국과 교회에 대한 사랑과 고귀함과 영웅적 흠숭의 모범이고, 조국과 교회에 대한 기억과 애정

---

44 김대건 신부의 「조선 전도(朝鮮全圖)」를 말한다.

memoria, dilectio et cultus numquam separata, divisa fuerunt in Andreae corde et mente sicut et nunc non sunt separata et divisa in cordibus et mentibus verorum fidelium catholicorum.

Verum amorem et verum zelum pro patria non iudices isti iniqui et ignari habuerunt, sed Andreas ille quem accusavernnt et damnaverunt ; non isti sed hic pro gloria et honore patriae suae vixit ; laboravit et mortuus est. Damnatio Andreae Kim facta est gloria et honor pro ipso, facta est dedecus et infamia pro iniquis et ignaris iudicibus. Mutatus status rerum non tantum in Corea sed et apud omnes : evanuit sicut fenum gloria et laus et honor tunc temporis aulicorum quorum vana scientia, falsa cultura et fictus amor, fictus zelus pro patria ab omnibus nunc recognoscuntur et confitentur. Splen det vero et crescit sicut sol oriens gloria et laus et honor ignarorum et iniquorum iudicum victimae : beati Andreae cuius non tantum fides et religio sed et vera scientia, vera intellectualis cultura et verus et heroicus amor et vera scientia, vera intellectualis cultura et verus et heroicus amor et zelus pro patria sua Corea a christianis orbis catholici et a multis aliis nunc recognoscuntur, proclamantur et extolluntur.

Ultima verba nostra commodata accipiemus a pio condiscipulo nostri Beati Andreae. R. Patre Thoma Tchoi.

과 공경은 안드레아의 마음과 정신에서 결코 분리되거나 분할되지 않았습니다. 이는 마치 진정한 가톨릭 신자들의 마음과 정신 안에서 분리되거나 분할되지 아니하는 것과 같습니다.

조국에 대한 진정한 사랑과 열정을 저 사악하고 무지한 재판관들은 가지지 아니하였으나, 오히려 그들이 고소하고 단죄하였던 안드레아는 가지고 있었습니다. 자기 조국의 영광과 명예를 위하여 살고 일하다가 죽은 사람은 재판관들이 아니라 안드레아였습니다. 김 안드레아의 단죄는 그에게는 영광과 명예가 되었고, 그 반면에 사악하고 무지한 재판관들에게는 수치와 불명예가 되었습니다. 조선에서뿐만 아니라 우리 모두에게 상황이 바뀌었습니다. 그 당시 궁중 조신들의 영광과 찬미와 명예는 검불처럼 사라졌습니다. 그들의 헛된 지식, 그릇된 교양, 거짓된 사랑과 조국에 대한 거짓된 열정은 이제 모든 이들에 의하여 인식되고 폭로되고 있습니다. 무지하고 사악한 재판관들에게 희생된 제물의 영광과 찬미와 명예는 떠오르는 태양처럼 점차 커지고 찬란히 빛나고 있습니다. 복자 안드레아의 신앙과 종교뿐 아니라 진정한 지식과 지성적 교양과 자기 조국 조선에 대한 진정한 영웅적 사랑과 열정은 온 세계의 신자들과 많은 사람들한테 인정받고 선포되며 현양되고 있습니다.

이제 우리 복자 안드레아의 신심 깊은 동창인 최(양업) 토마스 신부님의 글을 우리의 마지막 글로 빌려 쓰는 바입니다.[45]

---

[45] 이 글이 바로 최양업 부제가 라틴어로 번역한 「기해·병오박해 순교자들의 행적」(앞의 각주 22를 참조) 마지막 부분이다.

«Hic ad finem scribendi perductus ⋯ rogo vestram caritatem, o pii lectores, ne indignemini contra narrantium narratorumque barbariam, sed admiremini D. N. I. C. incomprehensam caritatiem absconditamque virtutem in ipsius tenellis athletis, et omnipotentis Patris misericordiae per Iesu Christi vulnera pro nascente nostra novella ecclesia instare non cessetis, atque mei infirmi memoriam in visceribus Salvatoris facere dignemini.

Mea autem salutatio et osculum lateris Iesu Christi in quod tandem omnes recepti Ipsi convivamus in unum per infinita saecula saeculorum Amen.

Thomas Tshoey diac.

miss. Coreae»

이제 이 글의 끝맺음에 이르렀습니다. 신심 깊은 독자들에게 부탁하고 싶은 것이 있습니다. 진술한 자들과 진술된 내용의 서투른 말솜씨를 못마땅하게 여기지 마시고, 저 유약한 경기자들의 초인간적인 용맹 속에 숨겨져 있는 우리 주 예수 그리스도의 측량할 수 없는 큰 사랑에 감탄하시기 바랍니다. 새로 탄생한 가녀린 조선 교회를 위하여 예수 그리스도의 거룩한 오상(五傷)을 통하여 중단 없이 계속 밀고 나가시는 전능하신 천주 성부의 자비와 또한 미약한 저를 우리 구세주의 성심 안에서 기억해 주시기를 바랍니다.

예수 그리스도의 거룩한 늑방(肋傍)에 친구(親口)하며 여러분께 하직 인사를 드립니다. 그리고 예수 그리스도 안에서 우리가 모두 서로 만나다 함께 세세 대대로 영원무궁한 복락을 누립시다. 아멘.

조선 포교지의 부제

최(양업) 토마스

제 3 장

시복 재판의 증언 기록

가. 증언자 일람(총 16명)[1]

* 괄호 안의 숫자는 증언자 명단 번호

1. 증언자 이름과 나이

변 아나스타시아(12)	73세
함 막달레나(18)	68세
유 바르바라(19)	63세
임 안나 과부(27)	49세, 임성룡(林成龍, 베드로)의 누이동생
임 루치아 과부(28)	56세
오 바실리오(29)	73세
김 요아킴(30)	77세, 즉 김성서(金性西)
김 프란치스코(31)	73세
박 베드로(32)	58세, 즉 박성철(朴性哲)
박 베드로(33)[2]	55세

---

[1] 기해박해와 병오박해의 순교자 가운데 가경자 82명에 대한 시복을 위한 첫 재판이 1883년부터 1887년까지 서울에서 진행되었으며, 이때 총 42명의 증인들이 이 법정에 나와 선서를 하고 증언하였다. 이 증언자 42명 중에서 김대건 안드레아 신부에 대해 증언한 사람은 아래 16명이고, 그중 김 신부를 보았거나 그로부터 성사를 받은 사람은 13명이었다. 또 그중에서 3명은 김 신부의 순교까지 목격하였다. 한편 여기에 나타나는 나이는 증언 당시 즉 1883~1887년 사이의 나이이다. 특히 1842년 12월 말 중국의 책문 봉황성에서 김대건 학생과 우연히 만난 조선의 밀사 김 프란치스코는 1884년 법정에서 김 신부에 대해 많은 증언을 하였는데, 그때 그의 나이가 73세였다. 따라서 김 신부가 그때까지 생존했더라면 64세였으므로 김 프란치스코가 김 신부보다 10세가량 위였음을 알 수 있다.

[2] 박 베드로 : 다음의 증언 내용에서 볼 때 박순집(朴順集, 베드로, 1830~1911)으로 추정되는데, 이는 그의 나이를 비교해 보아도 맞는 것 같다. 그는 1868년 절두산에서 순교한 박 바오로의 아들로, 훗날 1866~1868년의 순교자들에 대해서도 많은 증언을 남겼으며, 인천에서 살다가 사망하였다.

김 마리아[3] 과부(35)

박 클라라[4] 과부(36)   67세

원 마리아 과부(37)   62세

서 야고보(38)   54세

이 베드로(39)   72세

최 베드로(41)   60세

2. 증언자 분류

- 김(대건) 신부를 본 증인 : 김 프란치스코, 이 베드로, 박 베드로(성철), 김 요아킴(성서)
- 순교 목격자 : 변 아나스타시아, 박 클라라, 박 베드로(순집)
- 성사를 받은 사람 : 유 바르바라, 함 막달레나, 변 아나스타시아, 임 루치아, 오 바실리오, 최 베드로, 원 마리아, 박 클라라, 이 베드로
- 이장 참여자 : 서 야고보, 박순집(베드로)의 아버지, 한경선, 나창문, 신치관, 이 사도 요한(증인 19번 유 바르바라의 남편)

---

[3] 김 마리아 : 다음의 증언 내용에서 임성룡(베드로)의 외손녀임을 알 수 있다.
[4] 『기해·병오박해 순교자 증언록』에는 '박 가나'로 되어 있는데, '가나'는 클라라이다.

1. Pays natal et enfance d'André Kim, sélection des séminaristes et études à l'étranger

① Le Prêtre André Kim était originaire du Nai-hpo, et avait pour père Ignace Kim martyrisé en 1839. Sa piété et les heureuses dispositions d'esprit qu'il montra dés le bas âge, le firent remarquer du Père Maubant, qui l'envoya faire ses études ecclésiastiques à l'étranger. [Testis XLI]

② Lors de la persécution de 1839, j'habitais au district de Tjin-tchyen, province de Tchyang[Tchyoung]-tchyeng. ⋯ André Kim était originaire du Nai-hpo, dans la province de Tchyoung-Tchyeng ; son père était (34) Ignace Kim qui subit le martyre en 1839. Dès son enfance il pratiqua la religion avec ferveur, et comme il était doué d'une intelligence remarquable, le Père Maubant dès son entrée en Corée en 1836, le choisit comme élève et l'envoya en Chine en même temps que le Père You y retournait lui-même, et il lui fit faire ses études ecclésiastiques. [Testis XXXI]

③ Ignace Kim, surnommé Sin-myeng-i, était originaire de Nai-hpo. Afin de pratiquer plus librement la religion, il avait émigré dans les montagnes, au district de Ryong-in, je le vis plusieurs fois alors.

나. 증언 내용

1. 고향과 소년 시절, 신학생 발탁과 유학

① 사제 김(대건) 안드레아는 내포(內浦, 즉 내포의 솔뫼) 출신이며, 그분의 아버지는 김(제준) 이냐시오로 1839년에 순교하였다. 안드레아의 신심과 총명함이 어려서부터 뛰어나 모방 신부가 그것을 알아보고 신학 공부를 시키기 위해 그를 외국으로 보냈다(41번 최 베드로의 증언).

② 나는 1839(기해)년 박해 때 충청도 진천(鎭川)에 살고 있었다.…김 안드레아는 충청도 내포 출신이다. 그의 아버지 김 이냐시오는 1839년에 순교하였다. 안드레아는 어려서부터 열심히 신앙을 실천했고 뛰어난 총명함을 보였기에 모방 신부는 1836년에 입국하자마자 그를 신학생으로 발탁하여, 유(방제, 파치피코) 신부가 중국으로 돌아갈 때 같이 중국으로 가게 하여 신학 공부를 시켰다(31번 김 프란치스코의 증언).

③ '신명'[5]이라고 불린 김 이냐시오는 내포 출신이다. 그는 더 자유롭게 신앙을 실천하고자 용인의 산골로 이사했다. 그때 나는 그를 여러 번 보았다.…그는 자신의 집을 신자들이 모이는 공간으로 마련하여 공소(公

---

[5] 『기해일기』(54b)에는 '시명'으로 나온다.

··· Il préparait à sa maison des réunions de chrétiens pour la réception des sacrements ; tous faisaient l'éloge de ses vertus. Il avait envoyé en Chine son fils André à l'âge de 15 ans, afin de lui faire ses études ecclésiastiques. [Testis XXXI, sur Ignace Kim]

④ André Kim (75) prêtre était originaire de la province de Tchyoung-tchyeng. Il donna dès sa première enfance des marques d'une piété fervente et d'une intelligence précoce, ... [Testis XXXVIII]

⑤ La grande fidélité qu'il montra dès son enfance à remplir ses devoirs, et l'ouverture peu commune de son intelligence, le désignèrent au choix du Père Maubant qui l'envoya en Chine pour ses études ecclésiastiques. [Testis XXXIX]

⑥ Je l'ai vu alors qu'il habitait à Kou-ram, au district de Ryong-in, ··· et exerçait lui-même les fonctions de catéchiste, ··· En l'année 1839, le traître Kim-Je-Saing-i, arrêta le gendre de Ignace, qui portait le nom de Koak et lui enseignit de dénoncer son beau-père. [Testis XXXIX, sur Ignace Kim]

所)를 치렀다.[6] 모두가 그의 덕행을 칭찬했다. 그는 15세의 그의 아들을 중국으로 보내 신학 공부를 하게 하였다(김 이냐시오에 대한 31번 김 프란치스코의 증언).

④ 김 안드레아 신부는 충청도 출신이다. 그는 벌써 어린 시절부터 열렬한 신심과 총명함을 보였다(38번 서 야고보의 증언).

⑤ 그는 벌써 어려서부터 본분을 다하는 데 아주 충실하였고, 명석함이 비범했으므로 모방 신부가 그를 발탁하여 신학 공부를 시키기 위해 중국으로 보냈다(39번 이 베드로의 증언).

⑥ 그(김 이냐시오)가 용인 굴암(窟岩)[7]에서 살고 있을 때 나는 그를 보았다.…그는 회장의 직무를 수행하고 있었다.…1839년, 배신자 김여상이 (김) 이냐시오의 사위 곽(郭) 씨를 잡은 후 그의 장인(김 이냐시오)을 밀고하게 하였다(김 이냐시오에 대한 39번 이 베드로의 증언).

---

6 일반적으로 모방 신부는 용인의 '은이[隱里] 공소'에 들러 미사를 집전한 것으로 알려져 있는데, 그 이웃에 있던 김대건 신부의 마을 즉 '골배마실'에서도 공소를 치렀다는 기록은 처음 나오는 것이다. 그러나 당시의 일반적인 예로 보아 은이뿐만 아니라 골배마실에서도 공소를 치렀다고 볼 수 있을 것이다. 다음 부록의 김제준에 대한 내용에서도 모방 신부가 김대건 신부를 신학생으로 선발하기 위해 골배마실을 방문했던 것으로 나타난다.

7 현 경기도 용인시 처인구 이동읍 묵2리. 한덕골(寒德洞, 또는 閑德洞)의 남쪽에 있는 마을.

2. Essai d'entrée en Corée et son succès, navigation en mer à Shanghai

① Ses études achevées, alors qu'il était diacre, il accompagna son Evêque et vint avec lui dans la province du Leao-tong, et afin de se concerter pour faire pénétrer en Corée l'Evêque et les Pères, il vint à la 11ème lune de l'année 1843 à la frontière de Pyen-moun. Je me rendais alors à Péking, et je le rencontrai sur la route ; il me pria instamment de retourner avec lui en Corée, mais je lui répondis qu'il n'y avait aucun préparatif de fait pour le recevoir et que le danger étant considérable, je n'y consentirais pas ; je continuai donc ma route, mais j'appris plus tard qu'André Kim passa seul la frontière et qu'il s'avança même jusqu'à Eui-tjyon[Eui-tjyou], mais ayant failli être arrêté, il était retourné au Leao-tong. A mon retour de Péking, je trouvai à Pyen-moun une lettre d'André Kim, qui me disait de revenir à la 8ème lune ; j'y allai en effet, et je rencontrai André Kim,

2. 입국 시도와 성공 그리고 상해 항해

① 공부를 마쳤을 때 그는 부제였는데, (페레올) 주교를 동반하고 요동으로 와서 조선에 주교와 신부들을 입국시키기 위해 전력을 다하였다. 이를 위해 그는 1843년 음력 11월[8]에 변문으로 갔다. 나도 그때 북경으로 가고 있었는데 도중에서 그를 만났다. 그는 나에게 같이 조선으로 돌아가자고 간청하였다. 그러나 나는 그를 영접할 준비가 아무것도 되어 있지 않고, 또 위험이 매우 크기 때문에 동의할 수 없다고 대답하였다. 그리하여 나는 나의 여정을 계속하였다. 그 후 나는 김 안드레아가 혼자서 국경을 넘어 의주까지 들어갔으나 잡힐 뻔하여 요동으로 돌아갔다는 소식을 들었다. 나는 북경에서 돌아오면서 변문에서 김 안드레아의 편지를 받았다.[9] 이 편지에서 그는 나더러 음력 8월에 다시 오라고 하였다. 그리하여 나는 그곳으로 가서 김 안드레아를 만났고,[10] 1844년 음력 11월에 사람이 그리로 다시 와서 주교를 영접하기로 합의하였다. 나는 돌아갔다가 약속한 시기[11]에 현(석문) 가롤로, 이(재의) 토마스, 그 밖의

---

[8] 이 증언의 연대는 잘못되었다. 김대건 신학생은 1843년 11월이 아니라 '1842년 11월 26일'(양력 12월 27일)에 책문에서 조선의 밀사인 김 프란치스코를 만났었다(김대건 신부의 1843년 1월 15일 자 서한, 『성 김대건 안드레아 신부의 서한』, 2020, 75쪽 참조).

[9] 김대건 신학생은 1843년 3월경(음력)에 다시 책문으로 나가 귀국하는 김 프란치스코를 만났다(김대건 신부의 1844년 5월 17일 자 서한, 『성 김대건 안드레아 신부의 서한』, 2020, 89쪽).

[10] 김대건 신학생은 1843년 9월경(음력)에 재차 책문으로 가서 김 프란치스코를 만났다(위의 서한 참조).

[11] 정확한 날짜는 1844년 11월 23일(양력 1845년 1월 1일)이다. 이날 김대건 신학생은 페레올 주교를 모시고 책문으로 가서 조선 교회의 밀사들을 만나게 되었다(김대건 신부의 1845년 3월 27일 자 서한, 『성 김대건 안드레아 신부의 서한』, 2020, 113쪽).

avec qui il[qu'il] fut convenu que l'on reviendrait à la 11ème lune de 1844 pour y recevoir l'Evêque ; je m'en retournai et revins à l'époque fixée avec Charles Hyen, Thomas Ni et d'autres chrétiens encore ; je vis alors l'Evêque Ferréol ; mais à cause du danger il ne pénétra pas encore en Corée, et nous retournâmes à la capitale en accompagnant André Kim seulement. Pendant 3 ou 4 mois le diacre André Kim habita à la capitale le quartier appelé Toul-ou-moul-Kol ; il se procura alors une barque et avec des chrétiens Coréens il partit pour Shang-Hai, sans s'occuper du danger auquel il s'exposait ; il aborda heureusement, reçut la pretrise et il traversa de nouveau la mer avec l'évêque Ferréol et le Père Daveluy, pour arriver en Corée où il aborda à Kang-Kieng-i. [Testis XXXI]

② Son premier voyage, de retour en Corée, eut pour but de préparer les voies à l'Evêque Ferréol et au Père Maistre. Cherchant tous les moyens de pénétrer lui-même daus[dans] le pays, il rencontra à Pyen-moun François Kim, qui était venu à sa rencontre et qui devait être son introducteur. François lui dit que le danger de la persécution qui menaçait alors les chrétiens, ne lui permettrait pas de rester longtemps en sûreté dans le royaume : de plus, quel service pourrait rendre aux fidèles un clerc qui n'avait pas encore reçu la prêtrise? Enfin François fit tant d'objections et de difficultés que

교우들과 함께 그곳(책문)으로 갔다.[12] 그때 나는 페레올 주교를 만났다. 그러나 주교는 위험해서 아직 조선에 들어오지 못하였다. 우리는 김 안드레아만을 데리고 서울로 돌아왔다. 김 안드레아 부제는 3~4개월간 서울의 돌우물골[石井洞]에 머물렀다. 그때 그는 배 한 척을 마련하여, 닥칠 위험을 개의치 않고 조선 교우들과 함께 상해로 떠났다. 김 부제는 (상해에) 무사히 도착하여 사제품을 받고, 다시 조선을 향해 페레올 주교, 다블뤼 신부와 함께 바다를 횡단하여 강경(江景)에 도착하였다(31번 김 프란치스코의 증언).

② 조선으로 돌아오는 안드레아의 첫 여행은 페레올 주교와 메스트르 신부의 입국로를 마련하는 것이 그 목적이었다. 그 자신이 조선에 잠입하고자 온갖 방법을 찾고 있던 가운데 그는 변문에서 김 프란치스코를 만났다. 프란치스코는 김대건 안드레아를 만나 그를 입국시키기로 되어 있었다. 프란치스코는 안드레아에게, 당시 교우들을 위협하던 박해의 위험으로 조선에 안전하게 오래 머물러 있을 수 없을 것이라고 말했다. 게다가 아직 사제품을 받지 못한 성직자가 교우들에게 무슨 봉사를 할 수 있느냐고도 말하였다. 결국 프란치스코가 하도 반대하자 이쪽에 더는 희망을 걸지 않고 안드레아는 위험을 무릅쓰고 혼자서 잠입하기로 결심하

---

12   당시 페레올 주교와 김대건 신학생을 만나기 위해 서울을 떠났던 사람은 모두 7명이었다. 그러나 그중에서 현석문과 이재의, 그리고 다른 2명의 하인 등 4명은 직접 책문까지 간 것이 아니라 평양에 남아 있었고, 나머지 3명만이 책문까지 가서 페레올 주교를 만나게 되었다(위의 서한, 115쪽 참조).

n'espérant plus rien de ce côté, André résolut de pénétrer seul à ses risques et périls. Passant d'abord le fleuve Apnok-Kang à travers mille dangers, il parvint jusqu'à Eui-tjyou. Entré dans une auberge pour passer la nuit, il faillit tomber entre les mains d'un satellite qui espionnait secrètement les voyageurs, et ne réussit à échapper à sa poursuite qu'en reprenant le chemin de la Chine. De là renouvelant ses instances auprès des chrètiens de Corée pour les décider à venir à sa rencontre il réussit après quelque temps à en faire venir quelques uns à la frontière, et sous la conduite de Thomas Ni, de Charles Hyen, de Pierre Han et autres, il put enfin parvenir sans encombre à la capitale. Pendant l'espace d'un an qu'il passa alors en Corée, il disposa tout pour l'entrée de l'Evêque et des Pères, pius se faisant accompagner de Charles Hyen, Thomas Ni, Pierre Tchoi et d'une douzaine de bateliers, il s'embarqua pour la Chine et eut le bonheur d'aborder directement au Kyang-nang, et d'y rencontrer son Evêque. C'est alors qu'il fut ordonné prêtre. Quelque temps après il reprit par mer la route de Corée où il réussit à aborder en compagnie de l'Evêque et d'un Père, et descendit avec eux à Kang-Kyeng, au village de Hoang-San. [Testis XLI]

③ André Kim, sans s'occuper du danger auquel il s'exposait, fit des efforts surhumains pour préparer une expédition accompagné de chétiens coréens, il monta sur une petite barque et se rendit à Shanghai,

였다. 우선 온갖 어려움을 뚫고 압록강을 건너 의주까지 왔다. 밤을 지내기 위해 어떤 객줏집에 들어갔다가 여행자들을 몰래 염탐하고 있던 포교의 손에 잡힐 뻔하였다. 포교의 추적을 피하려면 중국으로 돌아가는 수밖에 없었다. 중국에서 안드레아는 자신을 만나러 오도록 조선 교우들을 또다시 독촉한 결과 얼마 후에 몇몇 교우들을 국경으로 오게 하는 데 성공하였다. 이(재의) 토마스의 인솔 하에 현(석문) 가롤로, 한 베드로[13]와 그 밖의 교우들이 왔다. 마침내 김대건 안드레아는 무사히 서울에 도착하였다. 그는 1년간 조선에서 지냈다. 주교와 신부들을 입국시킬 모든 준비를 하고 현(석문) 가롤로, 이(재의) 토마스, 최(형) 베드로와 뱃사람 12인을 데리고 배를 타고 중국으로 향하였다. 다행히 곧장 강남[14]에 도착하여 거기서 주교를 만났다. 김대건 안드레아는 그때 사제로 서품되었다. 얼마 후 김 신부는 바다를 통해 조선으로 돌아오는 길에 올랐고, (페레올) 주교와 신부 한 명과 같이 오는 데 성공하여 강경의 황산(黃山) 마을에 상륙하였다(41번 최 베드로의 증언).

③ 김 안드레아는 위험을 무릅쓰고 조선 교우들을 동반한 원정을 준비하고자 초인적인 노력을 기울였다. 그는 작은 배를 타고 상해로 갔고, 거기서 그 배에 페레올 주교와 다블뤼 신부를 태우고 조선에 들어왔

---

13 이 증언에서 새로 밝혀진 조선 교회의 밀사이다.
14 『기해·병오박해 순교자 시복 재판록』 100회차 최 베드로의 증언에는 '남경'으로 되어 있다. 정확히 말하자면 상해(上海)이다.

d'où il ramena sur sa barque l'Evêque Ferréol et le Père Daveluy qu'il fit ainsi entrer en Corée. [Testis XXX]

3. Administration des sacrements

① J'ai vu le Père (75) André Kim, et ai reçu les sacrements de lui dans la maison du médecin Sim, au quartier appelé Mou-Soi-mak. [Testis XIX]

② Cette année même, à l'automne, il donna les sacrements au quartier appelé Sye-ping-ko. J'y allai moi-même et reçus de lui les sacrements. [Testis XVIII]

③ Au temps de la persécution de 1839, j'habitais le village de Saim-kol, au district de Syon-ouen ; ⋯ après qu'il eût été ordonné prêtre, il revint en Corée, où il exerça le saint ministère ; je le vis alors au village de Eung-i, district de Yang-tji, au printemps de l'année 1846, ... [Testis XXIX]

④ De là prenant les devants, il se rendit à la capitale, arrangea tout pour la réception du prélat, et lui-même après deux mois de repos

다(30번 김 요아킴 성서의 증언).

3. 성사 집전

① 나는 김 안드레아 신부를 보았고, 무쇠막[水鐵幕]이라는 곳에 있는 심 의원[15] 집에서 김 신부로부터 성사를 받았다(19번 유 바르바라의 증언).

② 그해(1845년) 가을에 그(김대건 신부)가 서빙고(西氷庫)라는 곳에서 성사를 주었다. 나도 가서 그에게 성사를 받았다(18번 함 막달레나의 증언).

③ 1839년 박해 때 나는 수원 샘골에 살고 있었다.…그(김대건 신부)는 사제품을 받은 후 조선에 돌아와 성무를 집행하였다. 그때 나는 양지 은이[隱里]에서 그를 보았다. 1846년 봄,…[16](29번 오 바실리오의 증언).

④ 김 신부는 먼저 그곳(황산)에서 서울로 올라와 주교를 영접할 준비를 하였다. 그리고 김 신부 자신은 두 달[17] 동안 휴식한 후 교우들에게 성

---

[15] 임성룡의 진술(제1장 중 '해주에서의 문초'를 참조) 가운데 나타나는 '심사민(沈士民)'을 말한 것 같다. 그는 당시 서강의 수철막에 살고 있었다고 한다. 『기해·병오 순교자 시복 재판록』 54회차 유 바르바라의 증언에는 '심 주부'라 되어 있다.

[16] 『기해·병오 순교자 시복 재판록』 70회차 오 바실리오는 "(김대건이) 신품에 오르신 후에 조선으로 돌아오시어 전교하실 때 죄인도 양지 응이[은이]에서 뵈었으니, 병오년 봄에 성교(聖敎)의 일로 황해도로 배 타고 갈 때…"라고 증언하였다.

[17] 『기해·병오 순교자 시복 재판록』 100회차 최 베드로의 증언에는 '수삭(數朔, 몇 개월)'이라

commença l'administration des chrétiens. A cette époque je reçus de lui les sacrements au district de Ryong-in, dans la maison disposée à cet effet. [Testis XLI]

⑤ Il alla plus tard dans les pays étrangers, et peu de temps seulement après son retour, je le vis à la première réunion de chrétiens qu'il fit au village de Minari-kol, chez le catéchiste Kim, et je reçus de ses mains les sacrements de baptême et de confirmation. Le Père avait alors 25 ans, il était de haute stature, d'une constitution robuste, avait le caractère vif et le visage distingué. [Testis XXXVII]

⑥ Lorsque je le vis à l'époque de la réception des Sacrements, chez Pierre La, au quartier Tjyok-ou-moul-Kol, en dehors de la grande porte du Sud, il pouvait avoir environ vingt-huit ans, était de forte corpulence et d'une taille élevée, et se montrait sévère dans l'administration des Sacrements. [Testis XXXVI]

⑦ Bien que je ne l'aie jamais vu personnellement, j'ai appris qu'il exerça deux ans le saint ministère tant à la capitale qu'en province. [Testis XXXVIII]

⑧ Il mettait toute sa joie et son ardeur à expliquer la doctrine et à instruire les fidèles et administrait les sacrements avec un grand zèle. [Testis XXXIX]

사를 집전하기 시작하였다. 이 무렵에 나는 용인의 공소 집으로 마련된 곳에서 그(김대건 신부)로부터 성사를 받았다(41번 최 베드로의 증언).

⑤ 그(김대건 신부)는 후에 외국으로 갔다. 그가 돌아온 후 얼마 안 되어 미나리골[18]의 김 회장 집에서 처음으로 교우들의 모임이 있었는데, 거기서 나는 김 신부를 만났고 직접 세례성사와 견진성사를 받았다. 신부는 그때 25세였고 키가 컸으며 건장한 체격이었다. 씩씩한 성격이었고 얼굴은 품격이 있었다(37번 원 마리아의 증언).

⑥ 남대문 밖 쪽우물골[19]에 있는 나 베드로 집에서 성사를 받을 때 그(김대건 신부)를 보았다. 그는 28세쯤 되어 보였고, 건장한 체격에 키가 컸다. 그리고 성사 집전에서 엄격하였다(36번 박 글라라의 증언).[20]

⑦ 나는 그(김대건 신부)를 직접 본 적이 없으나 그가 2년간 서울과 지방에서 성무를 집행하였다는 말을 들었다(38번 서 야고보의 증언).

⑧ 그(김대건 신부)는 교리를 설명하고 교우들을 가르치는 데 기쁨과 열의를 다하였고, 또한 큰 열성으로 성사를 집전하였다(39번 이 베드로의 증언).

고 되어 있다.
18   서울의 지명 가운데 '미나리골'이라 불리던 지역은 여러 곳에 나타나지만, 이 중에서 가장 많이 알려진 곳은 지금의 서대문구 미근동(渼芹洞)의 미나리골[芹洞]이다.
19   지금의 남대문로 5가에 있던 남정동(藍井洞).
20   이 증언에는 문제가 있다. 김대건 신부가 서품을 받고 귀국하여 성사를 집전하기 시작한 때는 1845년 10월 이후였고, 당시 김대건 신부의 나이는 만 24세였다.

⑨ Après son retour en Corée, le Père Kim administra les chrétiens de la Capitale et donna aussi les sacrements dans le district de Ryong-in et aux environs : tous les chrétiens l'aimaient beaucoup et n'avaient que des éloges pour lui. [Testis XXXI]

⑩ J'ai reçu les sacrements pour la première fois du Père (75) Kim au village appelé Hte-kol, au district de Jang-tji. En l'année 1846, le Père se trouvait à la maison de sa mère, dans le quartier supérieur du village de Eung-i ; il dit qu'il se disposait à partir bientôt, sa mère le pria alors d'attendre au moins jusqu'à la fête de Pâques. La fête passée, il se mit en route dès le lundi de Pâques et alla à la capitale ; ... [Testis XXVIII]

⑪ Bien que j'aie reçu les sacrements des mains du Père (75) André Kim, j'ignore comment il fut pris et à quels interrogatoires il fut soumis. [Testis XII]

4. Exploration de l'île d'Yeonpyeng, arrestation et interrogatoires

① Il y avait un an à peine qu'il exerçait le saint ministère, quand pour obéir aux ordres de l'Evêque, il partit de la capitale et se rendit dans la province de Hoang-hai pour y rencontrer quelque barque chinoise ; il devait faire passer des lettres pour l'Europe et explorer la route

⑨ 조선에 돌아온 후 김 신부는 서울 교우들에게 성사를 집전하였고, 용인과 그 인근의 교우들에게도 성사를 집전하였다. 모든 교우들이 신부를 많이 사랑하였으며 그들은 오로지 신부를 칭찬할 뿐이었다(31번 김 프란치스코의 증언).

⑩ 나는 처음으로 김 신부로부터 양지의 터골[21]이라는 마을에서 성사를 받았다. 1846년에 김 신부는 은이 마을 위쪽(골배마실로 추정)의 어머니(고 우르술라) 집에 와 있었다. 김 신부가 곧 떠나야 한다고 말하자 그의 어머니는 적어도 부활 첨례(부활 대축일)까지 기다려 달라고 청하였다. 부활 첨례가 지나자 김 신부는 이튿날인 월요일에 바로 떠나 서울로 갔다(28번 임 루치아의 증언).

⑪ 나는 김 안드레아 신부로부터 성사를 받았지만 그가 어떻게 체포되었고 어떠한 신문을 받았는지는 모른다(12번 변 아나스타시아의 증언).

4. 연평도 탐색 및 체포, 신문

① 성직을 이행한 지 겨우 1년이 되었을 무렵 주교의 명에 순종하고자 그(김대건 신부)는 서울을 떠나 중국 배를 만나기 위해 황해도로 갔다. 신부는 편지들을 서양에 전하게 하고 선교사들이 조선에 잠입하기 위한 길을 개척하기로 되어 있었다. 사공은 성실(聖實)이라고 하는 임(성룡) 베드

---

21 양지의 '터골'이라면, 경기도 용인시 처인구 양지면 대대리, 즉 '한터골'(골배마실 이웃 마을)을 말한 것이 아닌가 생각된다.

à suivre par les missionnaires pour pénétrer dans le pays. Les bateliers étaient Pierre Rim surnommé Syeng-sil-i, le sieur Em, le sieur No, An Syoun-myeng-i, Pierre Pak surnommé Syeng-tchyel-i, et moi ; le servant du père était venant Ni. Nous partîmes de la capitale à la 3ème lune de 1846, et nous descendîmes en Hoang-hai-to ; on avait remis les lettres à une barque chinoise, et toutes les opérations terminées, on vint au retour aborder à l'île de Syoun-eui. Il y avait alors une réquisition forcée de barques, faite dans le but d'éloigner les barques chinoises ; le Père Kim pour éviter cette réquisition, prit le ton haut et se permit de tutoyer le petit sous-préfet maritime ; celui-ci se fâcha et envoya des satellites avec ordre d'arrêter le maître de la barque et les bateliers. Les satellites montèrent à bord et s'emparrent du Père Kim qu'ils saisirent par le toupet, ils prirent aussi Pierre Rim et le sieur Em. Le servant et les autres bateliers étaient absents et ne furent point arrêtés ; pour Pak-Syeng-tchyel-i et moi, nous nous enfuîmes la nuit suivante sur la chaloupe et nous revînmes à la capitale. Le souspréfet maritime de Syoun-eui fit son rapport au gouverneur de Hoang-hai-to qui, à son tour, en référa au gouvernement ; celui-ci donna ordre d'envoyer les prisonniers à la capitale ; le Père Kim, ainsi que les chrétiens pris en même temps, furent chargés de la cangue et la face voilée comme des criminels, on les envoya à la capitale. [Testis XXX]

로,[22] 엄가(엄수), 노가(노언익), 안순명(安順命), 성철(性哲)이라고 하는 박 베드로, 그리고 나(김성서)였다. 신부의 복사는 이(의창) 베난시오였다. 우리는 1846년 음력 3월에 서울을 떠나 황해도에 내렸다.[23] 편지들을 어느 중국 배에 전하고 모든 일을 끝내고 돌아오는 길에 순위도(巡威島)로 왔다. 그때 중국 배들을 쫓으려고 배들을 강제로 징발하고 있었다. 김 신부는 징발을 면하기 위해 큰 소리로, 진영장에게 '너'라며 반말을 하였다. 진영장은 화가 나서 그 배 주인과 사공들을 체포하도록 포졸들을 보냈다. 포졸들이 배로 올라와 김 신부의 상투를 붙잡았다. 그들은 임 베드로와 엄가도 체포하였다. 신부의 복사와 그 밖의 사공들은 그곳에 없었으므로 붙잡히지 않았다. 박성철과 나는 다음 날 밤[24]에 작은 배를 타고 달아나 서울로 돌아왔다. 순위도의 그 진영장은 해주 감사에게 보고하였고,[25] 감사는 그것을 조정에 보고하였다. 조정은 수감자들을 서울로 보내라고 지시하였다. 그리하여 김 신부를 비롯하여 함께 잡힌 교우들은 죄인처럼 칼을 쓰고 얼굴을 가린 채 서울로 보내졌다(30번 김 요아킴 성서의 증언).

---

[22] 이 증언에서는 유일하게 임성실(林聖實)과 임성룡(林成龍)을 동일 인물로 보고 있다(다음의 33번 박순집 베드로의 증언 참조). 또 김대건 신부의 서한에서 '선실이(Sensiri)'를 언급한 내용이 나타나는데(김대건 신부의 1846년 8월 26일 자 서한, 『성 김대건 안드레아 신부의 서한』, 2020, 231쪽), 여기에서 말한 '선실'은 곧 위의 '성실'을 말한 것 같다.

[23] 이에 대하여는 앞의 제1장을 참조.

[24] 『기해·병오 순교자 시복 재판록』 72회차 김성서의 증언에는 '그날 밤'으로 되어 있다.

[25] 해주 감사에게 보고한 것은 등산진장이 아니라 등산 첨사였다(앞의 제1장을 참조).

② Au printemps de 1846, le Père Kim monté sur une barque se rendit en Hoang-Hai-to, et remit les lettres dont il était porteur. Au retour, il avait acheté du poisson et pour le faire sécher, il s'y était arrêté un jour à l'île de Syoun-eui ; or il arriva qu'à ce moment même on faisait une réquisition forcée de barques afin de chasser les barques chinoises : le sous-préfet maritime vint sur la barque du Père et en fit réquisition ; le Père Kim lui dit alors : «Comment se fait-il que vous réquisitionniez la barque d'un noble!» et il s'en défendit avec éclat, le sous-préfet se retira alors, mais un des prétoriens se dit : «Il faut que je sache quel noble c'est là.» Il vint sur la barque, et pendant qu'il s'entretenait avec le Père, comme celui-ci parlait d'une manière embarrassée, le prétorien le prit pour un étranger, l'arrêta et l'envoya au prétoire. Le sous-préfet lui-même ne pouvait plus rien et il dut faire son rapport au gouverneur. Je tiens ces détails de l'arrestation du Père Kim des chrétiens qui étaient allés avec lui comme bateliers. [Testis XXXI]

③ Au printemps de l'année 1846, quand le Père (75) Kim monta en barque pour se rendre dans la province de Hoang-hai, je l'accompagnai en qualité de cuisinier. Nos compagnons de voyage étaient Pierre Rim, Joachim Kim, le sieur Rim, sieur No, le batelier Em, et le servant du Père. Le Père avait transmis les lettres dont il était chargé à une barque chinoise et avait terminé ses observations ; au retour nous abordâmes à l'île de Syoun-eui ; pendant que nous y étions, le mandarinat fit une réquisition de barques pour éloigner les barques chinoises ; un employé du mandarinat vint sur notre barque et pendant qu'il s'entretenait avec le Père, celui-ci lui ayant paru dif-

② 1846년 봄, 김 신부는 배를 타고 황해도로 향하였고 가지고 있던 편지들을 전달하였다. 돌아오면서 그는 물고기를 샀고 그것을 말리기 위해 순위도에 하루 머물렀다. 그런데 이때 바로 중국 배를 쫓기 위해 배들을 강제로 징발하는 일이 벌어지고 있었다. 진영장이 신부의 배에 올라와 배를 징발하였다. 이에 김 신부는 "어떻게 양반 배를 징발하려 합니까!"라고 말하며 단호히 거절하였다. 진영장은 돌아갔으나 아전 한 명이 '어떤 양반인지 알아보아야겠다.' 하고 생각하였다. 그는 김 신부의 배로 왔다. 그가 김 신부하고 이야기할 때, 김 신부가 부자연스럽게 말을 하자 아전은 그를 외국인으로 여기고 붙잡아 관아로 보냈다. 진영장 자신은 더 이상 아무것도 할 수가 없었기 때문에 감사에게 보고를 올려야 했다. 나는 김 신부가 체포된 이 상세한 이야기를 신부와 함께 뱃사공으로 같이 갔던 교우들에게서 들었다(31번 김 프란치스코의 증언).

③ 1846년 봄, 김 신부가 황해도로 가기 위해 배를 탔을 때 나는 식부(食夫)의 자격으로 신부와 동행하게 되었다. 같이 간 사람들은 임(성룡) 베드로, 김(성서) 요아킴, 임가, 노가(노언익), 사공인 엄가(엄수), 그리고 신부의 복사(이의창)였다. 신부는 맡고 있던 편지들을 중국 배에 전했고 (선교사들의 잠입 경로를) 관찰하는 일을 다 마쳤다. 돌아오는 길에 우리는 순위도에 상륙하였다. 우리가 순위도에 있는 동안 관원이 중국 배를 쫓기 위해 배들을 징발하고 있었다. 관리 한 명이 우리 배로 왔다. 그는 신부와 이야기하는 동안 신부가 조선 사람 같아 보이지 않았으므로 그를 외국인으로 여기고 잡아갔다. 신부와 함께 임 베드로와 사공 엄가도 잡혀 신부와 같이 관아로 압송되었다. 조금 후에 임가와 노가는 사건이 어

férer des autres Coréens, il le prit pour un étranger, l'arrêta et l'emmena. Avec le Père furent pris également Pierre Rim et le batelier Em : comme lui ils furent emmenés au mandarinat. Un peu plus tard, le sieur Rim et le sieur No, voulant savoir comment l'affaire tournait, descendirent à terre tous deux, et comme ils tardaient à revenir, Joachim kim et moi nous abandonnâmes la grande barque, et montés sur la chaloupe nous nous rendîmes à la capitale, où nous arrivâmes en cinq jours. Là nous apprîmes que le Père Kim ainsi que Pierre Rim et le batelier No avaient déjà été amenés comme prisonniers à la capitale et qu'ils étaient enfermés à la préfecture de police. Craignant d'être arrêté à mon tour, je m'enfuis en province pour me cacher, et ce n'est qu'au retour que j'ai appris que le Père Kim avait eu la tête tranchée et avait consommé son martyre. [Testis XXXII]

④ Pour le Père André Kim, prêtre, qui subit le martyre en l'année 1846, je ne l'avais jamais vu avant la persécution, mais j'ai entendu parler de la manière dont il rencontra la persécution, à Pierre Rim surnommé Syeng-sil-i, Joachin Kim et à plusieurs autres chrétiens qui s'y trouvèrent mêlés. [Testis XXXIII]

⑤ Deux au[ou] trois ans après, il dut interrompre le cours de ses travaux apostoliques pour faire passer en Chine les lettres de la Mission et se rendit à cet effet sur les côtes de Hoang-hai-to au printemps de l'année 1846. Or, il paraît qu'à l'occasion d'une réquisition

떻게 되어 가는지 알아보고자 둘 다 뭍에 내렸다. 그들이 돌아오는 것이 늦어지기에 김 요아킴과 나는 큰 배에서 내렸고, 작은 배를 타고 닷새 만에 서울에 도착하였다. 서울에서 우리는 김 신부와 임 베드로와 사공 노가가 이미 서울로 압송되어 포청에 갇혔다는 소식을 들었다. 나는 잡힐까 두려워 몸을 숨기기 위해 지방으로 달아났다. 다시 돌아온 후에야 김 신부가 참수되어 순교했다는 소식을 들었다(32번 박성철 베드로의 증언).

④ 1846년에 순교한 사제 김 안드레아 신부에 대해 말하자면, 나는 박해 전에 그를 본 적은 없다. 다만 김 신부가 겪은 박해의 사정에 관하여 임성실(성룡) 베드로, 김 요아킴, 그리고 그 일에 연루되었던 다른 교우들에게서 이야기를 들었다(33번 박순집 베드로의 증언).

⑤ 2~3년 후[26]에 그(김대건 신부)는 조선 교회의 편지를 중국에 전하기 위해 사목 활동을 중단하여야 했다. 그리고 이를 위해 1846년 봄에 황해도 해안으로 갔다. 그런데 배들을 징발하고 있던 때 김 신부의 사공들과 진영의 관리들 간에 논쟁이 벌어졌던 듯하다. 관리(진영장)는 김 신부

---

26 언제부터 2~3년인지 알 수 없다. 다만, 1845년 11월 김대건 신부가 귀국하여 성사 집전을 시작한 것으로부터 본다면, '6개월 후인 1846년 5월'이라고 해야 할 것이다.

de barques, une dispute s'engagea entre ses bateliers et les gens du mandarin maritime. Ce dernier monta même sur la barque du Père Kim et donna l'ordre à ses valets de se saisir de sa personne. Là dessus le Père est saisi par les cheveux et son toupet se délie. «C'est un étranger!» crie-t-on alors, et on s'empresse de porter la nouvelle de son arrestation au gouvernement. Le Père est lui-même envoyé au tribunal du préfet de la province, et l'interrogatoire dévoile les affaires de la chrétienté. [Testis XLI]

⑥ Le Père (75) Kim était allé en province au printemps de l'année 1846, il montait une barque, et mon frère Pierre Rim l'accompagnait. [Testis XXVII]

⑦ On expédie le prisonnier sur la capitale, il est enfermé à la préfecture de police de gauche. Le préfet d'alors Ni Heung-sik-i, frappé de l'air noble et digne du Père Kim, voulait lui sauver la vie. Chaque soir il le faisait appeler, asseoir sur sa natte pour l'entendre parler de la religion chrétienne et le questionner sur les pays étrangers. Ayant un jour sorti une lettre de l'Evêque prise sur le bateau, «L'écriture, lui dit-il, est différent, de la vôtre, dénoncez l'auteur de cette lettres.» = «La différence, répondit le Pére Kim, vient de ce que les caractères tracés avec une plume métallique ne rensemblent pas avec ceux qui le sont avec une plume d'oiseau : si j'avais une plume de métal, je pourrai tracer des caractères semblables à ceux-ci» ; et cette répartie détruisit tous les soupçons du Préfect de police. Durant son séjour en prison, le Père n'eut à subir aucun interrogatoire ou supplice quelconque grave ; bien plus les grands du royaume disaient qu'il serait bien regrettable

의 배에까지 올라와 부하들에게 신부를 체포하라고 지시하였다. 그러자 신부의 머리채가 잡혔고, 상투가 풀어졌다. 그러자 그들은 "외국인이다!"라고 소리치고는 서둘러 신부의 체포 사실을 감영에 보고하였다. 신부는 감영으로 이송되었고, 신문으로 교회 사정이 드러나게 되었다(41번 최 베드로의 증언).

⑥ 김 신부는 1846년 봄 지방으로 갔다. 그는 배를 탔는데 나의 오빠 임(성룡) 베드로가 신부와 동행했다(27번 임 안나의 증언).

⑦ 체포된 그(김대건 신부)는 서울로 압송되어 좌포청에 갇혔다. 당시의 포장 이응식(李應植)은 김 신부의 고귀함과 품위에 감동하여 신부의 목숨을 구하려 하였다. 포장은 매일 저녁 신부를 불러 돗자리에 앉히고 천주교에 대한 이야기를 듣고 외국의 나라들에 대해 물어보았다. 하루는 배에서 압수한 주교의 편지가 나오자 포장이 김 신부에게 "당신의 글씨와 다르니 그 편지를 쓴 사람을 대시오."라고 하였다. 김 신부는 "그것은 철필로 쓴 것과 깃털 붓으로 쓴 것이 다르기 때문입니다. 철필이 있다면 나는 이와 비슷한 글씨를 쓸 수 있습니다."라고 대답하였다. 이 대답이 포장의 모든 의혹을 사라지게 하였다. 신부는 감옥에 있는 동안 하등의 중한 신문이나 형벌을 받지 않았다. 게다가 조선의 고관들은 나라에 매우 귀중할 수도 있는 사람을 죽이는 것은 매우 유감스러운 일이라고들 하였다. 이러한 여론에도 불구하고 한 고관(영의정 권돈인)이 국법에 따라 그 죄수가 죽을죄를 지었다며 상소함으로써 결국 신부는 사형 선고를 받게 되었다(41번 최 베드로의 증언).

de mettre fin à une vie qui pourrait être si précieuse à l'Etat ; malgré ce commun avis, les représentations d'un haut dignitaire rappelant que d'après les lois du pays le prisonnier avait commis une crime capitale et impardonnable, le Père fut enfin condamné à mort. [Testis XLI]

⑧ Après son arrestation le Père Kim profita de l'occasion des interrogatoires qu'il subit à la préfecture de police, et chaque fois il prêcha la doctrine et réfuta les superstitions au point que les juges confessaient la vérité de la doctrine chrétienne. Il n'eut presque aucun supplice à subir, au point qu'on croyait que le gouvernement le mettrait en liberté : mais un des premiers ministres nommé Kouen, exposa au roi que si on le mettait en liberté, le royaume en éprouverait plus tard un grand dommage, le roi répondit : — «Puisqu'il en est ainsi, faites comme bon vous semblera.» Le Père Kim fut alors condamné á mort, puis conduit au lieu du supplice de Sai-nam-hte, où il endura le martyre d'après le rite appelé Koun-moun-hyo-syou. [Testis XXX]

⑨ Durant le séjour qu'il y fit, le Préfet porta beaucoup d'intérêt au Père Kim, l'invitant à lui faire lecture de livres de religion, qu'il expliqua avec beaucoup d'habilité. Le Préfet lui avait même promis la vie sauve, lorsque soudain à la suite d'une requête présentée au roi par le premier ministre Kouen, il fut condamné à mort. [Testis XXXVI]

⑩ Au cours de l'interrogatoire qu'il eut à subir on lui demanda pourquoi, Coréen qu'il était, il avait quitté sa patrie ; à cette question, et à la sommation d'apostasie, il sut opposer de si belles réponses, qu'il embarrassa les satellites et jusqu'au préfet lui-même, qui lion de le maltraiter, lui témoigna son admiration. Voulant même se rendre

⑧ 체포된 후 김 신부는 포청에서 신문 받을 때를 기회로 삼았다. 그가 매번 교리를 설파하고 이단을 반박하였기에 관장들이 천주교 교리가 옳다고 고백하게 될 정도였다. 조정이 그를 석방할 것이라고 사람들이 믿을 만큼 신부는 거의 형벌을 받지 않았다. 그러나 권(돈인)이라는 한 재상이 임금에게, '만일 신부를 석방하면 후에 나라가 큰 해를 입게 될 것'이라고 보고하였고, 왕은 이에 대해 "그렇다면 그대의 생각대로 하시오."라고 대답하였다. 그리하여 김 신부는 사형 선고를 받고 새남터 형장으로 인도되어 군문효수형으로 순교하였다(30번 김 요아킴 성서의 증언).

⑨ 그곳(포청)에 갇혀 있는 동안 포장이 김 신부에게 많은 관심을 보이며 종교(천주교) 서적을 읽어 달라고 하였고, 김 신부는 그것을 매우 능숙하게 설명하였다. 포장은 생명을 구해 주겠다고 약속하기까지 하였는데, 그때 갑자기 정승 권(돈인)이 왕에게 상소하여 김 신부는 사형 선고를 받게 되었다(36번 박 클라라의 증언).

⑩ 신문 중에 그(김대건 신부)에게 왜 조선인으로서 나라를 떠났느냐고 물었다. 이 질문과 배교하라는 독촉에 신부가 너무나 훌륭한 대답으로 반대하여 포졸들과 포장까지도 난처하게 만들었다. 포장은 신부를 괴롭히기는 고사하고 신부에게 감탄하였다. 그는 신부의 재능을 알고 싶어서 "조선 8도 지도를 만들 수 있느냐?"고 물었다. 신부는 "그것만이 아니고

compte de son habilité : «Pourrais-tu, lui demanda-t-il, me dresser la carte des huit provinces Coréennes?» — «Non seulement cela, répondit le Père, mais celle du globe entier». Malgré son arrestation, il n'eut non plus à subir aucun supplice. [Testis XXXVII]

⑪ Je sais seulement qu'après son arrestation, le Père Kim fut envoyé à Hai-tjyou résidence du gouverneur. De là on l'envoya à la Capitale où il fut enfermé à la préfecture de police depuis la 5ème lune jusqu'à la fin de la 7ème lune. [Testis XXXI]

⑫ Le père Kim fut conduit à la Capitale, enfermé à la Préfecture de police, où mon grand père paternel qui y était également détenu, voyant que le Père n'avait plus de chaussures, lui tressa une paire de souliers de paille et les lui offrit. [Testis XXXV]

⑬ Pendant son séjour en prison, il écrivit une lettre qu'il envoya à tous les chrétiens, lettre que j'ai lui moi-même. [Testis XXVIII]

5. Martyre et miracle

① Pour le conduire au lieu du supplice, où il devait être exécuté selon le rit Koun-moun-hyo-syou, on le fit monter sur une chaise grossière, les jambes fixées aux deux bâtons, les mains liées derrière le dos, les cheveux déliés et attachés au devant de la chaise. Le Père

세계 지도도 만들 수 있다."고 대답하였다. 구금된 상태였지만 신부는 어떠한 형벌도 받지 않았다(37번 원 마리아의 증언).

⑪ 김 신부가 체포된 뒤에야 나는 신부가 감사가 있는 해주로 이송되었음을 알았다. 그리고 그는 해주에서 서울로 이송되어 음력 5월부터 7월 그믐께까지 포청에 갇혀 있었다(31번 김 프란치스코의 증언).

⑫ 김 신부가 서울로 이송되어 포청에 갇혔는데, 그곳에 나의 조부(김중수)도 갇혀 있었다. 조부는 신부가 신발이 없는 것을 보고 짚신 한 켤레를 삼아 그에게 주었다(35번 김 마리아의 증언).

⑬ 그(김대건 신부)는 감옥에 있을 때 모든 교우들에게 편지[27] 한 통을 보냈고, 그 편지를 나도 직접 읽었다(28번 임 루치아의 증언).

5. 순교와 기적

① 군문효수의 관례대로, 형이 집행되는 형장으로 그(김대건 신부)를 이송하기 위해 그를 들것에 앉혔다. 두 다리를 두 막대기에 붙잡아 매고, 두 손은 등 뒤로 결박하고, 머리털은 풀어서 의자 앞에 묶었다. 그때 신부는 보라색 겹저고리와 중국 무명천으로 지은 바지(삼승[三升] 고의, 남자

---

[27] 옥중에서 조선 교우들에게 쓴 '마지막 회유문'을 말함(본 자료집 제1집, 『성 김대건 안드레아 신부의 서한』, 2020, 235~238쪽 참조).

portait alors un gilet double, de couleur violette, et un pantalon de toile de coton de Chine. J'allai moi-même le voir passer au carrefour extérieur ; il ne portait sur son visage aucune impression de trouble ; c'était alors le 27ème jour de la 7ème lune. [Testis XXXVI]

② ⋯ alors que le Père se rendait au lieu du supplice, j'ai suivi le cortége depuis la petite porte de l'Ouest jusqu'à Sai-nam-hte. On fit une halte à l'endroit appelé Tang-Ko-Kai ; je vis alors le Père Kim assis sur la civière suer abondamment ; le toupet de sa chevelure s'étant dénoué, j'ai vu un des soldats le lui renouer de nouveau : le Père Kim portait alors un gilet de couleur violette doublé, mais non ouaté : il leva la tête et jeta les yeux à droite et à gauche. Quand on fut arrivé au lieu du supplice, tout se passa selon le rite appelé Koun-moun-hyo-syou. Quand on le fit tourner autour de la place, le Père paraissait joyeux et tournait marchant avec rapidité. Quand on lui trancha la tête, je crois me souvenir qu'il ne reçut que deux coups de sabre. [Testis XXXIII]

③ Je le vis seulement de loin de la maison de mon frère dans les derniers jours de la 7ème lune de l'année 1846, alors qu'il se rendait à Sai-nam-hte, lieu des exécutions. Le Père Kim portait un gilet de couleur violette, il était monté sur une chaise grossière avait les cheveux dénoués et était lié. [Testis XII]

가 여름에 입는 홑바지)를 입고 있었다. 나는 신부를 직접 보러 네거리까지 갔다. 신부는 얼굴에 슬픈 기색이 전혀 없었다. 그때가 음력 7월 27일이었다[28](36번 박 클라라의 증언).

② …신부가 형장으로 갈 때, 나는 서소문에서부터 새남터까지 행렬을 따라갔다. 당고개[堂峴][29]라는 곳에서 한 번 멈추었다. 그때 나는 김 신부가 땀을 아주 많이 흘리며 들것에 앉아 있는 것을 보았다. 그의 상투가 풀어져서 병사 하나가 그것을 다시 매어 주는 것이 보였다. 그때 김 신부는 누비지 않은 자색 겹저고리를 입고 있었다. 신부는 머리를 들고 좌우를 바라보았다. 형장에 도착하자 군문효수의 관례대로 진행되었다. 광장을 돌게 하였을 때 신부는 즐거워 보였고 빠른 걸음으로 돌았다. 그가 참수될 때 단 두 번의 칼을 받은 것으로 기억한다(33번 박순집 베드로의 증언).[30]

③ 1846년 음력 7월 그믐, 그(김대건 신부)가 새남터 형장으로 갈 때 나는 나의 오빠 집에서 멀리서 바라만 보았다. 신부는 그때 보라색 저고리를 입고 있었고 들것 위에 있었으며, 머리칼이 풀린 채 결박되어 있었다(12번 변 아나스타시아의 증언).

[28] 김대건 신부가 순교한 날은 7월 26일(양력 9월 16일)이었다.
[29] 지금의 서울시 용산구 문배동과 신계동 일대의 고개.
[30] 33번의 박순집(베드로)은 위에서 김대건 신부를 본 적이 없다고 했다가, 여기에서는 그의 순교 장면을 직접 목격했던 것처럼 증언하였는데, 김대건 신부가 순교할 당시 그의 나이가 17세였으므로 목격했을 가능성은 있다고 생각된다.

④ Il fut pris, envoyé à la capitale et mis en prisons ; puis il eut la tête tranchée et subit le martyre. Je tiens ces détails pour les avoir entendu raconter dans la famille, et surtout à mon frère aîné Pierre, il avait lui-même été pris et rencontré la persécution en même temps que le Père Kim, aussi connaissait-il pertinemment cette affaire, il est mort depuis 4 ans. [Testis XXVII]

⑤ Le Père Kim fut conduit au lieu du supplice de Sai-nam-hte dans les derniers jours de la 7ème lune de l'année 1846 ; il eut la tête tranchée d'après le rit appelé Koun-moun-hyo-syou, et consomma ainsi son martyre. C'est ce que j'ai entendu dire aux chrétiens de ce temps-là. [Testis XXXI]

⑥ Pendant le trajet au lieu de son supplice à Sai-nam-hte, peut-être par l'effet de la surprise de se voir en face de la mort, après avoir espéré qu'on lui laisserait la vie sauve, le Père avait l'air un peu triste, mais arrivé à l'endroit de l'exécution, quand les soldats l'eurent lié et lui passant un bâton sous les bras lui firent faire le tour de la place, il reprit un air joyeux, puis s'adressant aux bourreaux : «Du Ciel où je vais, leur dit-il, je vous verrai comme maintenant, ne manquez pas de vous faire chrétiens et de venir me rejoindre.» Je tiens ces détails de Kim Kong-syouk, de Kim François, et de plusieurs autres chrétiens témoins oculaires de son martyre, et qui vinrent nous raconter ces faits, après avoir vu tomber sa tête sous la hache. [Testis XLI]

⑦ Cette même année, dans les premiers jours de la 8ème lune, un jour la pluie tomba à torrents, avec de si grands éclats de tonnerre,

④ 그(김대건 신부)는 잡혀 서울로 압송되어 투옥되었다. 이어 참수되어 순교하였다. 집안에서 이렇게 이야기하는 것을 들었다. 특히 큰오빠 베드로(임성실)에게서 들었다. 그도 잡혀 김 신부와 동시에 박해를 받았으므로 이러한 사실을 잘 알고 있었다. 그는 4년 전(1880년)에 죽었다(27번 임 안나의 증언).

⑤ 김 신부는 1846년 음력 7월 말에 새남터 형장으로 이송되었다. 군문효수라는 의식에 따라 참수되어 순교하였다. 이것은 내가 당시의 교우들에게서 들은 것이다(31번 김 프란치스코의 증언).

⑥ 새남터 형장으로 가는 동안, 자신이 살게 되리라는 기대를 하였던 후에 죽음에 직면하게 되자 놀라서였는지 신부는 좀 슬픈 기색이었다. 그러나 형장에 이르러 병사들이 신부를 묶고 그의 두 팔 아래에 막대기 하나를 끼우고 광장을 한 바퀴 돌게 하였을 때 신부는 다시 즐거운 기색이었고, 희광이들에게 이렇게 말했다. "나는 천당에 올라가 지금처럼 당신들을 보게 될 것이오. 천주교인이 되어 나와 함께 있도록 하시오." 나는 이러한 이야기를 김공숙, 김 프란치스코, 그리고 그의 순교를 목격한 다른 여러 교우들에게서 들었다. 그들은 신부의 머리가 도끼에 잘려 떨어지는 것을 보고 우리에게 와서 이러한 이야기를 해주었다(41번 최 베드로의 증언).

⑦ 같은 해 8월 초순의 어느 날 큰 천둥 번개가 치며 비가 억수로 내리기에 우리 마을의 교우들은 놀라, 혹시 김 신부가 순교한 것이 아니냐

que les chrétiens de notre village en furent frappés et se demandèrent si le Père Kim consommait son martyre, et de fait le 10ème de la lune, jour du marché à Kim-zyeng, la nouvelle se répondit parmi les chrétiens que le Père Kim avait été décapité et subi le martyre le jour de l'orage. [Testis XXVIII]

⑧ A la 8ème lune de cette année, la pluie tomba un jour à torrents avec un fracas de tonnere extraordinaire ; quelques jours après, j'ai appris des chrétiens que le Père Kim avait subi le martyre le jour de l'orage. [Testis XXIX]

6. Découverte du corps et transfert de tombe

① Quand le père de Pierre Pak surnommé Syoun-tjip-i, alla avec d'autres chrétiens pour recouvrer le corps, l'un d'eux s'étant souvenu que le Père portait a une main la marque apparente de la morsure d'un chien, on le reconnut distinctement à ce signe, et on procéda ensuite à ses funérailles. [Testis XXXV]

고들 서로 물었다. 과연 그달(음력 8월) 10일 김정 장날,[31] 김 신부가 폭풍우가 휘몰아친 바로 그날 참수되어 순교하였다는 소식이 교우들 사이에 퍼졌다(28번 임 루치아의 증언).

⑧ 그해 음력 8월의 어느 날, 뜻밖의 요란한 천둥소리와 함께 비가 억수로 퍼부었다. 며칠 후 나는 교우들로부터, 신부가 폭풍우가 친 그날 순교하였다는 소식을 들었다(29번 오 바실리오의 증언).

6. 시신 발견과 이장[32]

① 박순집(順集) 베드로의 아버지(박 바오로)가 다른 교우들과 함께 신부의 시신을 찾으러 갔을 때 그중 한 사람이, 김 신부의 한쪽 손에 개에게 물린 뚜렷한 자국이 있음을 기억하고 있었기에 사람들은 그 자국을 분명히 알아보았다. 그리고 장례를 지냈다(35번 김 마리아의 증언).

---

31 앞의 증언에서 임 루치아가 양지에서 성사를 받았다고 하였으므로, 양지 인근에서 있던 시장인 '김량장(金良場)' 또는 '금령장'으로 추정된다. 지금의 경기도 용인시 처인구 김량장동이다.

32 이 증언들을 통해 볼 때, 김대건 신부가 순교한 뒤 그의 시신은 여러 교우들에 의해 일단 와서(문배부리)에 안장되었다가 다시 미리내로 옮겨졌음이 분명하다. 또 김 신부의 시신 이장은 일반적으로 알려져 있는 것과 같이 이민식(李敏植, 빈첸시오)이 단독으로 한 것이 아니라 서 야고보, 박 바오로(박순집 베드로의 아버지), 한경선, 나창문, 신치관, 이 사도 요한 등이 함께 주관했음을 알 수 있다. 아마도 이민식은 당시에 청년 신자(1901년에 70세였다고 하므로 1846년에는 만 15세였다)로 이장에 참여했던 것 같다.

② Après son martyre, quand on s'occupa de rechercher son corps, deux chrétiens Han Kyeng-syen-i et La Tchang-moun-i, se réunirent d'abord à notre maison, et par une nuit très noire, à la 10ème lune de la même année allèrent à la recherche du corps, qu'ils recouvrèrent sans le moindre doute et procédèrent aux funérailles. Je me souviens avoir vu de mes propres yeux dans le même temps, une petite mèche de cheveux du Père Kim que m'apporta un chrétien. [Testis XXXVI]

③ Cette année-là, à l'automne, je me rendis une nuit avec quelques autres chrétiens au lieu du supplice ; nous creusâmes le sable, découvrîmes le corps du Père, et après avoir enveloppé ces restes dans un drap, nous allâmes les inhumer provisoirement à trois lys de là de l'autre côté de Oai-Sye ; la nuit suivante, bien que je n'aie pas été témoin oculaire de la chose, j'ai entendu dire qu'un certain nombre de chrétiens relevèrent de nouveau le corps, le transportèrent à la montagne de Oai-Ko-Kai où il fut procédé à l'ensevelissement et aux funérailles. [Testis XXXVIII]

④ Quand on rechercha son corps, je n'assistai point à l'opération, mais j'ai entendu dire que les chrétiens ayant recouvré ce corps,

② 김 신부의 순교 후 그의 시신을 찾을 때, 한경선과 나창문이라는 두 교우가 우선 우리 집에 모였다. 그리고 같은 해 음력 10월, 칠흑 같은 밤에 시신을 찾으러 갔는데 조그마한 의심도 없이 시신을 찾아내고 장례를 지냈다. 그때 어떤 남자 교우가 내게 가지고 온, 김 신부의 머리칼 한 줌을 직접 본 기억이 난다(36번 박 클라라의 증언).

③ 그해 가을 어느 날 밤 나는 몇 명의 교우들과 함께 형장으로 갔다. 우리는 모래를 파고 신부의 시신을 찾아냈다. 그 시신을 홑이불로 감싼 후, 거기서 3리 떨어진 건너편의 와서(瓦署)[33]로 가서 임시로 매장하였다. 내가 직접 목격하지는 못하였으나, 다음 날 밤 몇 명의 교우들이 그 시신을 파내어 왜고개로 옮겨 그곳에 매장하고 장례를 지냈다고 들었다(38번 서 야고보의 증언).

④ 신부의 시신을 찾는 일에 나는 참여하지는 않았으며, 다만 이야기만 들었다. 즉 교우들이 시신을 찾아, 우선 임시로 문배부리[34]에 묻었다

---

[33] 조선시대 관청에서 사용할 기와와 벽돌의 제조를 담당하던 관아로, 그 관아가 있던 고개를 '와현(瓦峴)' 또는 '왜고개'라 불렀다. 베르뇌(S.F. Berneux, 張敬一) 주교를 비롯한 9명의 병인박해 순교자의 시신도 왜고개에 임시 매장되었다. 서울 용산구 용산동에 있는 군종교구 국군 중앙 주교좌 성당 뒤편에 왜고개 성지가 있다.

[34] 서울 용산구 신계동과 문배동 일대로, 문배산(文培山, 문평산)이 있어 지명이 '문배부리'로 된 것 같다. 문배산에는 용산선(龍山線)이 부설되기 전까지 공동묘지가 있었다. 순교 성지로 잘 알려진 당고개[당현]는 문배산 기슭의 고개이다.

l'enterrèrent d'abord provisoirement à l'endroit appelé Moun-pai-pou-ri ; puis quand la persécution fut apaisée, ils le transportèrent à Mi-ri-nai au district de Yang-Syeng. [Testis XXXIII]

⑤ Après son martyre Sin-tchi-koan-i, ainsi que autres chrétiens recouvrèrent son corps qu'ils portèrent à Mi-ri-nai district de Jang-Syeng, où ils l'enterrèrent ; je tiens ce détails de Tchi-Koan-i lui-même. Plus tard je me rendis moi-même plusieurs fois à Mi-ri-nai, où j'ai vu le tombeau du Père Kim. [Testis XXIX]

⑥ Après son martyre, les chrétiens de la capitale recouvrèrent son corps, qu'ils allèrent enterrer à Mi-ri-nai, district de Jang-syeng. J'ai été témoin oculaire de l'arrestation du Père Kim ; pour les événements qui suivent, je les ai appris par ce qu'en racontaient les chrétiens. [Testis XXX]

⑦ Après son martyre, mon mari Jean Ni alla avec d'autres chrétiens recouvrer son corps, qu'ils allèrent ensuite enterrer au village appelé Mi-ri-nai ; je tiens ces détails de mon mari même. [Testis XIX]

⑧ Après le martyre du Père Kim, les chrétiens recouvrèrent son corps et allèrent en convoi funèbre l'enterrer à Mi-ri-mai, au district de Yang-Syeng. Je me suis rendu moi-même à ce tombeau et je l'ai vu ; il est situé à côté de celui de l'Evêque Ferréol. [Testis XXXI]

가 박해가 진정되자 양성(陽城)의 미리내[35]로 옮겼다는 것이다(33번 박순집 베드로의 증언).

⑤ 신부의 순교 후 신치관과 그 밖의 교우들이 신부의 시신을 찾아 양성 미리내로 운반해 매장하였다. 나는 치관이로부터 이 이야기를 직접 들었다. 얼마 후 나는 직접 여러 차례 미리내로 가서 김 신부의 무덤을 보았다(29번 오 바실리오의 증언).

⑥ 신부의 순교 후, 서울 교우들이 신부의 시신을 찾아 양성 미리내에 매장하였다. 나는 김 신부가 체포되는 것은 목격하였으나 그다음에 일어난 일들에 대해서는 교우들의 이야기로 알게 되었다(30번 김 요아킴 성서의 증언).

⑦ 신부의 순교 후, 나의 남편 이 (사도) 요한이 다른 교우들과 함께 신부의 시신을 찾으러 갔다. 이어 그들은 미리내라는 마을로 매장하러 갔다. 나는 이 이야기를 내 남편에게서 직접 들었다(19번 유 바르바라의 증언).

⑧ 김 신부의 순교 후 교우들이 그의 시신을 찾아 양성의 미리내에 행상(行喪, 시신을 산소로 모셔 가는 것)하였다. 나도 그 무덤을 찾아가서 보았다. 그의 무덤은 페레올 주교의 무덤 옆에 있었다(31번 김 프란치스코의 증언).

---

[35] 양성 미리내 : 옛날에는 지금의 안성 미리내를 이렇게 불렀다.

부록

1. 『日省錄』己亥(1839) 八月 七日

   1) 罪人羅伯多祿 口招
　……到柵門 逢着趙丁等諸人 相隨留接於丁家 渠果與金濟俊相親 以其子爲弟子 而若入送西洋 專心習敎 則當爲後日敎主 故言于金哥及所親之崔哥兩人矣 渠等果以其子其弟 自願入送 故因中原人劉哥還歸便 使之同行入送小西洋 今爲三年之久

   2) 罪人鄭牙各伯 口招
　……丙申年出來時 中國人劉哥及朝鮮人三名 果爲逢見於柵 各爲分路 其後事全然不知

가. 김제준(金濟俊, 이냐시오, 1796~1839) 관련 기록

1. 『일성록』 기해(1839년) 8월 7일(양력 9월 14일)

1) 죄인 나백다록(羅伯多祿, 즉 모방 신부)의 진술

"… (조선으로 나올 때) 책문(柵門)에 이르러 조(신철) · 정(하상) 등 여러 사람을 만났고, 함께 와서 정(하상)의 집[1]에 거처하였습니다. 저는 과연 김제준과 서로 친하여 그의 아들(즉 김대건)을 제자로 삼았습니다. 만일 서양으로 들여보내 전심으로 (천주)교를 익힌다면 마땅히 훗날 교주(敎主, 즉 성직자)가 될 것이므로 김가(즉 김제준) 및 친한 최가(즉 최형)에게 말하였는데, 저들은 과연 그 아들과 아우를 스스로 들여보내길 원하였습니다. 그러므로 중국 사람 유가(즉 유방제 신부)가 돌아가는 편에 동행시켜 소서양(小西洋)으로 들여보낸 것이 이제 3년이 지났습니다."

2) 죄인 정아각백(鄭牙各伯, 즉 샤스탕 신부)의 진술

"… 병신년(1836)에 나올 때, 중국인 유가 및 조선인 3명을 과연 책문에서 만나보았는데, 각자 가는 길이 달랐으므로 그 후의 일은 전혀 알지 못합니다."

---

[1] 당시 정하상의 집은 서울 후동(后洞)에 있었다(「사학모반죄인양한진길등안」, 『추안급국안』, 도광 19년 8월 7일[양력 1839년 9월 14일], 범세형[范世亨] 진술).

3) 罪人金濟俊 口招

以爲渠居生于龍仁 本有班名 農業資生 而渠三寸叔宗賢 敎以邪學 雖爲年 久汨於農耕 未能篤工 聞敎主自西洋國來 留於丁夏祥家 故果爲往訪見羅神父 受其領洗而歸矣 羅哥下往南中之時 歷入渠家 見渠子再福 欲以弟子率去 故不得已許之矣

丙申年 更訪於丁夏祥家 則自中原又出來劉神父一人者 爲三年矣 方還歸中原 而羅神父與丁夏祥言 若送汝子於西洋國 傳習景敎 至於得道 則十餘年後 更當出來本國 作爲敎主 當如羅神父云 故渠愚迷所致 信聽其言 果又許諾而率去 未聞聲息矣

今年三月 果川居崔永煥來 得渠子書信 而聞是趙信喆 自北京持來云 書出之年 已經再周 而似聞崔哥之子 亦與渠子同入云 此外更無所的知者云

3) 죄인 김제준의 진술

"저는 용인(龍仁)에서 거주하고 본래 양반 신분인데, 농사일로 생활하였습니다. 저의 삼촌 숙부인 종현(宗賢)[2]이 천주교를 가르친 지가 비록 오래되었지만, 오랫동안 농업에 몰두하여 능히 열심히 익히지는 못하였습니다. 성직자가 서양에서 와서 정하상의 집에 머무르고 있다는 것을 들었으므로 과연 가서 나(羅) 신부를 만나 뵙고 세례를 받고 돌아왔습니다. 나가(羅哥)가 남쪽 지방으로 내려갈 때, 지나가는 길에 저희 집에 들어와 제 아들 재복(再福)을 보고는 제자로 데려가고자 했으므로 부득이 허락하였습니다.

병신년에 다시 정하상의 집을 방문하니, 또 중국에서 나온 유 신부라는 한 사람이 (나온 지) 3년이 되어 바야흐로 중국으로 돌아갈 차였는데, 나 신부가 정하상과 함께 말하기를, '만일 자네 아들을 서양으로 보내 전심으로 경교(景敎, 즉 천주교)를 익혀 가르침을 얻는 데에 이르면 10여 년 후에는 다시 마땅히 본국으로 나올 것이다. 마땅히 나 신부처럼 성직자로 만들 것이다.'라고 했습니다. 저는 우매한 소치로 그 말을 믿고 들어서 과연 또 데려가도록 허락했으며, 아직 (아들) 소식을 듣지는 못하였습니다.

금년 3월에 과천(果川) 사는 최영환(崔永煥, 프란치스코)이 와서 제 아들 서신을 전해 주었는데, 이는 조신철이 북경에서 가져왔다고 하는 것을 들었습니다. 편지가 나온 해는 이미 두 해가 지났으며,[3] 최가의 아들(즉

---

2 김종현(金淙鉉) : 김제준의 숙부. 한자 이름은 문초 기록에 '宗賢'으로 나오지만, 『김해김씨 선원세보』에 의하면 '淙鉉'(일명 希顔)이 맞다. 한편 종현의 둘째 아우인 한현(漢鉉, 일명 宗漢)도 맏형 종현이 주문모(周文謨, 야고보) 신부에게 교리를 배운 뒤 형제들이 그 뒤를 따랐다고 하였으며(『일성록』순조 15년[1815] 6월 19일), 김제준 또한 의금부 문초 시에 다시 백부에게서 천주교 교리를 배운 사실을 분명히 하였다(다음의 『추안급국안』 내용을 참조).

3 이 기록에서 볼 때, 김대건은 1837년에 부친에게 편지를 썼고, 이것이 1838년에 북경을 통해 부친 김제준에게 전해졌음을 알 수 있다.

4) 罪人 丁夏祥 口招

……渠等之率來異國人 不過爲堅陳領洗之作主敎 而救衆人靈魂 墮地獄之意也 劉哥歸時 率去我國人 果是三名 而一則龍仁居金濟俊子再福 二則果川居崔永煥子良業 三則洪州居崔漢之弟方濟云

5) 罪人 趙信喆 口招

……彼國人劉哥出來 果在於癸巳冬 其後依其願 還送於丙申年 而渠率留異國之人 實出於作敎主 豈敢有他意於其間 劉哥還歸時 率去我國人三名的實 渠昨冬入燕時 往天主堂 受來入去西洋我國人書札 傳于果川崔永煥 而洪州崔漢之弟 聞已身死云

최양업 신부) 또한 제 아들과 함께 들어갔다고 하는 것을 들은 것 같습니다. 이 밖에는 다시 정확히 아는 것이 없습니다."

4) 죄인 정하상의 진술

"… 저희가 외국인을 데려온 것은 견진 · 영세를 위해 주교(主敎)를 얻고, 백성들의 영혼이 지옥에 떨어지는 것을 구하려는 뜻에 불과했습니다. 유가가 돌아갈 때 우리나라 사람을 데려갔습니다. 과연 이들은 3명으로, 한 명은 용인 사는 김제준의 아들 재복이고, 두 번째는 과천 사는 최영환(최경환)의 아들 양업(良業)이고, 세 번째는 홍주(洪州) 사는 최가의 아우 방제(方濟)입니다."

5) 죄인 조신철의 진술

"… 저 나라 사람 유가가 나온 것은 과연 계사년(1833) 겨울이었으며, 그 후 그의 바람에 따라 병신년(1836)에 돌려보냈습니다. 제가 외국인을 데려와 머물게 한 것은 실로 성직자를 얻으려는 데서 나온 것입니다. 어찌 감히 그 사이에 다른 뜻이 있겠습니까? 유가가 돌아갈 때 우리나라 사람 3명을 데려간 것은 사실이며, 제가 작년(1838년) 겨울 연경(燕京, 즉 북경)에 들어갔을 때, 천주당에 가서 서양에 들어간 우리나라 사람의 편지를 받아왔습니다. 과천의 최영환에게 전하였는데, 홍주 최가의 아우는 이미 사망했다고 들었습니다."

2.『推案及鞫案』憲宗 己亥
「邪學謀叛罪人洋漢進吉等案」

1) 道光十九年八月十二日 推考次
　　罪人劉進吉年 更推

白等……供劉哥名方濟 卽大國人 而爲西敎者也 當初率來時 劉哥曰 汝國危險 不可永遠居留云 故留不幾年 及至丙申年 還入送之時 我國人十四五歲者 三人擇其了了者 付送將以傳種 而其一則崔哥 而似聞至於廣東地方病死是如是白遣 其二人則其間似已抵小西洋學堂矣……

2) 道光十九年八月十三日 推考次
　　罪人金濟俊 年五十

白等……供矣身本在於靑坡 而移居龍仁地是白遣 矣身伯父 曾習邪學 故矣身亦爲之是加尼 辛酉邦禁截嚴 故更不學習矣 其後丁夏祥勸矣身 使之更學 故矣身果於一年數次往來於丁家 而受戒矣 丁夏祥言內 有神父自大西洋出來云 故矣身往見 則果於一間屋子 有所謂神父 姓則稱以羅哥……

2. 『추안급국안』 헌종 기해

「사학모반(邪學謀叛) 죄인 양한(洋漢)[4]·진길(進吉) 등 추안」

1) 도광 19년(1839) 8월 12일(양력 9월 19일) 추고.

죄인 유진길. 나이 생략. 재심문.

"… 유가는 이름이 방제(方濟)이고 중국 사람이며, 천주교를 믿는 자였습니다. 당초 데려올 때 유가가 말하기를, '너희 나라는 위험하여 영원히 머물 수가 없다.'고 했으므로 머문 햇수가 몇 년이 되지 않았습니다. 병신년(1836)에 그를 도로 들여보낼 때에 이르러 우리나라 사람 14~15세 되는 자로 똑똑한 세 사람을 뽑아 함께 보내 장차 씨앗을 퍼뜨리려고 하였습니다. 그 하나는 최가(즉 최방제)로 광동(廣東) 지방에 이르러 병사했다고 들은 것 같고, 두 사람(즉 김대건과 최양업)은 그간에 이미 소서양(小西洋) 학당에 다다른 듯합니다.…"

2) 도광 19년 8월 13일(양력 9월 20일) 추고.

죄인 김제준. 나이 50세.

"저는 본래 청파(靑坡)에 살았으며, 용인 땅으로 이주하였습니다. 제 큰아버지가 일찍이 천주학을 익혔으므로 저도 그것을 배우다가 신유년(1801)에 나라의 금령이 매우 엄했으므로 다시는 배우지 않았습니다. 그 후 정하상이 저에게 권하여 다시 배우도록 하였으므로 저는 과연 1년에 여러 차례 정하상의 집을 왕래하면서 계명을 받았습니다. 정하상의 말 가운데 '어떤 신부가 대서양(大西洋)에서 왔다.'고 하였으므로 제가 가서 만나보니 과연 한 칸 방에 이른바 신부가 있었는데, 성은 나가(羅哥)

---

4 프랑스 선교사인 앵베르 주교, 모방 신부, 샤스탕 신부를 말한다.

送子一款段 羅哥來於矣家 見矣身子 而要爲弟子 故矣身亦許之 則又有所謂神父劉哥者 率去云是白乎旀……

供旣許羅哥以弟子 故任其率去是白遣 若其必向西洋與否 實所未知是旀 勸其給送者 卽羅趙等諸人也……

供渠輩綢繆之事 矣身實未詳知 而壁聞羅哥留在劉哥入去 故隨而偕入云矣 其所勸誘之言 則若送渠子 留之二十年 則當爲神品之好爵云 故入送是白遣…

라고 하였습니다.…

　아들을 보낸 한 대목은 나가(羅哥)가 저희 집에 와서 제 아들을 보고 제자로 삼게 해달라고 요청하였으므로 제가 또한 허락한 것인즉, 또 신부 유가라는 사람이 있었는데 그가 데려간다고 하였습니다.…

　이미 나가에게 제자로 허락했으므로 그에게 맡겨 데려가도록 한 것입니다. 그가 틀림없이 서양으로 향했는지 아닌지 하는 문제는 실로 알지 못합니다. 내어주어 보내기를 권한 사람은 나가와 조(신철) 등 여러 사람이었습니다.…

　그들 무리가 치밀하게 준비한 일에 대하여 저는 실로 자세히 알지 못합니다. 대략 들으니 '나가는 (이곳에) 머물러 있고, 유가는 (중국으로) 들어갈 것이므로 그를 따라 함께 들어갈 것이다.'라고 하였습니다. 그들이 권유한 말은 '만일 제 아들을 보내 20년 동안 머무르게 한다면 마땅히 신품(神品)이라는 좋은 작위를 받을 것이다.'라고 하였으므로 들여보냈습니다.…"

나. 김대건 신부 유해 이장 및 조사 관계 기록

1. 가경자 김 안드레아 신부의 유해 발굴 및 미리내산에서 용산 신학교로 1901년에 이장한 기록 보고서

나 세례자 요한 드망즈[5] 전교 신부는 기록 서기로 지명되어 모든 이에게 명확히 증명하기 위하여 이 기록을 남김.

밀로(Milo) 명의 주교이며 한국 천주교회 교황 대리 감목인 뮈텔[6] 주교의 명에 의하여 1901년 5월 21일 오후 4시에 전교 신부이며 교회 법원 판사 프아넬[7] 신부와 기록 서기인 나는, 1846년 새남터에서 순교하신 가경자 김 안드레아의 묘소가 있는 곳에 도착하였다.

우리와 함께 증인으로 계셨던 분들은 안토니오 공베르[8] 전교 신부와 미리내 본당 마르코 강도영[9] 신부와 약 30명의 신자들이다.

---

[5] 드망즈(F. Demange, 安世華, 1875~1938) : 파리 외방전교회 선교사. 1898년 한국에 입국하였고, 1901년 당시 용산 예수성심신학교 교수로 있었다. 1911년 대구 대목구가 설정됨과 동시에 초대 대목구장으로 임명되었다.

[6] 뮈텔(G.C.M. Mutel, 閔德孝, 1854~1933) : 파리 외방전교회 선교사. 1880년 한국에 입국하여 활동하다가 1885년에 프랑스로 귀국하였다. 1890년 조선 대목구장에 임명되어 1891년 한국에 다시 입국하였다. 1911년까지 조선 대목구장, 1911년부터 1933년까지 서울 대목구장이었다.

[7] 프아넬(V.L. Poisnel, 朴道行, 1855~1925) : 파리 외방전교회 선교사. 1883년 한국에 입국하였고, 1885년부터 조선 대목구의 경리를 담당하였다. 1892년부터 1925년까지 종현 본당(현 명동 주교좌 본당) 주임 신부였다.

[8] 공베르(A. Gombert, 孔安國, 1875~1950) : 파리 외방전교회 선교사. 1900년 한국에 입국하였고, 그해에 안성(安城) 본당 초대 주임으로 부임하였다.

[9] 강도영(姜道永, 마르코, 1863~1929) : 한국인 신부. 1896년에 사제품을 받았고, 미리내 본당의 초대 주임으로 부임하였다.

미리내산에서는 세 묘소가 발견되었는데, 그중 두 묘소는 위쪽에 안치되어 있었고, 다른 하나는 아래에 있었다. 위의 두 묘소에는 가경자 김 안드레아와 한국 천주교회 교황 대리 감목이었던 페레올 주교의 유해가 모셔져 있고, 아래 묘소에는 가경자 김 안드레아 자당(고 우르술라)의 유해가 모셔져 있다고 신자들이 고증하였다.

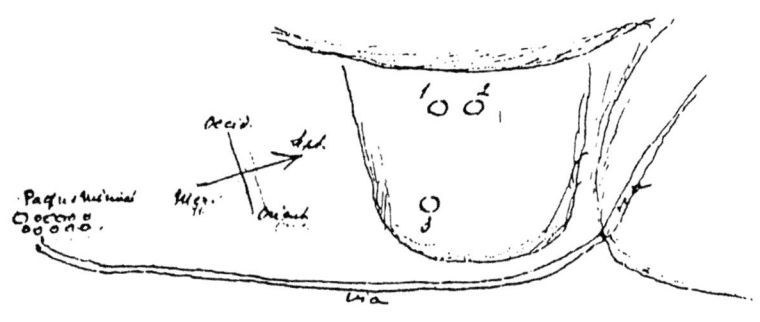

· 가경자 김 안드레아 묘소
· 페레올 주교 묘소
· 김 신부 어머니(고 우르술라)의 묘소

우리가 그 장소에 도착하기 전에 이미 프아넬 신부의 명령으로 신자 몇 명이 묘소 봉분을 헐기 시작하였으나, 아직 관에는 손을 대지 않았다.

오후 4시 30분에는 그 당시 조선의 풍습대로 장례를 치른 흔적으로, 관 위에 10cm 간격으로 홍대가 덮인 것이 발견되었다. 여기에서 한 가지 참고할 것은 이미 지금부터 15년 전인 1886년에 프아넬 신부가 이 가경자의 관이 석회로 덮여져 있는지의 여부를 확인하기 위하여 홍대의 모습이 보일 때까지 분상(墳上, 무덤에서 흙을 둥글게 쌓아 올린 부분)을 헐었던 적이 있는데, 그때 홍대를 발견하고서는 관에는 손을 대지 않고 그대로 새

분상을 모으도록 명하였다고 한다. 무덤에서 제 모습을 드러낸 홍대들을 특별한 장소에 따로 두었고, 오후 4시 45분에는 제대로 뚜껑이 덮인 관이 모습을 드러냈다.

바로 그때 프아넬 신부는 신자들을 향해 이 가운데 김 신부의 장례식을 목격한 신자가 있는지 물었다. 그러자 신자들은 일제히 다른 마을에 아직 생존해 있는 이(민식) 빈첸시오가 유일한 증인이라고 말하였고, 신부는 곧 그 사람을 불러오라고 명하였다. 프아넬 신부는 또 이 묘소가 실제로 1846년에 순교한 가경자 김 안드레아의 묘소가 맞느냐고 묻자, 약 30명의 신자들이 이구동성으로 그 점에 대해서는 아무런 의혹이 없다고 말하였다.

후일의 참고를 위하여 그 증인 가운데 몇 명을 여기에 잠시 열거한다.

바오로	김재옹	64세
요셉	김치오	55세
안드레아	김계유	58세
필립보	한	54세
바오로	공덕현	35세
프란치스코	이경재	30세

위 사람들은 오랜 세월 동안 이 동네에 살면서 전해 내려오는 이 사실을 알게 되었다. 그때 프아넬 신부는 명확한 어조로 교회 벌칙을 언명하였다. 즉, 누구든지 이 묘소에서 그 어떤 사소한 것이라도 사취(私取)하면 기절벌을 받는다고 한국어로 공포한 것이다.

관의 길이는 182cm였고, 즉시 인부들에게 관을 열라고 명하였다. 오후 5시 5분에 관 위에 덮였던 홍대를 걷어내고 보니 그 유해는 자연스럽게 위치해 있었으나 유골들은 산에서 뻗어 내린 나무뿌리와 뒤엉켜 있었다. 이 홍대와 또 관의 다른 널판과 홍대 조각들을 관 위에 얹혀 있던 홍대들과 같이 별도로 가려서 지정된 장소에 놓게 하였다. 프아넬 신부는 유해를 자로 쟀는데, 머리끝에서 발꿈치까지의 길이가 169cm였다.

그다음에는 유골들을 다음과 같은 순서대로 추려 놓았다. 즉, 맨 먼저 두개골에 관한 유골들을 가려냈고, 다음에는 늑골과 척추, 팔과 좌우 장골(腸骨, 엉덩뼈)과 좌우 대퇴골, 그리고 좌우 손뼈와 좌우 발뼈들을 정리하였다.

서울에서 데리고 내려온 단 한 명의 신자인 김 프란치스코는 모든 유골을 순서대로 나열하였고, 프아넬 신부가 유골들을 순서대로 조선종이에 싸서 강 신부에게 넘겨주면, 강 신부는 하나씩 그 위에 한문으로 숫자를 썼고, 나는 내 장부에 똑같은 숫자를 기입해 놓았으며, 그 숫자 옆에는 유골들의 이름을 기록하였다. 공베르 신부는 그것들을 따로 끈으로 매어 지정된 장소에 책임을 지고 보관하였다.

오후 5시 30분에 검은정[玉文亭]이 동네에 사는 70세 노인 이(민식) 빈첸시오가 왔는데, 이 사람은 바로 가경자 김 안드레아의 장례를 지낸 분이었다.[10] 그는 프아넬 신부가 질문하는 대로 1846년에 순교한 안드레아 김 신부의 시신이 이 묘소 봉분 속에 있으며, 또 장례식에 자기가 직접 참여했다고 고증하였다. 또 장례 지낼 때에 홍대 위에 흰 회를 덮고 그 위에 손가락으로 안드레아 김 신부의 이름을 썼으며 그 글자들 위에 재를 소복히 올려놓았다고 말하였다. 그러나 무덤을 열 때에는 회가 보이지 않았다. 아마 15년 전(1886년 프아넬 신부가 안드레아의 관이 석회로 덮여

---

10 앞에서 설명한 것과 같이 김대건 신부의 시신을 미리내로 이장하는 작업에는 여러 신자들이 함께 참여하였다.

있는지 확인하려고 했을 때)이나 지금이나 인부들이 그것을 부주의하게 다루어 홍대 위의 흙과 함께 거두어낸 것 같다.

유해 밑에는 강모래(江砂)가 가득 들어 있었다. 이 흙은 미리내산에서 난 모래가 아니고 서울 강변에서 묻어 온 것 같다. 그것은 김 안드레아 신부의 시신이 순교 직후 강변 모래사장에 방치되었던 것을 이리로 옮길 때에 옷에 묻어 온 것으로 생각된다고 이 빈첸시오와 다른 교우들이 말하였고, 프아넬 신부와 김 프란치스코도 그 사실을 인정하였다. 그것은 1866년 한강 모래사장에서 순교한 다른 신부들의 관을 작년(1900년)에 발굴했을 때도[11] 이와 똑같이 모래가 묻어 나온 적이 있었기 때문이다.

다섯 번째 척추골은 어떤 연장으로 내려쳤었는지 완전히 부스러져 있었는데, 프아넬 신부와 김 프란치스코의 말에 의하면 칼로 내려칠 때(김 신부가 치명할 때 칼이 여덟 번 내리쳤다.) 으스러진 것이라고 하였다.

위에서 말한 대로 모든 유해를 여러 개의 묶음으로 따로따로 싸서 묶고, 또 그것을 한꺼번에 큰 조선종이에 싸서 나뭇가지로 만든 들것 위에 놓고 또 잘 묶었다.

오후 7시 15분에는 관 위에 덮였던 홍대들을 그 무덤 자리에 넣어 흙으로 메우고 교우 두 사람은 유해를 올려놓은 들것을 메고 갔으며, 또 다른 이들은 그 관을 마르코 강(도영) 신부의 사제관으로 메고 갔는데, 바로 그 뒤를 내가 따르고 또 내 뒤에는 여러 신부들이 따라갔다.

---

11 이 기록은 오기(誤記)이다. 새남터 순교자들을 발굴한 것은 1900년이 아니라 1899년 10월 3일이었다. 즉 교구에서는 이날 한국 순교자들의 시복 수속 과정의 일환으로, 왜고개에서 베르뇌 주교 등 7명의 순교자 시신을 발굴하여 용산 예수성심신학교로 옮겼다가 1900년 9월 5일에 다시 명동 성당 지하 묘지로 옮겨 안장하였다.

오후 7시 30분에야 강 신부의 사제관에 도착하게 되었다. 유해를 담은 궤는 우리가 자는 침실 벽장에 안치하고 열쇠로 잠갔으며, 그 열쇠는 프아넬 신부가 강 신부에게 맡기고 관은 다른 방에 안치하였다.

　　그 이튿날, 즉 5월 22일 수요일 아침 8시에 다음과 같은 순서대로 미리내에서 출발하였다. 즉, 유해가 든 궤를 가마에 얹어 놓고 움직이지 못하도록 단단히 끈으로 맨 후 두 교군꾼이 메고 갔으며, 그들 바로 뒤에는 프아넬 신부와 내가 따랐고, 그 뒤에는 세 교우가 관을 메고 따라나섰다. 정오에 가뜬거리라는 동네 주막에 들어가서 점심을 먹게 되었는데, 이때 가경자 김 안드레아의 유해를 모신 가마의 앞문을 열어젖힌 채 우리가 식사하는 방 바로 문 앞에 놓았다.

　　오후 1시 30분에 오전과 똑같은 순서대로 가뜬거리를 떠나 오후 7시 30분에 노다리 동네에 도착하였다. 프아넬 신부와 나는 가경자 김 안드레아의 유해가 모셔져 있는 궤를 가마에서 내려 우리가 숙박할 여관방에 안치해 놓고 잤다.

　　다음 날, 즉 5월 23일 목요일 아침 6시 15분에 유해가 모셔진 궤를 가마에 올려놓고 그 전과 같이 출발하여 오후 1시 45분에야 용산 신학교에 도착하였다. 여기서 프아넬 신부와 신학교 교장 베드로 기낭[12] 신부와 신학교 교수인 바오로 한(기근)[13] 신부와 내가 목격하는 가운데 가경자 김 안드레아 신부의 유해가 든 궤를 지정한 방에 안치시켜 잠근 후, 열쇠는 기낭 신부에게 맡겼다.

12　기낭(P. Guinand, 陳普安, 1872~1944) : 파리 외방전교회 선교사. 1895년 한국에 입국하여 공주 본당 등에서 사목하였고, 1900년 예수성심신학교 교장으로 부임하였다.

13　한기근(韓基根, 바오로, 1867/1868~1939) : 한국인 신부. 1897년 사제품을 받았고, 1897년부터 1902년까지 예수성심신학교 교수였다.

이튿날 기낭 신부에게서 열쇠를 받아가지고 두 신학생, 즉 손(성재) 야고보[14] 차부제, 이(상화) 바르톨로메오[15] 차부제와 같이 신학교 강의실로 들어가 그들에게 유해 중에서 일부분이라도 사취하면 교회 법률상 파문을 면치 못할 것이라고 선언하고, 미리내 묘소에서 처리한 그대로 포장되어 있는 유해를 풀어 물로 닦았다.

　　6월 1일에는 물로 닦아 잘 건조된 유골들을 그 전의 형태대로 다시 싸고 같은 번호를 찾아서 묶었으며, 작은 묶음은 큰 봉지에 넣어 같은 방 장 속에 안치하였다.

　　유해를 모셨던 관은 잘 말려서 그 방 다른 장 속에 넣어 잠그고, 그 열쇠는 기낭 신부에게 맡겼다. 기낭 신부는 그동안에 아무도 그 방에 들어간 일이 없고 유해와 널조각을 가져간 일도 없다고 하였다. 이것은 기록 서기인 내가 10월 11일에 차부제 손 야고보와 같이 그 방에 들어갔을 때 다시 유해의 일부분이라도 사취하면 파문을 받는다고 재선언하고 유해를 묶은 종이 묶음을 풀어 6월 1일에 정리한 번호 그대로 안치하고 보니 아무런 변동이 없었다는 것을 확인할 수 있었다.

　　10월 11일과 그 이튿날 모든 유해를 붉은 비단으로 싸서 37개의 묶음으로 만들어 놓고, 그다음에는 모든 묶음을 한꺼번에 큰 비단으로 쌌는데, 37개의 묶음은 따로따로 하나씩 작은 쪽지에 번호를 적고, 또 프랑스어로 뼈 이름을 기록하였다. 이 큰 유해 묶음을 넓고 붉은 끈으로 싸서 동여매고는 견고한 궤 속에 안치하였는데, 그 붉은 비단 끈 양쪽 끝이 그 궤와 뚜껑 사이로 조금씩 나오도록 하여 봉인하였다.

14　손성재(孫聖載, 야고보, 1877~1927) : 1888년 예수성심신학교에 입학하여 1905년 사제품을 받았고, 1911년부터 경기도 용문 본당에서 사목하였다.

15　이상화(李尙華, 바르톨로메오, 1876~1957) : 1895년 예수성심신학교에 입학하여 1908년 사제품을 받았고, 경기도 용문 본당 등에서 사목하였다.

10월 17일 목요일 오전 8시 30분에 유해가 모셔진 궤는 5월부터 안치했던 방에서 '피정실'이라고 하는 방으로 옮겼는데, 먼저 그 궤를 들것에 올려놓고, 그다음에 큰 홍포로 그 궤를 덮었다. 그러고는 궤를 안치했던 방문을 잠그고 그 열쇠를 다시 기낭 신부에게 맡겼다.

11시에 밀로 명의 주교이며 조선 성교회 교황 대리 감목인 뮈텔 주교와 부감목(副監牧) 두세[16] 신부와 프아넬 신부와 비에모[17] 신부, 데예[18] 신부와 기낭 신부, 한 신부가 같은 방으로 들어왔다. 이분들에게 이미 작성된 유해 발굴 기록을 낭독해 주었다. 주교께서는 유해 묶은 것을 재점검하신 후 유해가 모셔져 있는 궤를 자물쇠로 잠그고 겉으로 내어 놓은 끈의 끝을 그 궤 상부 뚜껑에 맞대고 여섯 군데를 주교의 인장으로 봉인하였다.

주교의 명으로 이 공식적인 이장록(移葬錄)을 작성하였으므로 거기에 모여 있던 분들 앞에서 낭독한 후 사실과 다름이 없다는 뜻으로 아래와 같이 서명을 하였다.

G. Mutel(밀로 명의 주교이며 조선 성교회 교황 대리 감목) 인장 및 서명

C.E. Doucet(부감목) 서명

V. Poisnel(교회 법원 판사) 서명

P. Guinand(전교 신부) 서명

---

16 두세(C.E. Doucet, 丁加彌, 1853~1917) : 파리 외방전교회 선교사. 1877년 한국에 입국하여 충청도 지방 등에서 사목하였다. 1892년 약현 본당의 주임 신부로 부임하였고, 1896년부터 조선 대목구장 직무 대행도 겸직하였다.

17 비에모(M.P.P. Villemot, 禹一模, 1869~1950) : 파리 외방전교회 선교사. 1892년 한국에 입국하였고, 전라도 되재 본당 등에서 사목한 뒤 1898년부터 조선 대목구 당가(當家) 신부로 활동하였다.

18 데예(A. Deshayes, 曺有道, 1871~1910) : 파리 외방전교회 선교사. 1896년 한국에 입국하였고 1898년 목포 본당의 초대 주임으로 부임하였다.

P. Villemot(바오로 우 신부) 서명

A. Deshayes(전교 신부) 서명

바오로 韓基根 신부 서명

용산 신학교에서 그동안의 사실을 기록하여 작성 완료함.

1901년 10일 17일
이상은 사실과 틀림없음을 증명함.

F. Demange(安世華)

그다음에는 아무런 절차 없이 유해가 모셔져 있는 궤를 신학교 성당 내(제대에서 내려다보면, 제대의 맨 마지막 의자 뒤 모퉁이)에 준비된 장소로 옮겼다. 각 유해 묶음 위에는 하나씩 따로따로 작은 쪽지에 뼈 이름을 기록하여 순서대로 그 궤 속에 차례로 넣고, 여기에 똑같은 날짜에 그 번호와 뼈 이름을 기입하였다.

1. 작은 목뼈(舌骨로 추측됨)
2. 胸骨
3. 左上腕骨
4. 右上腕骨
5. 右下腕骨(尺骨, 橈骨)
6. 左下腕骨(尺骨, 橈骨)
7. 右下肋骨
8. 左下肋骨
9. 左鎖骨
10. 右鎖骨
11. 치아 10개(빠져 있는)
12. A 上部 頭蓋骨,
    B 下題骨(下顎骨)
13. 제1~4 頸椎骨
14. 제5 背椎骨,
    제5 頸椎(제5 頸椎, 칼에 으스러진 것)
15. 7개 背椎骨
16. 5개 背椎骨

17. 5개 背椎骨
18. 左肩甲骨
19. 右肩甲骨
20. 薦骨尾骨(薦骨, 尾骨)
21. 左腕骨(엉치뼈)
22. 右腕骨
23. A, B 53개 손뼈
24. 左膝蓋骨(무릎뼈)
25. 右膝蓋骨
26. 左大距骨
27. 右大距骨
28. 2개 右踵骨(발꿈치뼈)
29. 2개 左踵骨
30. 左腓骨(종아리뼈)
31. 右腓骨
32. 左脛骨
33. 右脛骨
34. A, B. 발뼈 43개
35. 관 속에서 나온 강모래
36. 여러 잔해(헝겊주머니 속에 여러 개의 잔뼈를 넣고 겉에 '무명공'이라고 씀)
37. 脊椎骨 2개

위의 내용은 사실과 다름이 없음을 증명함.

          Florian Demange(전교 신부이며 기록 서기) 서명

1902년 4월 22일에 안토니오 공베르 신부가 와서 이 보고서 기록을 읽고 아래에 서명을 하였다.

          A. Gombert 서명

5월 4일에는 미리내 동네에 상주하면서 가경자의 묘소를 관리해 왔고, 또 위에 기록한 대로 유해 이장에 협력했던 마르코 강도영 신부가 왔다. 이 기록을 사실로 인정하고 사인을 하였다.

          Marcus Kang 서명

1902년 6월 23일에는 뮈텔 주교와 기낭 신부가 두 인부를 데리고 성

당에 들어와 대리석 돌판으로 무덤을 더 단단히 덮기 위한 작업을 하게 되었다.

인부들은 먼저 유해가 담긴 궤를 꺼냈고, 작업 중에는 그 유해가 든 궤를 성당 제의실 장속에 간직하여 자물쇠로 단단히 잠근 후, 그 열쇠는 기낭 신부에게 맡겨 보관하게 하였다. 작업이 끝난 다음에 그 유해가 모셔진 궤를 다시 그 전 장소에 넣고 흰 대리석으로 영구적으로 봉했는데, 때는 1902년 6월 23일이었다.

작업이 계속되는 동안 유해가 담긴 궤가 아무런 이상이 없음을 확인한 후 아래와 같이 사인을 하였으며, 대리석에 새긴 글자는 오른쪽 그림과 같다.

G. Mutel 주교 인장 및 서명

사실과 다름이 없음을 증명함.

F. Demange(이장 사실 기록 서기) 서명

2. 김대건 신부 유해 이장 과정 및 보존도

1) 이장 과정

성 김대건 신부의 시신은 1846년 9월 16일(음력 7월 26일) 순교한 뒤 여러 교우들에 의해 용산 우체국 뒤편의 와서(瓦署)에 안장되었다가 서 야고보, 박 바오로(박순집 베드로의 아버지), 한경선, 나창문, 신치관, 이 사도 요한, 이민식(빈첸시오) 등에 의해 발굴되어 미리내로 옮겨져 안장되었다. 그 후 한국 순교자들에 대한 시복 시성 작업이 추진되면서 1886년 시복 판사인 프아넬 신부가 미리내에 있던 봉분 중앙을 헤치고 홍대를 확인하였으며, 1901년 5월 21일에는 무덤을 발굴하여 그 유해를 용산 예수성심신학교로 옮겨 안치하였고, 10월 17일 다시 신학교 성당으로 옮겨 안치하였다. 신학교 성당의 유해는 6·25 한국전쟁이 발발하면서 1950년 9월 28일 경남 밀양 성당으로 옮겨지게 되었고, 1951년 다시 혜화동 소신학교로, 1960년 7월 5일 혜화동 가톨릭대학으로 옮겨지게 되었다. 이때 유해 중에서 하악골(下顎骨, 아래턱뼈)만은 미리내 경당으로, 치아는 절두산 순교 기념관으로 분리 안치되었다. 또 신학교의 유해 가운데 정강이뼈는 1983년 시성 운동이 전개될 때 교황청 시성위원회로 조사차 가져갔다가 다시 한국으로 돌아와 미리내에 하악골 유해와 함께 보관되어 오고 있다.

  1925년 김대건 신부가 복자품에 오른 이후부터 이미 유해 분배가 시작되었다고 하는데, 현재로서는 정확한 분배 상황을 확인할 수가 없다. 김 신부의 유해는 미리내에서의 발굴 외에도 1925년의 시복 조사 때 2차로, 1960년의 신학교 이전 때 3차로, 1971년의 두개골 실측 때 4차로, 1983년의 시성 준비 때 5차로, 그리고 1994년 2월 17일 유해의 부식을 막기 위한 작업을 할 때 6차로 개봉되었다.

2) 유해 보존도

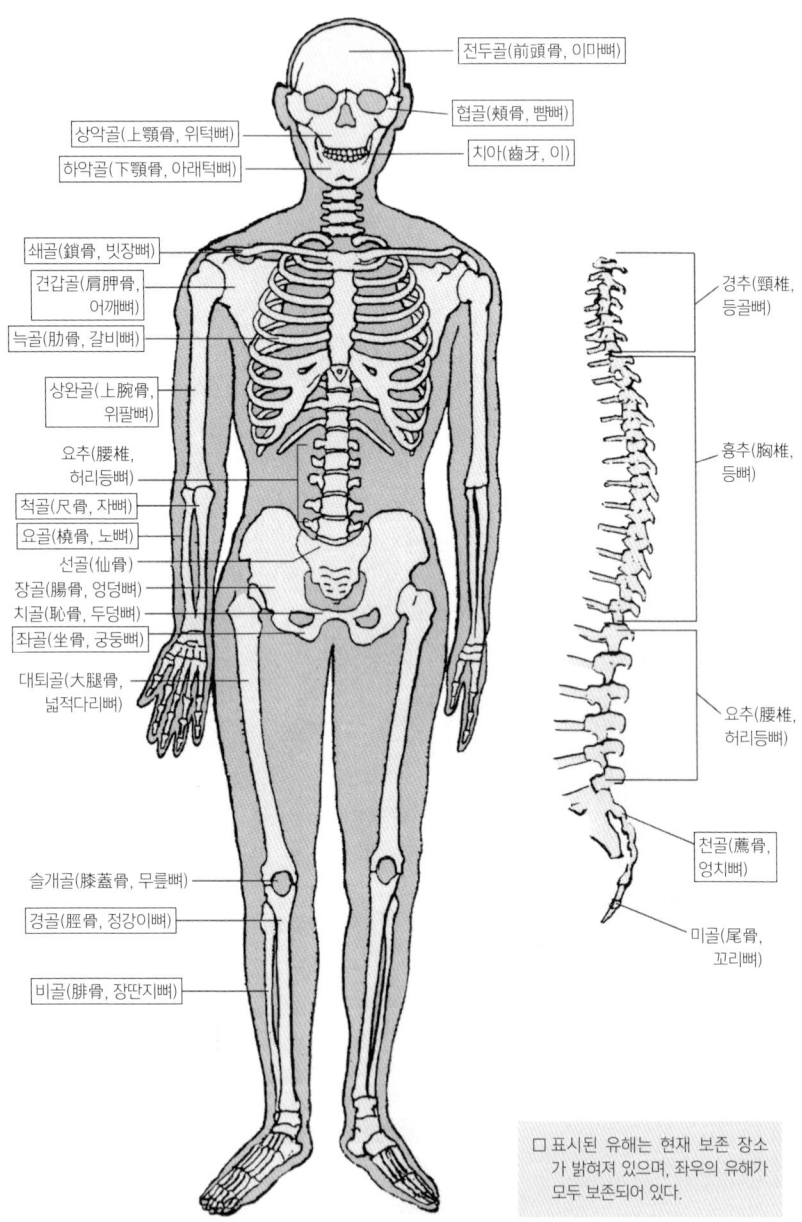

3. 김대건 신부 두개골 계측(計測) 보고서

- 계측 일시 : 1971년 3월 12일 14:00
- 계측 장소 : 서울특별시 종로구 혜화동 가톨릭대학교 신학부 학장실 및 휴게실
- 입 회 자 : 정원진(鄭元鎭) 신부(1925년 유해 조사시 입회자)
  오기선(吳基先) 신부(순교사 연구가)
  최석우(崔奭祐) 신부(한국교회사연구소장)
  박희봉(朴喜奉) 신부(절두산 순교 기념관장)
  김창렬(金昌烈) 신부(가톨릭대학장)
  김몽은(金蒙恩) 신부(서울대교구 상서국장)
  박병래(朴秉來) 박사(1925년 유해 조사 책임자)
  조규상(曺圭常) 박사(가톨릭대학 의학부 예방의학 교수)
  김병우(金炳宇) 박사(의학부 이비인후과 주임 교수)
  이상욱(李相旭) 박사(의학부 안과학 주임 교수)
  김광현(金光鉉) 박사(의학부 치과학 주임 교수)
- 계 측 자 : 정일천(鄭壹千) 박사(의학부 해부학 주임 교수 겸 학장)
  권흥식(權興植) 박사(의학부 해부학 교수)
- 계측물 보관 장소
  ① 두개골 : 가톨릭대학 신학부 성당
  ② 하악골 : 미리내 복자 김대건 경당
  ③ 치아 : 절두산 순교 기념관

1) 일반적 관찰
본 두개골은 어떤 특수한 보존 조치를 가하지 않은 자연 상태에서 사

후 125년이란 오랜 시일이 경과하였음에도 불구하고 비교적 양호한 상태로 보존되었다고 볼 수 있으며, 골절은 전연 없었다. 그렇지만 이를 자세히 관찰한 결과 다음과 같은 변질부와 결손부가 발견되었다.

좌우 비골(鼻骨, 코뼈), 좌우 상악골(上顎骨, 위턱뼈), 좌측 전두골(前頭骨, 앞머리뼈), 접형골(蝶形骨, 나비뼈), 좌측 두정골(頭頂骨, 윗머리뼈) 및 후두골(後頭骨, 뒷머리뼈)에 있어서 두개골 외판 치밀질(外板緻密質) 표면이 변질되어 본래의 경도(硬度, 단단하고 무른 정도)와 활택성(滑澤性, 반드럽고 윤이 나는 성질)이 없어지고, 만지면 작은 조각 또는 가루로 쉽게 부스러지는 정도였다(이런 부위는 사진상으로는 다른 부분보다 훨씬 희게 보인다).

또 좌측 전두동전벽(前頭洞前壁), 접형골대익(蝶形骨大翼), 대후두공후연(大後頭孔後緣)에는 골질외판(骨質外板)의 깨어져 부스러지는 현상이 내판 치밀질(內板緻密質)에까지 파급되어 있고, 특히 좌측 전두동전벽에는 소지두대(小指頭大)의 구멍이 생겨져 있었다.

상악(上顎, 위턱) 치아는 완전히 결손되어 있고, 16개의 치조(齒槽)만이 남아 있으며, 그 치조연(齒槽緣)은 상당히 깨지고 부스러져 있다.

하악골(下顎骨, 아래턱뼈)에도 골절상은 없고 치아는 우측 대구치(大臼齒, 뒤어금니) 3개와 좌측의 제2, 제3 대구치만 남아 있고, 나머지 11개의 치조는 상당히 깨지고 부스러진 연(緣)으로써 둘러싸여 있었다.

이와 같이 하악골은 비교적 완전히 보존되어 있고, 다만 좌측 근돌기(筋突起)의 첨단(尖端)과 좌측 관절 근돌기 첨단(下顎小頭)이 변질로 인하여 결손되어 있고, 치조돌기에도 부분적인 변질이 발견되었다.

2) 계측 내용

마틴(Martin)의 계측기를 사용하였으며, 계측 항목과 계측치는 다음과 같다.

두개 최장경(頭蓋最長徑, 사진 I-2) : 174mm

두개 최대폭경(頭蓋最大幅徑, 사진 II-1) : 144mm

두개고(頭蓋高, 사진 I-3) : 126mm

두개 수평주경(頭蓋水平周徑, 사진 I-2) : 505mm

안면고(顔面高, 사진 I-4) : 115mm

안면 측면각(顔面側面角, 사진 I-α) : 75도

안면 폭경(顔面幅徑, 頭蓋窮幅徑, 사진 II-2) : 134mm

안구 입구(眼球入口)

    최대 좌우 길이(最大左右徑, 사진 II-3) : 42mm

    최대 상하 길이(最大上下徑, 사진 II-4) : 37mm

    상악 결절(上顎結節) 사이의 거리(사진 III-1) : 61mm

하악골(下顎骨)

    관절돌기(關節突起) 사이의 거리(사진 IV-1) : 115mm

    근돌기(筋突起) 사이의 거리(사진 IV-2) : 95mm

    하악각(下顎角) 사이의 거리(사진 IV-3) : 97mm

    제3 대구치 치조(第三大臼齒齒槽) 사이 거리(사진 IV-4) : 72mm

    하악각(下顎角, 사진 IV-α) : 128도

하악저 · 외후두융기(下顎底 · 外後頭隆起) 사이의 거리(사진 I-6) : 263mm

하악저 · 외이도(外耳道) 중앙 수직면 사이의 거리(사진 I-7) : 113mm

3) 두개 지수(頭蓋指數)에 의한 두개형(頭蓋形) 결정

· 장폭 지수(長幅指數) = $\dfrac{\text{두개 최대폭 길이}}{\text{두개 최장 길이}} \times 188 = 82.8$

본 지수(82.8)는 국제 표준 지수 80.0~84.9 내에 포함되므로 단두(短

頭, Brachycephalie)에 속한다. 그런데 본 두개는 얼핏 보아서는 앞뒤가 길어서 마치 서양인의 중두(中頭, Mesocephalie)를 방불케 하나, 실측상(實測上) 좌우 폭이 또한 넓어서 단두(短頭)의 범주를 벗어나지 못한다고 생각한다. 그리고 한국인의 두개는 전 세계적인 단두 분포 지역의 중심으로 유명하다.

· 장고 지수(長高指數) = $\dfrac{\text{두개고}}{\text{두개 최장 길이}} \times 100 = 72.4$

본 두개는 앞뒤가 긴 데 비하여 높이가 낮아서 비교적 희귀형인 정두(正頭, Orthocephalie)에 속한다.

· 안면 측면각(顔面側面角) = 75도

안면 측면각의 대소는 상악치조돌기(上顎齒槽突起)의 전방 돌출 정도의 대소를 나타내는 것으로서, 각이 작을수록 상악이 전방으로 많이 돌출한다. 본 측면각 75도는 돌악(突顎, Prognathie)에 속한다.

4) 총괄

순교 복자 김대건 신부의 두개골은 완전 건조 상태로서 비교적 잘 보존되어 있고, 생전에 큰 외상(外傷)으로 인한 골절은 발견할 수 없었다.

두개의 전면관(前面觀)에서 안면은 긴 편이며, 그리고 전두부(前頭部)가 비교적 돌출하고 관골(觀骨, 광대뼈)의 출곡도가 상당히 현저하기 때문에 어느 정도의 입체감을 나타내었을 것이라고 추측한다.

두개의 측방 촬영상에서는 전두부(前頭部)-악항부(顎項部, 목뒤)-두정부(頭頂部)-후두부(後頭部)를 이은 곡선은 거의 정확한 반구상(半球狀)을 띠었다. 이는 흔히 한국인에게서 보이는 바와 같은 악항부와 후두부가 편평(扁平)하게 된 두개와는 매우 달랐다.

두개골을 위에서 내려다보면 앞쪽이 약간 좁아진 알의 형태[卵形]인데 뒤쪽이 우측으로 다소 돌출하여 약간 균형을 잃었다.

이상과 같이 보고함.

1971년 4월

계측자 정일천 · 권흥식

I

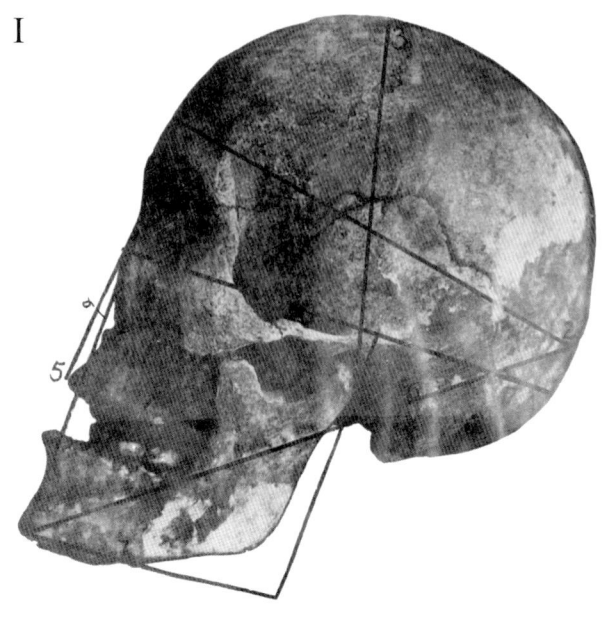

II

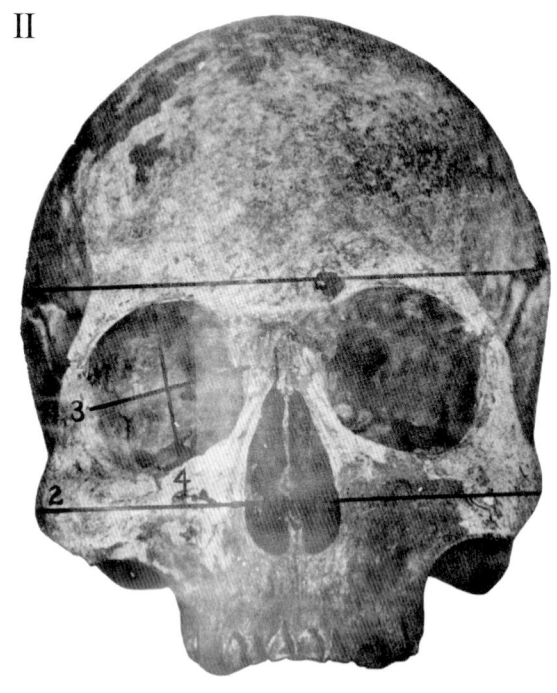

III

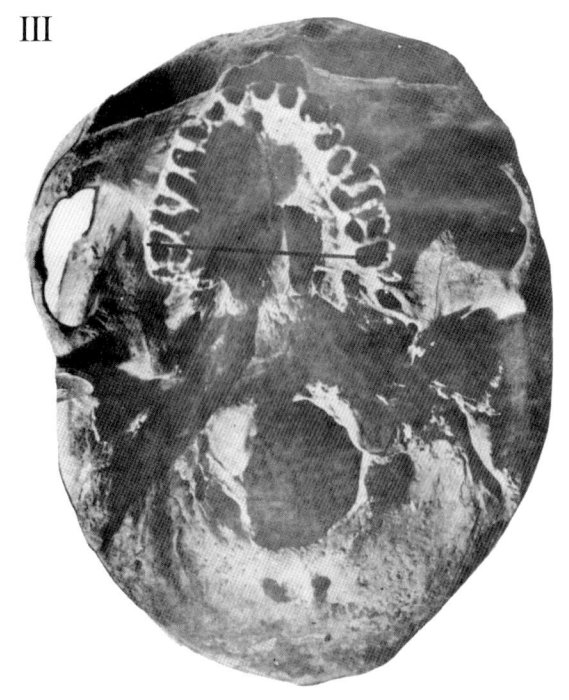

IV

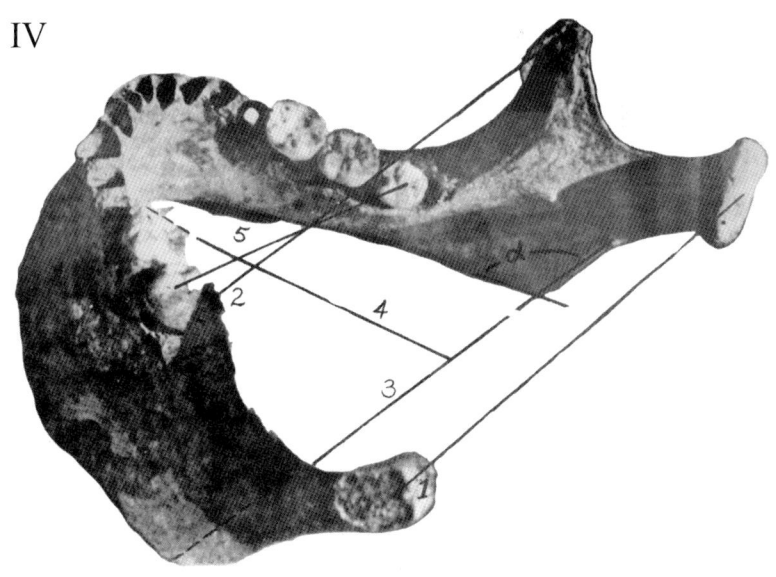

부록

4. 김대건 신부 얼굴 복원 및 흉상 제작

1) 성 김대건(안드레아) 신부님 얼굴 복원

· 작업 일시 : 1999년 9월 1일~2001년 5월 31일
· 복원 팀원 : 총 책임-한승호 교수(가톨릭대 의대)

　　　　　고기석 교수(건국대 의대), 김희진 교수(연세대 치대), 김승우 교수(KAIST), 이경식 교수(울산대), 이동주 연구원(국립과학수사연구소), 구본주(조각가)

· 복원 방법

한국인 20대 남자 얼굴 자료 수집 ⇨ 김대건 신부님 관련 자료 수집 ⇨ 김대건 신부님 머리뼈 복제 ⇨ Clay(찰흙) model을 이용한 얼굴 복원

· 복원 일정

1단계 : 연구원 섭외, 연구원 분과 설정 및 연구 자료 수집, 자문위원 섭외, 참고 자료 수집

2단계 : 김대건 신부님에 관한 자료 조사(현재 보관 중인 모든 뼈의 계측 및 사진 촬영, 가능한 모든 친척들의 사진 등 주변 자료 수집), 자료 조사 후 분과별 세부 일정 확정, 3차원 디지털 스캐너로 머리뼈 복제, 복제된 머리뼈를 토대로 찰흙으로 얼굴 재합성, 복제된 머리뼈 자료를 토대로 컴퓨터로 얼굴 재합성

3단계 : 얼굴 복원 후 연구원 전체 회의, 복제된 머리뼈와 복원된 영정을 통한 검증, 자문위원 초청하여 작업 과정 설명, 김대건 신부님 영정 복원 완료

· 완성 및 의의

―김대건 신부님 최초의 초상화는 순교한 지 55년이 지난 1920년에 처음 만들어졌으며 이후 몇 차례의 초상화가 제작되었지만, 그때

마다 그 모습이 달라 신부님을 기리는 데 아쉬움이 많았음.
— 과학적인 자료를 근거로 그린 최초의 초상화는 1971년에 가톨릭대학교 의과대학에서 김대건 신부의 머리뼈를 계측하고 찍은 사진을 참고하여 제작된 것임.
— 법의학 분야에서 주로 활용되는 'facial reconstruction'이라 불리는 얼굴 복원 방법 사용함.
— 복원을 위해 살을 붙이려면 반드시 한국인을 대상으로 조사한 자료가  필요한데 이를 위해 1997년부터 가톨릭의대에서 조사한 한국인 얼굴 각 부위의 두께에 대한 자료를 토대로 본 복원 사업을 위해 추가 조사한 자료를 이용함.
— 1971년 촬영한 머리뼈 사진과 계측치를 토대로 의과대학에 보관 중인 200여 개의 머리뼈를 조사하여 형태와 계측치가 가장 비슷한 머리뼈를 찾고 이를 수정 보완하여 머리뼈 복제본을 만듦.
— 명동 성당의 요청에 따라 머리에 상투를 튼 얼굴상에 의복은 갖추지 않은 상태의 흉상을 제작함.
— 한국인의 자료를 토대로 한 최초의 복원상이며 현재까지 축적된 기술을 바탕으로 과학적으로 복원할 수 있는 최선의 결과를 도출함.

2001년 6월 20일
연구 책임자 한승호(가톨릭의대 해부학교실 조교수)

2) 성 김대건(안드레아) 신부 흉상 제작

· 연구 기간 : 2020년 9월 1일~2021년 3월 31일
· 연구진 : 김인범(가톨릭의대 가톨릭응용해부연구소)
   이수홍(홍익대학교 미술대학 조형과)
   김이석(가톨릭의대 가톨릭응용해부연구소)
   이원준(국립과학수사연구원 법의신원확인실)
· 연구 배경
  ―실제 머리뼈 사진 및 계측 자료를 바탕으로 과학적으로 분석된 결과를 적용한 성 김대건 신부의 얼굴 복원은 지금까지 두 차례에 걸쳐 진행된 바 있으나, 당시 얼굴 복원을 위해 사용된 머리뼈가 실측값을 적용하지 못한 유사 머리뼈를 이용한 것으로, 보다 정밀하고 사실에 가까운 김대건 신부의 얼굴 복원을 위해 2019년 10월~2020년 4월에 걸쳐 성공적으로 머리뼈를 재복원하고 얼굴 복원 원형을 제작함.
  ―김대건 신부님 친족분들의 자료를 수집·반영한 복원을 해 줄 것을 추가로 제안받음.
  ―2021년은 김대건 신부님의 탄생 200주년이 되는 해로 유네스코 세계기념인물로도 선정이 되어 한국 가톨릭교회뿐만 아니라 국가·사회적으로도 여러모로 재조명되고 있고 관련 각종 기념행사도 준비되고 있는 상황에서, 보다 사실적인 김대건 신부님 얼굴 복원 원형이 마련되어야 하고, 이를 기반으로 한 흉상과 전신상을 제작하여 성 김대건 신부님을 기념하고 신부님의 정신을 기리고 계승하는 데 활용될 필요가 있음.
  ―성 김대건 신부님 흉상 및 전신상은 학문적으로는 체질인류학과 3D 프린팅을 포함한 공학, 그리고 미술학의 융합 연구 산물로서

의 가치를 가질 것으로 기대됨.

· 연구 방법

김대건 신부님 친족 사진 자료 및 인터뷰를 통한 가계 인물 특징 취합 ⇨ 가족에게 받은 자료에 기초한 가계의 체질인류학적 인물 분석 ⇨ 시대상을 반영하는 의복과 성인 표징에 대한 분석 ⇨ 석고 원형을 이용한 인물 보완 및 연구 결과에 대한 합의를 정한 후 1차 결과물로 실리콘 틀을 제작하고 석고 원형에 수정 및 보완 ⇨ 복원된 머리뼈를 3D 스캔하고 주물 제작

· 연구 의의

― 2021년 김대건 신부 탄생 200주년을 기념하여 기획되고 있는 각종 행사에 과학적이고 가계의 특징이 반영된 김대건 신부 흉상이 제작되고 활용됨으로써 한국 가톨릭 역사에서 성 김대건 신부라는 인물의 의미를 되새기고, 소중한 가톨릭 유산으로 남겨질 수 있음.

― 학문적으로는 체질인류학과 3D 프린팅을 포함한 공학, 그리고 미술학이 융합된 최고의 결과물로 국내에서는 최초로 시도된 연구로 가치를 가짐.

2021년 4월 26일

연구 책임자 김인범(가톨릭의대 해부학교실 가톨릭응용해부연구소 교수)

다. 이민식(李敏植, 빈첸시오)과 미리내[19]

1. 이민식의 생애와 김대건 신부

경기도 안성 미리내 본당(주임 강도영 마르코 신부) 근교 검은정이라고 하는 동네에 사는 이민식 빈첸시오는 지난번 드브레[20] 주교가 미리내 성당을 방문하셨을 때 모든 성사를 다 받고 사망하였다. 주교께서는 장례까지 성대히 치러 주셨는데, 그가 이와 같은 복을 누릴 수 있었던 것은 한평생(92세 동안) 착하게 살았던 공로 때문이다.

그는 본래 누대에 걸친 구교우 집안에서 태어나 어릴 때부터 신심이 깊고 겸손하여 모든 교우들의 좋은 표양이 되었으며, 김대건 신부 생존시에 만난 적이 있었고, 신부가 치명한 후에는 그 시신을 미리내에 있는 자신의 선산에다 모셨다. 또 베르뇌 주교의 분부로 김대건 신부의 묘소 옆에 페레올 주교의 시신을 안치하여 항상 지키면서 1866년 병인박해(丙寅迫害)의 위험과 고초를 감수하였다.

나이 40여 세에 사제가 되기 위해 중국과 일본에까지 가서 공부하였으나, 50세 가까이 되자 총명이 떨어져 뜻을 이루지 못하고 귀국하였다. 그러나 전보다 더 열심 수계하여 앞서 돌아가신 부감목 두세 신부 밑에서 여러 해 동안 복사를 했으며, 그 후에도 미리내 성당 근처에 살면서 항상 부지런히 일했다. 평생 힘들다는 말을 하지 않았고, 거룩하게 살았

---

[19] 『가톨릭청년』 제14권 11호(1960. 11), 11~15쪽. 여기에서 인용한 글 중 '미리내 경당'에 관한 내용은 구천우(具天祐, 요셉) 신부가 기록한 것이다.
[20] 드브레(E.A.J. Devred, 俞世竣, 1877~1926) : 파리 외방전교회 선교사. 1900년 한국에 입국하여 사목하였다. 1920년에 서울 대목구 부주교로 임명되어 이듬해에 주교로 서품되었다.

으므로 모든 교우들로부터 반성인(半聖人)으로 일컬어졌다.

금년에 마침 드브레 주교가 미리내 성당을 방문하셨을 때, 빈첸시오는 노환으로 인하여 모든 성사를 받고 난 뒤 큰 고통 없이 지난 12월 9일에 찬류세상(竄流世上)과 질곡육신(桎梏肉身)을 벗어 버리고 92세로 사망하였다. 그 시신을 미리내 성당에 데려와서 대례 연미사를 드린 후 수백 명의 교우들이 지켜보는 가운데 성당 앞 빈첸시오의 선산에 안장할 때, 주교께서는 '연령방면(煉靈放免)' 예절을 행하시며 무덤을 강복하셨다.

2. 김대건 신부와 미리내 경당

복자 김대건 신부가 1846년 9월 16일 새남터에서 참수 치명하신 얼마 후, 열심한 교우들은 그 귀중한 시신을 찾아내 밤에 몰래 한강을 건너 산으로 산으로 피눈물로 흙을 적셔가며 2백 리나 떨어진 미리내 깊은 산골짜기에 고이 안장하였다. 이 시신은 50년 간 이곳에서 방치되어 오다가 1896년(1901년의 잘못)에 원효로 용산 소신학교(현 성심 수녀원) 성당 내 좌측 후면 끝 모퉁이에 모셔졌고, 한국 성직자들의 주보로 섬기게 되어 신학생들은 성당을 드나들 때마다 복되신 주보의 수호 아래 그 높은 덕과 지혜와 용기를 얻을 수 있게 되었다. 현재 가톨릭대학교 성당 제대 아래에 복자 김 신부의 유해를 모신 것도 똑같은 이유에서이다.

물론 육신만큼 영혼도 소중한 것이다. 그러므로 그분이 묻히셨던 미리내의 그 자리, 더욱이 살과 뼈와 동화된 흙과 티끌은 소홀히 할 수가 없는 것이다. 그러나 복자 김 신부의 유해만을 귀중히 여겨 애석하게도 무덤 자리는 형체조차 파악하기 힘들게 되었다.

세월이 흘러 1924년, 로마에서 79위에 대한 시복식(諡福式)을 거행할 것이라는 희소식을 접하게 되자, 여러 뜻 있는 신부들과 미리내 본당의 강도영(마르코) 신부는 본당 유지 교우들로부터 많은 협조를 얻어 이 무덤자리에 기념 경당 오라토리움(Oratorium)을 건립하기로 결정하였다. 그리고 1928년 봄에 착공하여 같은 해 7월에 이를 준공하게 되었다. 이 경당의 길이는 8m이며, 김대건 신부 무덤 자리의 좌측에는 페레올 주교의 묘소가 위치해 있다. 또 경당과 두 무덤 둘레에 2m 높이의 담을 쌓고, 정면 중앙에는 당문(堂門)을 세웠다.

경당 강복식은 같은 해 9월 16일, 의미 있는 김대건 신부 치명일로 정하였으나, 그날이 주일이었기 때문에 이틀 후인 18일로 변경되었다. 마침내 이날 10명의 신부들과 수백 명의 교우들이 참석한 가운데 라리보[21] 주교의 집전으로 경당의 주보를 '치명자의 모후'로 정하고 성대히 축성식을 거행하였다.

---

[21] 라리보(A.J. Larribeau, 元亨根, 1883~1974) : 파리 외방전교회 선교사. 1907년 한국에 입국하여 서울 대목구 당가 겸 경향잡지사 사장 등으로 활동하였다. 1926년 드브레 주교가 선종하자, 그의 후임으로 임명되어 1927년 주교로 서품되었다. 1933년 뮈텔 주교가 선종하자 제9대 서울 대목구장이 되어 1942년까지 재임하였다.

라. 라파엘(Raphael)호와 복원 내용

1. 김대건 신부와 라파엘호

'라파엘호'는 김대건 신부가 1845년 4월 30일 제물포(濟物浦)를 떠나 상해로 갈 때 타고 갔다가, 8월 31일 제3대 조선 대목구장 페레올 주교, 조선 선교사 다블뤼 신부와 함께 상해를 출발하여 조선으로 입국할 때 타고 왔던 배였다. 조선의 일반 목선으로 상해를 떠나면서 그들 일행이 '토비아의 길을 인도하였다'는 여행자의 주보이신 라파엘 대천사의 이름을 따서 배의 이름을 "라파엘호"라 붙인 것이다.

김대건 신부는 1844년 12월 초 만주의 소팔가자(小八家子)에서 페레올 주교로부터 부제품을 받은 후 조선에 입국하라는 명을 받고는 이듬해 1월 의주 변문을 무사히 통과하여 서울의 돌우물골[石井洞]에 도착하였다. 페레올 주교는 김대건 부제가 소팔가자를 떠나기에 앞서 그에게 서울에 도착하면 배를 구입하여 상해로 오도록 하였고, 얼마 뒤에는 자신도 그리로 가겠다고 약속하였다. 이에 김대건 부제는 1845년 1월부터 4월까지 돌우물골에 거처하면서 신자들과 협의하여 적당한 배를 구입하였고, 선교사를 이 땅에 영입하기 위해 제물포를 떠나 상해로 가게 되었다. 이때 그와 동승한 조선 교우들은 현석문(가롤로), 이재의(토마스), 최형(베드로) 등 11명이었다.

김대건 부제 일행은 배를 타고 바다로 나간 지 하루 만에 큰 폭풍우를 만나게 되었다. 이로 인해 그들은 처음 뒤에 매달고 오던 종선(從船)을 잃었고, 이어 2개의 돛과 돛대를, 식량을, 배의 키를 차례로 잃게 되었다. 그러한 상황 속에서도 김대건 부제는 일행들에게 성모님의 기적의 상본을 보이며 그분의 도우심을 굳게 믿었고, 그 믿음을 잃지 않은 채 바다를 정처 없이 떠돌다가 28일 만인 5월 28일에 중국의 오송(吳淞) 항구에 도착할 수 있었다. 그리고 6월 4일에는 페레올 주교와 만나기로 약속한 상해로 갔다. 이곳에서 김대건 부제는 예수회의 고틀랑(C. Gotteland, 南格祿) 신부의 도움으로 교우들과 함께 배를 수리할 수 있었다. 비록 배는 작았지만, 완전히 누더기가 되었기에 수리에 거의 한 달 이상이 소요되었다. 그런 다음 그는 페레올 주교를 만나 8월 17일에 사제 서품을 받고, 교우들과 함께 조선으로 되돌아갈 준비를 하였다.

8월 31일, 김대건 신부 일행은 마침내 배의 이름을 "라파엘호"라 명명하고 상해를 출항하였다. 배의 선장은 김 신부였고, 상해로 갈 때와는 달리 페레올 주교와 다블뤼 신부가 함께 승선하였으므로 일행은 모두 13명이 되었다. 그러나 조선으로 돌아오는 길도 험난하기만 했다. 상해를 떠나 중국 해안을 따라 북상하던 그들 일행은 맞바람 때문에 난바다로 나가지 못하다가 9월 9일에야 산동으로 가는 중국 교우의 큰 배에 라파엘호를 묶고는 중국 땅을 이별할 수 있었다.

라파엘호는 둘째 날부터 커다란 시련을 겪게 되었다. 거친 바람으로 키가 부러져 나가고, 돛이 찢어졌으며, 파도가 몰아칠 때마다 물을 퍼내야만 하였다. 갑판 한쪽이 무너져 내렸고, 마침내는 중국 배와 연결된 굵은 밧줄이 끊어져 정처 없이 표류하게 되었다. 그러다가 상해를 떠난 지 28일 만인 9월 28일 제주도 해안에 표착하였다. 이곳에서 그들 일행은 기운을 차리고 음식을 장만한 뒤 북상한 끝에 10월 12일에는 강경의 황산(黃山) 포구, 일명 나바위[羅岩]라고 불리는 곳에 도착하게 되었다. 그리고 김대건 신부는 조선 복장으로, 페레올 주교와 다블뤼 신부는 교우들이 준비해 온 상복(喪服)으로 갈아입고 야음을 틈타 라파엘호에서 하선하였으니, 그동안 김대건 신부가 라파엘호와 생사를 함께한 기간은 5개월 12일 동안이었다.

2. 라파엘호의 복원 내용

1) **복원 목적** : 한국교회사연구소 주관으로 1996년 8월 14일부터 8월 24일까지 가톨릭대학교 성신 교정에서 개최된 "김대건 신부 순교 150주년 기념 전시회"의 모형 전시물

2) **제작** : 한국교회사연구소, (주)승우전시기술

3) **크기** : 길이 25자, 너비 9자, 깊이 7자

4) **고증 기록** : 페레올 주교가 파리의 바랑(J. Barran) 신부에게 보낸 1845년 8월 28일 자 서한에 따라 배의 제원을 살펴보면, 위와 같은 크기에 아주 높은 돛대 2개, 가마니로 이은 돛 2폭이 달려 있고, 쇠못을 하나도 쓰지 않은 채 널판은 나무못으로 서로 이었으며, 타마유나 틈막기도 전혀 없었다. 뱃머리는 선창까지 열려 있는데 이것이 배의 3분의 1을 차지하고 있었으며, 권양기 끝에 나무로 된 닻이 하나 있었다. 아울러 라파엘호 갑판 일부분이 자리로 되어 있고, 일부분은 아무런 고정 기구로 고정되지 않은 채 그저 잇대어 깔아 놓은 나무판자로 되어 있으며, 갑판 위에는 배 안으로 들어가는 구멍이 3개 있고, 하늘이 흐리면 닻을 내리고 배에 짚으로 된 덮개를 덮을 수 있도록 하였다.

5) **제작 방식** : 한국의 전통적인 재래식 배의 구조대로 두껍고 평탄한 저판을 밑에 깔고, 외판을 붙인 다음 가룡목을 설치하는 방식(복원 설계도 및 모형 사진 참조).

라파엘호와 동일한 한국의 배[韓船]는 뗏목배와 통나무배로부터 차츰

발달하여 온 구조선이라 볼 수 있으며, 한국의 연안선으로 고증되어 있는 그 기본 구조는 평탄하고 두꺼운 저판, 서로 겹쳐서 올라간 외판, 좌우 양현 외판을 연결하는 가늠대 등으로 매우 간소하게 꾸며져 있다. 또 전통적인 재래식 배는 그 종류와 연대 여하를 막론하고 모두 동일한 구조 방식, 즉 위에서 말한 제작 방식대로 건조되어 있다.

이와 같은 선형 구조는 한마디로 저판대 구조라고 할 수 있다. 그뿐만 아니라 한국 배들은 기본적으로 평저선이면서도 다른 지역의 것들에 비해 구조 방식이 독특하다. 밑이 평탄한 평저선은 외국에도 있기는 하지만 그들의 구조 방식은 다르다. 이처럼 한국 배의 선형과 구조가 독특한 것은 유구한 세월을 두고 연연하게 독자적으로 진보 발달되어 왔기 때문이다. 아울러 재래식 중국선을 정크선, 일본선을 화선 또는 화형선이라 부르는 데 대하여, 한선은 한국의 전통적 주선을 포괄적으로 통칭한다고 볼 수 있다.

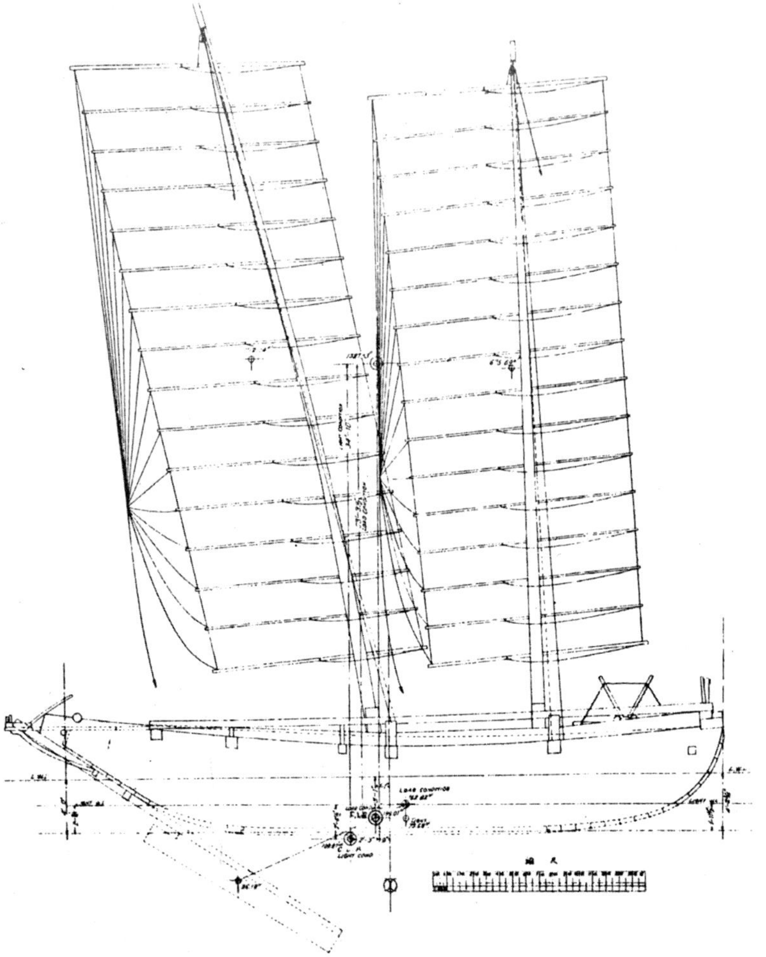

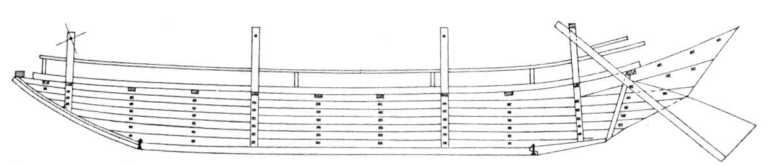

부록

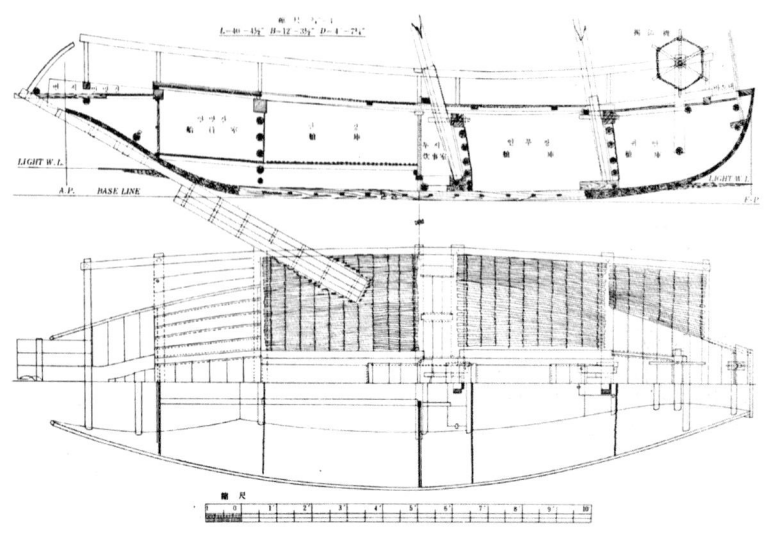

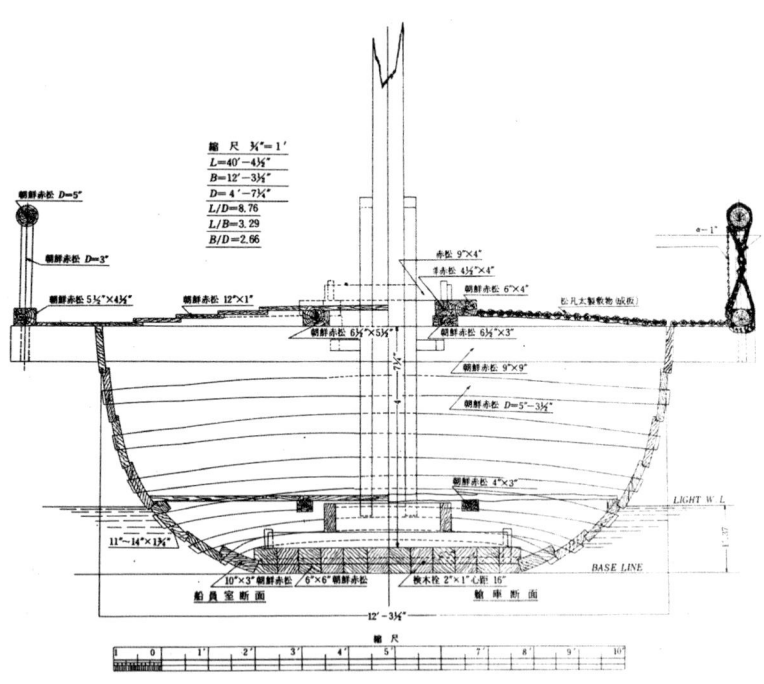

색 인

ㄱ

가뜬거리 363
가자문(架子門) 65
갈매못 241
강경(江景) 89~93, 115, 315~317, 386
강경이(江景伊) → 강경
강남(江南) 273, 277, 317
강도영(姜道永, 마르코) 358, 362, 367, 382~384
강화(江華) 73, 107
개시(開市) 187
검은정[巨文亭]이 361, 382
경교(景敎) 153, 209, 351
경원 개시(慶源開市) 163, 275
고려문(高麗門) 65
고(高) 우르술라 155, 323, 359
고죽포(孤竹浦) 125, 131
고틀랑(C. Gotteland, 南格祿) 386
골배마실 153, 311, 323
공베르(A. Gombert, 孔安國) 358, 361, 367
과천(果川) 153~155, 351, 353
곽(郭) 씨 311
광동(廣東) 41, 45, 51, 65, 91, 103, 117, 149, 153, 159, 165~167, 229, 355
구순오(具順五) 91~93, 101, 115, 157, 161, 165, 199
구천우(具天祐, 요셉) 382
굴암(窟岩) 311
권돈인(權敦仁) 135~145, 173~175, 197~199, 215~225, 229, 293, 331~333
권직(權溭) 47, 53, 103
기낭(P. Guinand, 陳普安) 363~365, 367~368
기해박해(己亥迫害) 47, 83, 137, 149, 153, 159, 199, 201, 253, 257, 279, 306
「기해·병오박해 순교자들의 행적」 253, 271, 301
『기해·병오박해 순교자 시복 재판록』 317
『기해·병오박해 순교자 증언록(己亥丙午迫害殉教者證言錄)』 307
기해사옥(己亥邪獄) → 기해박해
『기해일기(己亥日記)』 199, 309
김공숙 339
김대건(金大建, 안드레아) 41~67, 71~95, 99~125, 129~131, 135~137, 141~149, 153~155, 159~163,

169~177, 181~187, 191~211, 215~231, 235~241, 247, 251~301, 306~325, 329~341, 349~355, 358~363, 368~371, 374, 378~387

김성서(金性西, 요아킴) 73~77, 87, 101, 107~109, 115, 306, 325

김소사(金召史) → 김임이

김소사(金召史, 바르바라) 209

김순성(金順性/淳性, 요한) 279, 311

김순여(金順汝) 85, 93, 101, 111~113

김여상 → 김순성

김용남(金龍男) 125, 131, 169, 171

김인철(金仁喆) 61

김임이(金任伊, 데레사) 197, 201~203, 209

김재복(金再福) → 김대건

김제준(金濟俊, 이냐시오) 159, 279, 309~311, 349, 351~355

김정집(金鼎集) 47~49, 53~57, 63, 103, 119~121, 131

김종한(金宗漢) → 김한현

김종현(金淙賢) → 김종현(金淙鉉)

김종현(金淙鉉) 351

김좌근(金左根) 227, 293

김중수(金重秀) 101~103, 123~125, 131, 149, 335

김진연(金鎭淵) 61

김춘근(金春根) 99, 119, 177, 181

김(金) 프란치스코 257, 275, 306~307, 309~315, 323, 327, 335, 339, 345, 361~362

김한현(金漢鉉, 안드레아) 351

김형중(金亨重) 203

김흥근(金興根) 293

ㄴ

나바위[羅岩] 386

나창문 307, 341~343, 368

남경문(南景文, 베드로) 83, 87, 93, 101, 111~113

남별궁(南別宮) 71, 83, 111

남이관(南履灌, 세바스티아노) 209

내포(內浦) 309

노다리 363

노언익(盧彦益) 73~77, 87, 107~109, 115, 157, 325~329

ㄷ

다락골 153

다블뤼(A. Daveluy, 安敦伊) 235, 241, 263, 277, 281, 315~317, 385~386

당고개[堂峴] 337, 343

덕산(德山)　85, 93, 101, 111~113

덕흥(德興)　179, 183

데예(A. Deshayes, 曺有道)　365

돌우물골[石井洞]　71, 155, 209, 315, 385

동래(東萊)　201

두세(C. Doucet, 丁加彌)　365, 382

뒤뜸이　153

드 라 브뤼니에르(M.B. de la Brunière, 實)　257, 273

드망즈(F. Demange, 安世華)　358

드브레(E. Devred, 俞世竣)　382~384

등산진(登山鎭)　41, 45, 61~65, 71, 75~77, 105, 109, 191, 211, 325

등주(登州)　127, 133, 177, 181

ㄹ

라리보(A. Larribeau, 元亨根)　384

라파엘(Raphael)호　385~387

류큐(琉球)　165

르그레즈와(P.L. Legrégeois)　253

리브와(N. Libois)　153, 235, 255, 263~265, 269

ㅁ

마닐라(Manila)　155

마카오(Macao)　65, 103, 149, 153, 157, 163, 203, 235, 255~257, 267, 271~273, 281

마포(麻浦)　43~45, 51, 65~71, 103~107, 149, 211

마합포(馬蛤浦)　75, 81, 87, 109, 113, 125

만주(滿洲)　165, 235, 243, 257, 261, 273, 385

메스트르(J. Maistre, 李)　163, 253, 257, 267, 271~273, 315

모방(P. Maubant, 羅伯多祿)　137~139, 153, 243, 247, 255~257, 271, 279~281, 287, 309~311, 349, 355

목동(牧洞)　87, 115, 129, 135, 177

목동포(牧洞浦) → 목동

무쇠막 → 수철막

문배부리 → 와서

뮈텔(G.C.M. Mutel, 閔德孝)　358, 365, 367, 384

미나리골　321

미리내[美里川]　341, 345, 358~359, 361~364, 367~369, 371, 382~384

ㅂ

바랑(J. Barran)　239, 387

박 바오로　306, 341, 368

박성철(朴性哲, 베드로)　73~77, 107~109, 306~307, 325, 329

박순집(朴順集, 베드로)　306~307, 325, 329, 337, 341, 345, 368

박용득(朴龍得)　213

박현규(朴顯圭)　63, 103

박회수(朴晦壽)　219, 227, 293

백가점(白家店)　179, 183

백동(栢洞)　83, 87, 111~113

범(范) 요한　165, 189

베롤(J. Verrolles, 方若望)　273~275

베르뇌(S.F. Berneux, 張敬一)　163, 241, 257, 343, 362, 382

변문(邊門) → 책문

병오박해(丙午迫害)　83, 199, 201, 253, 263, 271, 301, 306~307, 317

봉천(奉天)　257

봉황성(鳳凰城)　65, 306

북경(北京)　139, 153, 159, 163, 257, 273, 299, 313, 351~353

『비변사등록(備邊司謄錄)』　49, 55, 139, 169, 223

비에모(M.P.P. Villemot, 禹一模)　365

빅토리외즈(Victorieuse)호　237

ㅅ

사빈느(Sabine)호　237

사포서동(司圃署洞)　197, 201

산동(山東)　187, 386

상강(湘江)　65, 105, 149

상해(上海)　127, 133, 163, 179, 183, 199, 235, 255, 261~263, 313~317, 385~386

새남터[沙南基]　199, 231, 243, 249, 287, 333, 337~339, 358, 362, 383

새터　153

샘골　319

샤스탕(J.H. Chastan, 鄭牙各伯)　137~139, 199, 243, 247, 287, 349, 355

서빙고(西氷庫)　103, 319

서소문(西小門) 밖　139, 153, 159, 201, 209

서 야고보　307, 311, 321, 341~343, 368

석정동(石井洞) → 돌우물골

성모 성심회(聖母聖心會)　235

세실(J.-B. Cécille, 瑟西爾)　217, 237~241, 247, 255, 269, 273, 293

소공동(小公洞)　71, 83, 99, 107, 111

소팔가자(小八家子)　385

소평도(小平島)　177, 181

손성재(孫聖載, 야고보)　364

솔뫼[松山]   153, 309

수리산(修理山)   153

수리치골   239

수원(水原)   203, 209, 227, 293, 319

수철막(水鐵幕)   83~85, 111, 319

순위도(巡威島)   281, 325~327

『승정원일기(承政院日記)』   47, 53, 103, 123, 135, 169, 173, 215~217, 231

신앙 보호관(信仰保護官) → 신앙 촉구관

신앙 촉구관(信仰促求官)   277, 289

신유박해(辛酉迫害)   73, 157~159, 209

신유사옥(辛酉邪獄) → 신유박해

신지도(薪智島)   279

신치관   307, 341, 345, 368

심사민(沈士民)   83, 111, 319

ㅇ

아편전쟁(阿片戰爭)   239, 255

안성(安城)   345, 358, 382

안순명(安順命)   73~77, 107~109, 325

압록강(鴨綠江)   65~69, 105, 149, 155, 317

앵베르(L. Imbert, 范世亨)   73, 137~139, 165, 199, 243, 247, 279, 287, 355

양관(陽關)   235

양성(陽城)   345

양지(陽智)   153, 319, 323, 341

엄수(嚴壽)   43~47, 51, 61~63, 73~75, 81, 87~93, 97, 101~103, 107~109, 115~117, 121~125, 131, 149, 325~327

에리곤(l'Erigone)호   255

여항덕(余恒德) → 유방제

연경(燕京) → 북경

연평도(延平島)   65, 71, 75~77, 105~109, 149, 323

영종(永宗)   149, 159

오문현(吳門縣) → 마카오

오송(吳淞)   386

옹진(甕津)   85, 87, 113, 173, 281

와서(瓦署) → 왜고개

왕손이(王孫伊)   189

왜고개[瓦峴]   341~343, 362, 368

외연도(外延島)   237, 241

요동(遼東)   65, 105, 149, 163, 257, 273~275, 313

용산 신학교(龍山神學校) → 용산 예수성심신학교

용산 예수성심신학교(龍山―聖心神學校)   358, 362~364, 366, 369

용인(龍仁)   151~153, 159, 229, 309, 311, 321~323, 341, 351~355

우대건(于大建)   127, 133

우술임(禹述任, 수산나)   209

『우포청등록(右捕廳謄錄)』   45, 49, 57, 61, 101, 123, 129, 145, 173,

181, 211~213, 223
월내도(月乃島)　177, 181
유방제(劉方濟, 파치피코)　139, 153, 201~203, 209, 309, 349, 355
유상은(俞相殷)　125, 131, 169, 171
유진길(劉進吉, 아우구스티노)　139, 143, 165, 197~201, 243, 355
은이[隱里]　311, 319, 323
은진(恩津)　89, 101, 115, 157, 161, 165, 199
의주(義州)　41, 45, 51, 65, 155, 163, 203, 313, 317, 385
이간난(李干蘭, 아가타)　197, 209
이기양(李基讓)　73, 197
이기원(李基元/起元, 마티아)　73, 149, 157~159, 161, 195
이명학(李明學)　99, 119, 125, 131, 161
이민식(李敏植, 빈첸시오)　341, 360~361, 368, 382
이박돌(李博乭)　165
이방덕(李龐德) → 이방억
이방억(李龐億)　73, 197
이벽(李蘗, 세례자 요한)　159
이 사도 요한　307, 341, 368
이사현(李士賢)　177, 181
이상화(李尙華, 바로톨로메오)　364
이소사(李召史)　209
이승훈(李承薰, 베드로)　73, 149, 157~159, 173~175, 193

이시영(李時英)　61
이신규(李身逵) → 이기원
이약우(李若愚)　221, 227, 293
이응식(李應植)　297, 331
이의창(李宜昌, 베난시오)　71~73, 77, 149, 155, 185, 189~197, 203~211, 325~327
이재영(李在永) → 현석문
이재용(李在容) → 이재의
이재의(李在誼, 토마스)　73, 149, 159~167, 189~199, 203~211, 253, 313~317, 385
이지연(李止淵)　279
이팔원(李八元)　159
이총억(李寵億)　73
이헌구(李憲球)　221, 229, 293
『일성록(日省錄)』　41, 49, 59, 63, 73, 103, 121~123, 131, 137, 143, 149, 161, 171, 175, 185, 193, 197, 201, 207, 217, 220, 222, 225, 231, 237, 241, 245, 349~351
임군집(林君執) → 임치백
임성룡(林成龍, 베드로)　43~47, 51, 61~65, 69~73, 77~81, 87~89, 97, 101~103, 107~111, 115, 121~125, 131, 149, 157, 165, 211~213, 306~307, 319, 323~331

임성실(林聖實)　43, 323~325, 329, 339
임치백(林致百/致伯, 요셉)　43, 73, 77, 83, 101~103, 109, 123~125, 131, 149

진산사건(珍山事件)　159
진천(鎭川)　309
쪽우물골　321

ㅈ

장동(壯洞)　197
장연(長淵)　75~77, 87, 99, 109, 115, 119, 129, 135, 169~171, 177, 181
정기호(鄭基鎬)　41, 45, 49
정철염(鄭鐵艶, 가타리나)　203
정하상(丁夏祥, 바오로)　139, 143, 197~203, 243, 257, 349~355
정해(定海)　255
정화경(鄭一, 안드레아)　279
제물포(濟物浦)　385
제주도(濟州島)　386
조민식(曺敏植)　61
조병현(趙秉鉉)　219, 227, 279, 293
「조선 전도(朝鮮全圖)」　299
조신철(趙信喆, 가롤로)　153, 199~201, 349~353, 357
조인영(趙寅永)　173~175
주동(鑄洞)　209
주문모(周文謨, 야고보)　351
지도(智島)　279

ㅊ

차쿠(岔溝)　179
책문(柵門)　65, 69, 105, 149, 153, 163~165, 189, 203, 231, 257~261, 265, 273~275, 306, 313~315, 349, 385
책문 개시(柵門開市)　163, 203
청파(靑坡)　153, 355
최경환(崔京煥, 프란치스코)　153, 351~353
최방제(崔方濟, 프란치스코 하비에르)　153, 203, 271, 353~355
최양업(崔良業, 토마스)　153~155, 163, 203, 253~257, 271, 301~303, 353~355
최영환(崔永煥) → 최경환
최인호(崔仁浩, 야고보)　153
최형(崔炯, 베드로)　349, 385
『추안급국안(推案及鞫案)』　349~351, 355

ㅋ

클레오파트르(Cléopâtre)호 237

ㅌ

터골 → 한터골 323
터진목[代陳項] 75, 77, 109

ㅍ

파보리트(la Favorite)호 257
페레올(J. Ferréol, 高) 163~165, 199, 217, 235~241, 253, 257, 261~263, 269~271, 275~277, 281, 313~317, 345, 359, 382, 384~387
평양(平壤) 203, 315
프아넬(V.L. Poisnel, 朴道行) 358~363, 365, 369
피숑(L. Pichon, 宋世興) 277

ㅎ

하가(河哥) 153, 157
한경선 307, 341, 343, 368
한기근(韓基根, 바오로) 363
한덕동(寒德洞/閑德洞) 153
한(韓) 베드로 317
한터골 323
허(許) 바르바라 83
『헌종실록(憲宗實錄)』 53, 215, 229
현경련(玄敬連, 베네딕타) 201
현계흠(玄啓欽, 플로로) 201, 205, 231
현석문(玄錫文, 가롤로) 73, 195~201, 205~207, 211, 229~231, 253, 313~317, 385
『해서문첩록(海西文牒錄)』 41, 63, 119, 125, 177~179
해주(海州) 41, 63~65, 103~105, 149, 203, 285, 319, 325, 335
홍주(洪州) 153, 353
홍창린(洪昌獜) 61
홍창열(洪昌悅) 61
화개동(花開洞) 209
황길승(黃吉昇) 125, 131, 169~171
황산(黃山) 317~319, 386
후동(后洞) 349
훈춘(琿春) 261